中華文化促進會主持編纂

國家“十一五”重點圖書出版規劃項目

中國社會科學院哲學社會科學創新工程學術出版資助項目

出品人 王石 段先念

今注本二十四史

金史

一三

傳〔四〕

元 脱脱等 撰

張博泉 程妮娜 主持校注

中国社会科学出版社

金史　卷八九

列傳第二十七

蘇保衡　翟永固　魏子平　孟浩 田㲄附　梁肅　移剌慥　移剌子敬

蘇保衡字宗尹，雲中天成人。[1]父京，[2]遼進士，爲西京留守。[3]宗翰兵至西京，[4]京出降。久之，京病篤，以保衡屬宗翰。京死，宗翰薦之於朝。賜進士出身，補太子洗馬，[5]調解州軍事判官。[6]左監軍撒离喝駐軍陜西，[7]辟幕府，參議軍事，累官同知興中尹。[8]

[1]雲中：縣名。爲西京大同府屬縣，治所在今山西省大同市。此處代指西京路。　天成：縣名。治所在今山西省天鎮縣。

[2]京：本書僅見於此。

[3]西京留守：遼官名。全稱爲西京留守行大同府事。遼五京留守司長官，其僚佐有西京副留守、知西京留守事、大同府少尹、同知西京留守事、同簽西京留守事、西京留守判官、西京留守推官等。

[4]宗翰：女真人。本名粘没喝，漢語訛爲粘罕。本書卷七四有傳。

[5]太子洗馬：本書《百官志》無。當是金初仿遼宋而設，官

制改革後取消。

［6］解州軍事判官：州屬官。参知州事，專掌通檢推排簿籍。從八品。解州治所在今山西省運城市西南解州鎮。

［7］左監軍：即元帥左監軍，元帥府屬官。金太宗天會三年（1125）設都元帥府，掌征討之事。設元帥左監軍一員，位在都元帥、左右副元帥之下。正三品。　撒离喝：女真人。完顔杲本名。本書卷八四有傳。　陝西：路名。即陝西六路，鱗府路、鄜延路、環慶路、熙河路、秦鳳路、涇原路。按本書卷八四《完顔杲傳》："天會十四年，爲元帥右監軍。天眷三年，宗弼復取河南。撒离喝自河中出陝西……未幾，爲右副元帥。"卷七七《宗弼傳》，天眷間，"右監軍撒离喝出河中趨陝西"。疑此"左監軍"爲"右監軍"之誤。

［8］同知興中尹：府屬官。爲府尹之貳，協助府尹掌宣風導俗，肅清所部，處理本府政事。從四品。興中府，治所在今遼寧省朝陽市。

天德間，[1]繕治中都，[2]張浩舉保衡分督工役。[3]改大興少尹，[4]督諸陵工役。[5]再遷工部尚書。[6]海陵治兵伐宋，[7]與徐文等造舟於通州，[8]海陵獵近郊，因至通州視工作。兵興，保衡爲浙東道水軍都統制，[9]率舟師泛海，徑趨臨安。[10]宋兵來襲，敗于海中，副統制鄭家死之。[11]

［1］天德：金海陵王年號（1149—1153）。

［2］中都：京城名。遼開泰元年（1012）號燕京，更爲永安析津府。金初因之，海陵貞元元年（1153）自上京會寧府遷都於此之後始改名爲中都。治所在今北京市。此處當稱燕京。

［3］張浩：渤海人。本書卷八三有傳。

［4］大興少尹：府屬官。爲府尹之佐。正五品。大興府治所在今北京市。

［5］督諸陵工役：據《建炎以來繫年要録》卷一六七："金人舊無陵墓，自太宗晟以上，但葬於護國林，極草創。逮亮南徙，始令司天改卜於燕。歲餘，乃得地於良鄉縣之西大洪山佛寺。徙太祖旻、太宗晟、德宗宗幹於其中，其餘宗室以昭穆祔，惟東昏王亶葬於山之陰，謂其刑餘之人，不入陵故也。"按本書卷七六《宗幹傳》："上還上京，幸其第視殯事。及喪至上京，上臨哭之。及葬，臨視之。"則宗幹也葬在上京，此次遷陵當有宗幹陵在內。據本書卷五《海陵紀》正隆元年（1156）十月"葬始祖以下十帝於大房山"，此次遷陵涉及面相當之廣。又據本書《海陵紀》，貞元三年（1155）三月，"命以大房山雲峰寺爲山陵，建行宫其麓"，是爲大房山諸陵工役之始。五月開始營建太祖、太宗陵，八月開始營建宗幹陵，九月，太祖、太宗下葬，十一月，宗幹下葬。其他諸陵工程當在此時開始。至正隆元年十月諸陵工役始全部完成。

［6］工部尚書：尚書工部長官。掌修造營建法式、諸作工匠、屯田、山林川澤之禁、江河堤岸、道路橋梁等事。正三品。

［7］海陵：封號。即完顔迪古迺，漢名亮。1149 年至 1161 年在位。

［8］徐文：字彦武。本書卷七九有傳。　通州：治所在今北京市通州區。

［9］浙東道水軍都統制：海陵南征所設臨時性軍事機構浙東道水軍統制府長官。負責指揮水師對宋作戰。南征失敗後取消，故本書《百官志》不載。

［10］臨安：府名。爲南宋都城，治所在今浙江省杭州市。

［11］副統制：海陵南征所設臨時性軍事機構浙東道水軍統制府屬官。

大定二年，[1]召赴中都。是時，山東盜賊嘯聚，[2]契丹攻掠臨潢等州郡，[3]百姓困弊。詔保衡安撫山東，前太子少保高思廉安撫臨潢，[4]發倉粟以賑之，無衣者賜以幣帛，或官粟有闕，則收糴以給之，無妻室者具姓名以聞。還除刑部尚書。[5]與工部尚書宗永、兵部侍郎完顔余里也，[6]往河南、山東、陝西宣問屯田軍人，[7]有曾破大敵及攻城野戰立功者，具姓名以聞。或以寡敵衆，或與敵相當能先登敗敵者，正軍及擐甲阿里喜補官一階，[8]猛安謀克以功狀上尚書省，[9]曾隨海陵軍至淮上破敵者亦准上遷賞。[10]

[1]大定：金世宗年號（1161—1189）。

[2]山東：路名。指山東東、西兩路。山東東路治所在今山東省青州市。山東西路治所在今山東省東平縣。

[3]臨潢：府名。治所在今内蒙古自治區巴林左旗林東鎮南波羅城。

[4]太子少保：東宫屬官。宫師府三少之一。正三品。　高思廉：事迹另見於本書卷六。按本書卷六《世宗紀上》，“詔前工部尚書蘇保衡、太子少保高思廉賑賜山東百姓粟帛”，未提及臨潢。

[5]刑部尚書：尚書刑部長官。掌律令、刑名、監户、官户、配隸、功賞、捕亡等事。正三品。

[6]宗永：女真人。爲金宗室，本名挑達。本書卷六五有傳。　兵部侍郎：尚書兵部屬官。協助兵部尚書掌兵籍、軍器、城隍、鎮戍、厩牧、鋪驛、車輅、儀仗、郡邑圖志、險阻、障塞、遠方歸化等事。正四品。　完顔余里也：本書名完顔余里也者實有三人，此人另見於卷六五。

[7]河南：指南京路。治所在今河南省開封市。

[8]正軍：軍隊中直接作戰的正規士兵。金制，女真各部民壯者皆兵，由各部孛堇徵調。正軍又稱甲軍，兵仗糗糧皆自備。隨帶副從一至二人，稱阿里喜，充雜役，多爲正軍子弟。　擐甲阿里喜：阿里喜又譯爲阿里熹。女真語，有“副”“次”之意。女真士卒的副從，多由正軍（即甲軍）的子弟擔任。又稱“阿里喜隨色人”或“帖軍”。代替正軍頂盔貫甲時被稱爲“擐甲阿里喜”，有功者與正軍同受升賞。

[9]猛安謀克：金代軍事組織實行猛安謀克編制，一百人爲謀克，長官稱謀克，也稱百夫長。十謀克爲猛安，長官稱猛安，也稱千夫長。謀克之下，每五十人設一位蒲里衍，爲謀克的副從。此指猛安謀克軍官，即千夫長與百夫長。　尚書省：官署名。爲金最高行政機構，下屬機構有左、右司及吏、禮、户、刑、工、兵六部。長官爲尚書令，正一品。

[10]曾隨海陵軍至淮上破敵者亦准上遷賞：按本書卷六五《宗永傳》：“與蘇保衡、完顏余里也遷加伐宋士官賞。宗永性滯不習事，凡與土賊戰者一概加之。世宗久乃知之。謂宰相曰：‘若一概追還，必生怨望。若因循不問，則爵賞亂矣。其與土賊戰者，有能以寡敵衆，一人敵三十人以上者，依已遷爲定。’”文意較爲明白。

僕散忠義伐宋，[1]保衡行户部於關中，[2]兼糾察，許以便宜，黜守令不法者十餘人。[3]邠守傅慎微忤用事者，[4]被讒構下獄且死，[5]保衡力救之得免，入爲太常卿，[6]遷禮部尚書。[7]三年，拜參知政事。[8]宋人請和，詔保衡往南京，[9]與僕散忠義斟酌事宜，行之。入奏，進右丞。[10]四年，宋人請和，師還，保衡朝京師。

[1]僕散忠義：女真人。本名烏者。本書卷八七有傳。

[2]行户部於關中：指設於關中的行户部負責人。行户部爲尚

書省户部的派出機構。關中，古地區名，一般指函谷關以西。

[3]守令：地方官的簡稱。守指節度使、防禦使、刺史，令指縣令。

[4]邠守：指邠州静難軍節度使，爲節度州長官，例兼本州管内觀察使。掌鎮撫諸軍防刺，總判本鎮兵馬之事。從三品。邠州治所在今陝西省彬縣。　傅慎微：本書卷一二八有傳。

[5]被讒構下獄且死：施國祁《金史詳校》卷八上認爲，“構”當作“搆”，“且”當作“幾”。

[6]太常卿：太常寺長官。掌禮樂、郊廟、社稷、祠祀之事。從三品。

[7]禮部尚書：尚書禮部長官。掌禮樂、祭祀、燕享、學校、貢舉、儀式、制度、符印、表疏、圖書、册命、祥瑞、天文、漏刻、國忌、廟諱、醫卜、釋道、四方使客、諸國進貢、犒勞張設等事。正三品。

[8]參知政事：爲執政官，宰相之貳，佐治省事。從二品。“拜參知政事”原在“三年”之前，據中華點校本改。

[9]南京：京路名。即北宋都城汴梁。金初爲汴京，貞元元年（1153）更號南京。治所在今河南省開封市。

[10]右丞：即尚書右丞。爲執政官，宰相之貳，佐治省事。正二品。

初，宫女稱心縱火十六位，[1]延燒諸殿，上以方用兵，國用不足，不復營繕。[2]及宋和，詔保衡監護役事，遣少府監張仲愈取南京宫殿圖本。[3]上聞之，謂保衡曰：“追仲愈還，民間將謂朕効正隆華侈也。”[4]

[1]稱心：人名。事迹另見於本書卷八四。　十六位：按本書卷六《世宗紀上》，大定二年（1162）閏二月“辛卯，太和、厚德

殿火”，卷二三《五行志》同爲“大定二年閏二月辛卯”。卷八四《耨盌温敦謙傳》作“大定二年閏二月癸巳”，誤。又，卷二三《五行志》記此事爲“神龍殿十六位焚，延及太和、厚德殿”；卷二四《地理志上》中都條下注云“營建宫室及凉位十六”，則起火處應爲神龍殿附近的凉位，亦即宫中凉位第十六。本書中簡稱十六位。

［2］上以方用兵，國用不足，不復營繕：本書卷八八《完顏守道傳》：“方事完葺，時已入夏，頗妨民力，守道諫而罷。”與此異。

［3］少府監：少府監長官。掌邦國百工營造之事。正四品。張仲愈：後以户部尚書升任參知政事。事迹另見於本書卷八、一九、四七、四九、六一。

［4］正隆：金海陵王年號（1156—1161）。此指海陵王。

六年冬，有疾，求致仕，不許。遣敬嗣暉傳詔曰：[1]“卿以忠直擢居執政，[2]齒髮未衰，遽以小疾求退。善加攝養，以俟疾間視事。”未幾，薨，年五十五。世宗將放鷹近郊，[3]聞之乃還，爲輟朝，賻贈，命有司致祭。

［1］敬嗣暉：字唐臣，易州人。本書卷九一有傳。

［2］執政：金於尚書省設左右丞各一員、參知政事二員，爲執政官。

［3］世宗：廟號。本名烏禄，漢名雍。1161 年至 1189 年在位。

翟永固字仲堅，中都良鄉人。[1]太祖與宋約攻遼，[2]事成以燕歸宋。宋人以經義兼策取士，永固中第一，授開德府儀曹參軍。[3]金破宋，永固北歸。中天會六年詞賦科，[4]授懷安丞，[5]遷望雲令，[6]補樞密院令史，[7]辟左副元帥宗翰府掾。[8]

[1]良鄉：縣名。治所在今北京市房山區。

[2]太祖：廟號。本名阿骨打，漢名旻。1115 年至 1123 年在位。

[3]開德府：宋府名。治所在今河南省濮陽市。　儀曹參軍：宋官名。爲諸府、州屬官。北宋崇寧三年（1104），定六曹順序爲士、户、儀、兵、刑、工，以協助府、州長官處理地方政務。

[4]天會：金太宗年號，金熙宗初年沿用不改（1123—1137）。詞賦科：金代科舉考試的一種，試賦、詩、策論各一道。始設於金太宗天會元年（1123）十一月，初無定制。天會五年，因遼、宋舊制不同，詔南、北各因其素所習之業取士，號南北選。按本書卷三《太宗紀》，天會六年十二月完顔宗弼始取開德，翟永固似不應中此年進士。

[5]懷安丞：縣屬官，即縣丞。爲縣令之貳。正九品。懷安縣，治所在今河北省懷安縣東南舊懷安。

[6]望雲令：縣長官，即縣令。掌養百姓、按察所部、宣導風化、勸課農桑、平理獄訟、捕除盜賊、禁止游惰，兼管常平倉及通檢推排簿籍。大縣正七品，小縣從七品。望雲縣治所在今河北省赤城縣北雲川。

[7]樞密院令史：樞密院所屬無品級小官，爲樞密院辦事員。掌文書案牘之事。

[8]左副元帥：元帥府屬官。位僅次於都元帥。正二品。

永固家貧，求外補，宗翰愛其能，不許，以錢三千貫周之，薦於朝，攝左司郎中。[1]除定武軍節度副使，[2]歷同知清州防禦使，[3]入爲工部員外郎。[4]以母憂去官，起復禮部郎中,[5]遷翰林直學士。[6]

[1]左司郎中：尚書省屬官。掌本司奏事，總察吏、户、禮三部受事付事，兼帶修起居注。正五品。

[2]定武軍節度副使：節度使屬官。負責協助節度使處理本州政務。從五品。定武軍設在定州，治所在今河北省定州市。

[3]同知清州防禦使：防禦使屬官。負責協助防禦使處理本州政務。正六品。清州治所在今河北省青縣。

[4]工部員外郎：尚書工部屬官。從六品。

[5]禮部郎中：尚書禮部屬官。從五品。

[6]翰林直學士：翰林學士院屬官。掌制撰詞命。凡應奉文字，銜内帶"知制誥"。從四品。

海陵篡立，宋國賀正旦使至廣寧,[1]海陵使使以廢立事諭宋使，遣還之。以侍衛親軍都指揮使完顏思恭爲報諭宋使,[2]永固爲副，且令永固伺察宋人動静。使還，改禮部侍郎。[3]久之，分護燕京宫室役事，永固請寫《無逸圖》於殿壁，不納。

[1]廣寧：府名。金天輔七年（1123）升顯州置，治所在今遼寧省北寧市。

[2]侍衛親軍都指揮使：殿前都點檢司屬官。全稱爲侍衛親軍馬步軍都指揮使，爲侍衛親軍司長官，例由殿前都點檢兼任。金正隆五年（1160），罷侍衛親軍司後并入殿前都點檢司。掌行從宿衛，關防門禁，督攝隊仗。據本書卷八八《紇石烈良弼傳》，良弼由刑部尚書改任此官，則此官當爲正三品，與殿前都點檢同。　完顏思恭：女真人。即完顏思敬，本名撒改，初名思恭，因避諱改。本書卷七〇有傳。

[3]禮部侍郎：尚書禮部屬官。正四品。

俄遷太常卿，考試貞元二年進士，[1]出《尊祖配天賦》題，海陵以爲猜度己意，召永固問曰："賦題不稱朕意。我祖在位時，祭天拜乎？"對曰："拜。"海陵曰："豈有生則致拜，死而同體配食者乎？"對曰："古有之，載在典禮。"海陵曰："若桀、紂曾行，亦欲我行之乎？"於是永固、張景仁皆杖二十。[2]而進士張汝霖賦第八韻有曰：[3]"方今將行郊祀。"海陵詰之曰："汝安知我郊祀乎？"亦杖之三十。頃之，永固遷禮部尚書，賜笏頭毬文金帶。改永定軍節度使。[4]

[1]貞元二年：貞元爲金海陵王年號（1153—1156）。"二年"原作"元年"，據中華點校本改。

[2]張景仁：本書卷八四有傳。

[3]張汝霖：渤海人。本書卷八三有傳。

[4]永定軍節度使：節度州長官。總管一州軍、政事務。從三品。永定軍設在雄州，治所在今河北省雄縣。

正隆二年，例降二品以上官爵，永固階光禄大夫不降，[1]以寵異之。遷翰林學士承旨，[2]與直學士韓汝嘉俱召至内殿，[3]問以將親伐宋事，永固對曰："宋人事本朝無釁隙，伐之無名。縱使可伐，亦無煩親征，遣將帥可也。"由是大忤海陵意，永固即請致仕。正隆四年正月丁巳，海陵朝永壽宫，[4]四品以上官賜宴，永固至殿門外，海陵即以致仕宣命授之，永固歸卧于家。

[1]光禄大夫：文散官。爲從二品上階。

[2]翰林學士承旨：翰林學士院長官。正三品。金貞祐三年（1215）升從二品。

[3]韓汝嘉：事迹另見於本書卷六〇、一二九。

[4]永壽宫：此指海陵嫡母徒單氏，因居永壽宫，號永壽宫太后。本書卷六三有傳。施國祁《金史詳校》卷八上認爲，"永壽"當作"壽康"。

大定二年，起拜尚書左丞，請依舊制廉察官吏，革正隆守令之污，從之。明年，表乞致仕，詔不許。罷爲真定尹，[1]賜通犀帶。尚書省奏，永固自執政爲真定尹，其繖蓋當用何制度，上曰："用執政制度。"遂著爲令。五年，懇乞致仕，許之。六年，薨。

[1]真定尹：府長官，即府尹。正三品。真定府治所在今河北省正定縣。

魏子平字仲均，弘州人。[1]登進士第，調五臺主簿，[2]累除爲尚書省令史，[3]除大理丞，[4]歷左司都事，[5]同知中都轉運使事，[6]太府監。[7]

[1]弘州：治所在今河北省陽原縣。

[2]五臺主簿：縣屬官。爲縣令佐貳。正九品。五臺縣治所在今山西省五臺縣。

[3]尚書省令史：尚書省下屬無品級小官，爲尚書省左、右司辦事員。負責文書案牘之事。定員七十人。

[4]大理丞：大理寺屬官。從六品。

[5]左司都事：尚書省屬官。掌本司受事付事，檢勾稽失，省署文牘，兼知省内宿直。正七品。

[6]同知中都轉運使事：轉運司屬官。協助轉運使管理賦稅錢穀、倉庫出納、權衡度量之制。從四品。按《百官志》，金唯於中都路設都轉運使司，其他各路設轉運司。此處應爲同知中都都轉運使事。

[7]太府監：太府監長官。掌出納邦國財用錢穀之事。正四品。

正隆三年，爲賀宋主生日副使。是時，海陵謀伐宋，子平使還入見，海陵問江左事，且曰："蘇州與大名孰優?"[1]子平對曰："江、湖地卑濕，夏服蕉葛猶不堪暑，安得與大名比也。"海陵不悦。

[1]蘇州：宋州名。治所在今江蘇省蘇州市。　大名：府名。治所在今河北省大名縣東。

世宗即位，除户部侍郎。[1]大定二年，丞相僕散忠義伐宋，[2]置元帥府於南京，[3]子平掌餽運，給金牌一、銀牌六，[4]粮道給辦。進户部尚書。[5]六年，復爲賀宋主生日使，上曰："使宋無再往者，卿昔年供河南軍儲有勞，用此優卿耳。"久之，拜參知政事。

[1]户部侍郎：尚書户部屬官。協助户部尚書掌户口、錢糧、田土的政令及貢賦出納、金幣轉通、府庫收藏等事。正四品。

[2]丞相：爲宰相，掌丞天子，平章萬機。從一品。此時僕散忠義官爲右丞相。　僕散忠義：女真人。本名烏者。本書卷八七有傳。

[3]元帥府：官署名。長官爲都元帥，從一品。下設左、右副元帥，元帥左、右監軍，元帥左、右都監。

[4]金牌、銀牌：金代牌符的一種。金太祖時始制金牌、銀牌、木牌，分賜給萬户、猛安、謀克等官佩帶，以爲符信。其中以金牌最爲高貴。

[5]户部尚書：尚書户部長官。正三品。

上問子平曰："古者稅什一而民足，今百一而民不足，何也?"子平對曰："什一取其公田之入，今無公田而稅其私田，爲法不同。古有一易再易之田，中田一年荒而不種，下田二年荒而不種。今乃一切與上田均稅之，此民所以困也。"上又問曰："戍卒逋亡物故，今按物力高者補之，可乎?"對曰："富家子弟騃懦，不可用守戍，[1]歲時求索無厭，家産隨壞。若按物力多寡賦之，募材勇騎射之士，不足則調兵家子弟補之，庶幾官收實用，人無失職之患。"上從之。

[1]騃（ái）：呆，愚。

海州捕賊八十餘人，[1]賊首海州人，其兄今爲宋之軍官。上聞之，謂宰相曰：[2]"宋之和好恐不能久，其宿、泗間漢軍，[3]以女直軍代之。"子平曰："誓書稱沿邊州城，除自來合設置射粮軍數并巡尉外，[4]更不得屯軍守戍。"上曰："此更代之，非增戍也。"

[1]海州：治所在今江蘇省連雲港市海州區。

[2]宰相：金於尚書省下設尚書令一員、左右丞相各一員、平

章政事二員，爲宰相。

[3]宿：州名。治所在今安徽省宿州市。　泗：州名。治所在今江蘇省盱眙縣北。

[4]射粮軍：金軍種名。據本書卷四四《兵志》："諸路所募射粮軍，五年一籍三十以下、十七以上强壯者，皆刺其□，所以兼充雜役者也。"　巡尉：軍官名。

上曰："前日令内任官六品以上，外任五品以上，並舉所知。未聞有舉之者，豈無其才，蓋知而不舉也。"子平曰："請令當舉之官，每任須舉一人。"

澤州刺史劉德裕、祁州刺史斜哥、滄州同知訛里也、易州同知訛里剌、楚丘縣令劉春哥以贓污抵罪，[1]上欲詔示中外，丞相守道以爲不可，[2]上以問子平曰："卿意何如？"子平曰："臣聞懲一戒百，陛下固宜行之。"上曰："然。"遂降詔焉。[3]

[1]澤州刺史：刺史州長官。正五品。澤州治所在今山西省晋城市。　劉德裕：事迹另見於本書卷六。　祁州刺史：刺史州長官。正五品。祁州治所在今河北省安國市。　斜哥：女真人。宗翰之孫。本書卷七四有傳。　滄州同知：指同知横海軍節度使事，爲節度州屬官，兼同知管内觀察使。協助節度使處理本州政務。正五品。横海軍節度使設在滄州，故有此稱。滄州治所在今河北省滄州市東南四十里舊州鎮。　訛里也：本書中計七人同名訛里也，此人僅此一見。　易州同知：指同知州事，爲刺史州屬官。協助刺史處理本州政務。正七品。易州治所在今河北省易縣。　訛里剌：本書中計五人同名訛里剌，此人僅此一見。　楚丘縣令：縣長官。楚丘縣治所在今山東省曹縣東南。　劉春哥：本書僅此一見。

［2］丞相守道：女真人。即完顏守道，本名習尼列，完顏希尹之孫。本書卷八八有傳。據本書卷六《世宗紀上》，大定六年（1166）九月，“澤州刺史劉德裕等以盜用官錢伏誅”，則此事當在大定六年，而卷七《世宗紀中》，大定十四年十二月，“以平章政事完顏守道爲右丞相”，可知守道之任丞相在大定十四年，此時其官職爲尚書左丞，此處稱丞相誤。

［3］施國祁《金史詳校》卷八上認爲，此段文字當移至上文“用此優卿耳”之下。

宋人於襄陽漢江上造舟爲浮梁三，[1]南京統軍司聞而奏之，[2]上問宰臣曰：“卿等度之，以爲何如？”子平曰：“臣聞襄陽薪芻，皆於江北取之，殆爲此也。”上曰：“朕與卿等治天下，當治其未然。及其有事，然後治之，則亦晚矣。”河南統軍使宗叙求入見奏邊事，[3]上使修起居注粘割斡特剌就問狀。[4]宗叙言：“得邊報及宋來歸者言，宋國調兵募民，運粮餉，完城郭，造戰船浮橋，兵馬移屯江北。自和議後即罷制置司，[5]今復置矣。商、虢、海州皆有姦人出没，[6]此不可不備。嘗報樞密院，[7]彼視以爲文移，故欲入見言之。”斡特剌召凡言邊事者詰問，皆無實狀，行至境上，問知襄陽浮橋乃樵采之路，如子平策。還奏。詔凡妄説邊關兵事者徒二年，告人得實，賞錢五百貫。

［1］襄陽：府名。治所在今湖北省襄陽市。

［2］南京統軍司：官署名。本書中僅此一見。按本書卷五七《百官志三》，金於河南、山東、山西、陝西四處設統軍司。此處應是指河南統軍司。

[3]河南統軍使：河南統軍司長官。督領軍馬，鎮攝封陲，分營衛、視察奸。正三品。　宗敘：女真人。本名德壽。本書卷七一有傳。

[4]修起居注：記注院長官。掌記言、動。金貞祐三年（1215）定以左右司首領官兼。　粘割斡特剌：女真人。一作粘哥斡特剌。本書卷九五有傳。

[5]制置司：宋官署名，一作制置使司。長官爲制置使，爲一路至數路地區統兵大員，掌經畫邊防軍務。各都統制所率屯駐大軍及其他正規軍，皆由制置使節制。

[6]商：州名。治所在今陝西省商州市。　虢：州名。治所在今河南省靈寶市。

[7]樞密院：官署名。金於天輔七年（1123）仿遼南樞密院設樞密院，掌漢人軍政，後變成最高軍事機構。泰和六年（1206）改爲元帥府，泰和八年又恢復。長官爲樞密使，掌武備機密之事。從一品。

上問宰臣曰："祭宗廟用牛。牛盡力稼穡，有功於人，殺之何如？"子平對曰："惟天地宗廟用之，所以異大祀之禮也。"

十一年，罷爲南京留守，[1]未幾致仕。十五年，起爲平陽尹，[2]復致仕。二十六年，薨于家。

[1]南京留守：南京留守司長官，例兼本府府尹、本路兵馬都總管。正三品。

[2]平陽尹：府長官，即府尹。正三品。平陽府，河東南路首府，治所在今山西省臨汾市。

孟浩字浩然，灤州人。[1]遼末年登進士第。天會三年，爲樞密院令史，除平州觀察判官。[2]天眷初，[3]選入元帥府備任使，承制除歸德少尹，[4]充行臺吏、禮部郎中，[5]入爲户部員外郎、郎中。[6]

[1]灤州：治所在今河北省灤縣。

[2]平州觀察判官：節度州屬官。掌紀綱觀察衆務，分判吏、户、禮案事，通檢推排簿籍。正七品。平州治所在今河北省盧龍縣。

[3]天眷：金熙宗年號（1138—1140）。

[4]歸德少尹：府屬官。府尹之佐。正五品。歸德府治所在今河南省商丘市南。

[5]行臺吏、禮部郎中：行臺尚書省屬官。正六品。

[6]户部員外郎、郎中：皆尚書户部屬官。員外郎爲從六品，郎中爲從五品。

韓企先爲相，[1]拔擢一時賢能，皆置機要，浩與田瑴皆在尚書省，瑴爲吏部侍郎，[2]浩爲左司員外郎。[3]既典選，善銓量人物，分别賢否，所引用皆君子。而蔡松年、曹望之、許霖皆小人，[4]求與瑴相結，瑴薄其爲人，拒之。

[1]韓企先：本書卷七八有傳。

[2]吏部侍郎：尚書吏部屬官。協助吏部尚書掌文武選授、勳封、考課、出給制誥等政事。正四品。

[3]左司員外郎：尚書省屬官。正六品。

[4]蔡松年：本書卷一二五有傳。　曹望之：字景蕭。本書卷

九二有傳。　許霖：天眷年間，曾與蔡松年等人結党構陷田㲄，至釀成“田㲄之獄”。海陵貞元二年（1154），曾以吏部侍郎使宋。後官至左諫議大夫、户部尚書、左宣徽使、御史大夫。大定二年（1162），金世宗將其降官，放歸田里。大定五年曾與高懷貞一起被金世宗再度起用。

松年，蔡靖子。[1]靖將兵不能守燕山，[2]終敗宋國，㲄頗以此譏斥松年。松年初事宗弼於行臺省，[3]以微巧得宗弼意。宗弼當國，引爲刑部員外郎。[4]望之爲尚書省都事，[5]霖爲省令史，皆怨㲄等，時時毁短之於宗弼，凡與㲄善者皆指以爲朋黨。韓企先疾病，宗弼往問之，是日，㲄在企先所，聞宗弼至，知其惡己，乃自屏以避。宗弼曰：“丞相年老且疾病，[6]誰可繼丞相者？”企先舉㲄，而宗弼先入松年譖言，謂企先曰：“此輩可誅。”㲄聞流汗浹背。企先薨，㲄出爲横海軍節度使。選人龔夷鑒除名，[7]值赦，赴吏部銓，[8]得預覃恩。㲄已除横海，部吏以夷鑒白㲄，㲄乃倒用月日署之。許霖在省典覃恩，行臺省工部員外郎張子周素與㲄有怨，[9]以事至京師，微知夷鑒覃恩事，嗾許霖發之，詆以專擅朝政。詔獄鞫之，擬㲄與奚毅、邢具瞻、王植、高鳳庭、王傚、趙益興、龔夷鑒死，[10]其妻子及所往來孟浩等三十四人皆徙海上，仍不以赦原。天下冤之。

[1]蔡靖：宋將。與郭藥師一起守燕山府，後降金。

[2]燕山：府名。治所在今北京市。

[3]宗弼：女真人。本名斡啜，又作斡出、兀术、晃斡出，金

太祖之子。本書卷七七有傳。　行臺省：官署名。全稱爲行臺尚書省，管理原齊國統治區。金天眷元年（1138）以河南地與宋，改燕京樞密院爲行臺尚書省，天眷三年復移置於汴京。行臺尚書省仿中央尚書省設官，但各官品級較尚書省相應各官品級低一級。

[4]刑部員外郎：尚書刑部屬官。從六品。

[5]尚書省都事：指尚書省左、右司都事。正七品。

[6]丞相：據本書卷七八《韓企先傳》，韓企先臨終前官爲尚書右丞相。

[7]龔夷鑒：事迹另見於本書卷四。

[8]吏部：官署名。爲尚書省下屬機構。長官爲吏部尚書，正三品。

[9]行臺省工部員外郎：行臺尚書省屬官。正七品。　張子周：本書僅此一見。

[10]奚毅、邢具瞻、王植、高鳳庭、王傚、趙益興：皆另見於本書卷四。另，高鳳庭，本書卷四《熙宗紀》作"高鳳廷"。

世宗在熙宗時，[1]知田瑴黨事皆松年等構成之。而浩等三十二人遇天德赦令還鄉里，多物故，惟浩與瑴兄穀、王補、馮煦、王中安在。[2]大定二年，召見，復官爵。浩爲侍御史，[3]穀爲大理丞，補爲工部員外郎，煦爲兵部主事，[4]中安知火山軍事，[5]而浩尋復爲右司員外郎。[6]

[1]熙宗：廟號。本名合剌，漢名亶。1135年至1149年在位。

[2]田穀、王補、馮煦：本書皆僅見於此。《三朝北盟會編》引《族帳部曲録》："田穀，廣寧府人。"瑴之兄，與本傳作灤州人異。　王中安：王賁之父。進士出身，後以沂州防禦使終。事迹另見於本書卷九六。

[3]侍御史：御史臺屬官。掌奏事，判臺事。從五品。

[4]兵部主事：尚書兵部屬官。從七品。

[5]知火山軍事：州長官。帶京朝官銜或試銜者主持軍鎮事務時稱知軍事，簡稱知軍。火山軍治所在今山西省河曲縣南，金大定二十二年（1182）升爲火山州。

[6]右司員外郎：尚書省屬官。掌本司奏事，總察兵、刑、工部受事付事，兼帶修起居注。正六品。

浩篤實，遇事輒言，無所隱。上嘉其忠，每對大臣稱之。有疾，求外補，除祁州刺史，致仕，歸。七年，起爲御史中丞，[1]而浩已年老，世宗以不次用之，再閱月，拜參知政事。故事，無自中丞拜執政者，浩辭曰："不次之恩，非臣所敢當。"上曰："卿自刺史致仕，除中丞，國家用人，豈拘階次。卿公正忠勤，雖年高，猶可宣力數年，朕思之久矣。"浩頓首謝。

[1]御史中丞：御史臺屬官。協助御史大夫負責糾察朝儀，彈劾官吏，勘察官府公事。從三品。

世宗勑有司東宮涼樓增建殿位，浩諫曰："皇太子義兼臣子，若所居與至尊宮室相侔，恐制度未宜，固宜示以儉德。"上曰："善。"遂罷其役，因謂太子曰："朕思漢文純儉，[1]心常慕之，汝亦可以爲則也。"未幾，皇太子生日，上宴群臣于東宮，以大玉杓、黃金五百兩，賜丞相志寧，[2]顧謂群臣曰："卿等能立功，朕亦褒賞如此。"又曰："參政孟浩公正敢言，自中丞爲執政。卿等能如是，朕亦不次用之。”

［1］漢文：漢文帝劉恒。公元前 179 年至前 157 年在位。

［2］丞相志寧：女真人。即紇石烈志寧，本名撒曷輦。本書卷八七有傳。據本書卷八七《紇石烈志寧傳》，此事是在大定七年（1167）十月八日，志寧當時官爲樞密使，志寧拜尚書右丞相是在大定九年，此處稱丞相誤。

世宗嘗曰：“女直本尚純朴，今之風俗，日薄一日，朕甚憫焉。”浩對曰：“臣四十年前在會寧，[1]當時風俗與今日不同，誠如聖訓。”上曰：“卿舊人，固知之。”上謂宰臣曰：“宋前廢帝呼其叔湘東王爲‘豬王’，[2]食之以牢，納之泥中，以爲戲笑。書于史策，所以勸善而懲惡也。海陵以近習掌記注，記注不明，當時行事，實録不載，衆人共知之者求訪書之。”浩對曰：“良史直筆，君舉必書。帝王不自觀史，記注之臣乃得盡其直筆。”浩復奏曰：“歷古以來，不明賞罰而能治者，未之聞也。國家賞善罰惡，盖亦多矣，而天下莫能知。乞自今凡賞功罰罪，皆具事狀頒告之，使君子知勸以遷善，小人知懼以自警。”從之。

［1］會寧：府名。爲金上京首府，治所在今黑龍江省阿城市白城。

［2］宋前廢帝：南朝宋前廢帝劉子業。464 年嗣立，465 年被殺。　湘東王：南朝宋明帝劉彧。465 年至 472 年在位。即帝位前封湘東王。

進尚書右丞，兼太子少傅。[1]罷爲真定尹，上曰："卿年雖老，精神不衰，善治軍民，毋遽言退。"以通犀帶賜之。十三年，薨。

[1]太子少傅：東宫屬官。宫師府三少之一。正三品。

田穀自大理丞累官同知中京留守，[1]終于利涉軍節度使。[2]

[1]同知中京留守：中京留守司屬官，兼同知本府尹及本路兵馬都總管。正四品。中京，京路名，治所在今内蒙古自治區寧城縣大明城。

[2]利涉軍節度使：節度州長官。從三品。利涉軍設在濟州，治所在今吉林省農安縣。

二十九年，章宗詔尚書省曰：[1]"故吏部侍郎田瑴等皆中正之士，小人以朋黨陷之，由是得罪。世宗用孟浩爲右丞，當時在者俱已用之，亡者未加追復，其議以聞。"張汝霖奏曰："瑴專權樹黨，先朝已正罪名，莫不稱當。今追贈官爵，恐無懲勸。"汝霖先朝大臣，嘗與顧命，上初即位，不肯輒逆其意，謂之曰："卿既以爲不可，姑置之。"盖張浩與蔡松年友善，故汝霖猶擠之也。汝霖死後，章宗復詔尚書省曰："盖自田瑴黨事之後，有官者以爲戒，惟務苟且，習以成風。先帝知瑴等無罪，録用生存之人，有擢至宰執者，[2]其次有爲節度、防禦、刺史者。[3]其死者猶未追復，子孫猶在編户，朕甚憫焉。惟旌賢顯善，無間存没，宜推先帝所以褒録忠直之意，並加恩卹，以勵風俗。據田瑴一起人除已叙用外，但未經任用身死，並與復舊官爵。其子孫當時已有官職，以父祖坐黨因而削除者，亦與追復。應合追復爵位人等子孫不及蔭叙者，亦皆量與恩例。”

[1]章宗：廟號。本名麻達葛，漢名璟。1190 年至 1208 年在位。

[2]宰執：宰相與執政官。

[3]防禦：即防禦使，爲防禦州長官。掌防捍不虞，禦制盜賊。從四品。

梁肅字孟容，奉聖州人。[1]自幼勤學，夏夜讀書往往達旦，母葛氏常滅燭止之。

[1]奉聖州：治所在今河北省涿鹿縣。金大安元年（1209）改爲德興府。

天眷二年，擢進士第，調平遥縣主簿，[1]遷望都、絳縣令。[2]以廉，入爲尚書省令史。除定海軍節度副使，[3]改中都警巡使，[4]遷山東西路轉運副使。[5]營治汴宫，[6]肅分護役事。攝大名少尹。正隆末，境内盜起，驅百姓平人陷賊中不能自辨者數千人，皆繫大名獄。肅到官，考驗得其情讞，出者十八九。

[1]平遥縣主簿：縣屬官。爲縣令佐貳。正九品。平遥縣治所在今山西省平遥縣。

[2]望都：指望都縣令。望都縣治所在今河北省望都縣。金更名爲慶都縣。　絳縣令：縣長官。絳縣治所在今山西省絳縣。

[3]定海軍節度副使：節度州屬官。從五品。定海軍設在萊州，治所在今山東掖縣。

[4]中都警巡使：諸京警巡院長官。掌平理獄訟，巡警所部，總判院事。正六品。

[5]山東西路轉運副使：轉運司屬官。正五品。

[6]汴：即北宋都城汴梁，金初稱汴京。

大定二年，宛平趙植上書曰：[1]"頃者，正隆任用閹寺，少府少監兼上林署令胡守忠因緣巧倖，[2]規取民利。前薊州刺史完顏守道、前中都警巡使梁肅，[3]勤恪清廉，願加進擢。"於是守忠落少監，守道自濱州刺史召爲諫議大夫，[4]肅中都轉運副使改大興少尹。[5]

[1]宛平：縣名。治所在今北京市。　趙植：本書僅此一見。

[2]少府少監：少府屬官。從五品。　上林署令：上林署長官。掌諸苑園池沼、種植花木果蔬及承奉行幸舟船事。從六品。　胡守忠：本書僅此一見。

[3]薊州刺史：刺史州長官。正五品。薊州治所在今天津市薊縣。

[4]濱州刺史：刺史州長官。正五品。濱州治所在今山東省濱州市。施國祁《金史詳校》卷八上認爲，"濱州"當作"薊州"。　諫議大夫：諫院屬官，正四品。按本書卷八八《完顏守道傳》，"歷獻、祁、濱、薊四州刺史……遷昭毅大將軍，授左諫議大夫"，完顏守道應是自薊州刺史任諫議大夫。另，其授左諫議大夫出自"平章政事移剌元宜舉以自代"。皆與此異。

[5]中都轉運副使：轉運司屬官。正五品。施國祁《金史詳

校》卷八上認爲，“中都”前當加“自”字。另，本書卷五七《百官志三》都轉運司條下小字注文，“惟中都路置都轉運司，餘置轉運司”，則此處應脱“都”字。

肅上疏言：“方今用度不足，非但邊兵耗費而已。吏部以常調除漕司僚佐，皆年老資高者爲之，類不稱職。臣謂凡軍功、進士諸科、門蔭人，知錢穀利害，能使國用饒足而不傷民者，許上書自言。就擇其可用，授以職事。每五年委吏部通校有無水旱屯兵，視其增耗而黜陟之。自漢武帝用桑弘羊始立榷酤法，[1]民間粟麥歲爲酒所耗者十常二三。宜禁天下酒麴，自京師及州郡官務，仍舊不得酤販出城。其縣鎮鄉村，權行停止。”不報。

[1]漢武帝：本名劉徹。公元前140年至前87年在位。　桑弘羊：西漢名臣（前152—前80）。

三年，坐捕蝗不如期，貶川州刺史，[1]削官一階，解職。上御便殿，召左諫議大夫奚籲、翰林待制劉仲誨、祕書少監移剌子敬，[2]訪問古今事。少間，籲從容請曰：“梁肅材可惜，解職太重。”上曰：“卿言是也。”乃除河北東路轉運副使。[3]是時，窩斡亂後，[4]兵食不足，詔肅措置沿邊兵食。移牒肇州、北京、廣寧鹽場，[5]許民以米易鹽，兵民皆得其利。四年，通檢東平、大名兩路户籍物力，[6]稱其平允。他使者所至皆以苛刻增益爲功，百姓訴苦之。朝廷勅諸路以東平、大名通檢爲準，於是始定。

[1]川州刺史：刺史州長官。正五品。川州治所初在今遼寧省朝陽市東北，大定中罷。承安中復置，治所移至今遼寧省北票市東北八十里黑城子古城，泰和中又罷。

[2]左諫議大夫：諫院屬官。正四品。　奚籲：本書僅此一見。翰林待制：翰林學士院屬官。分掌制撰詞命，分判院事，凡應奉文字，銜内帶“同知制誥”。正五品。　劉仲誨：字子忠。本書卷七八有傳。　祕書少監：秘書監屬官。正五品。　移剌子敬：契丹人。本名屋骨朶魯，字同文。本卷有傳。

[3]河北東路轉運副使：轉運司屬官。正五品。河北東路，路名，治所在今河北省河間市。

[4]窩斡：契丹人。即移剌窩斡。本書卷一三三有傳。

[5]肇州：治所一説在今黑龍江省肇源縣望海屯舊址，一説在今黑龍江省肇源縣茂興站南的吐什吐，一説在今黑龍江省肇東縣八里城。　北京：京路名。治所在今内蒙古自治區寧城縣西大明城。

[6]東平：府名。治所在今山東省東平縣。

七年，父憂去官。起復都水監。[1]河決李固，[2]詔肅視之，還奏：“決河水六分，舊河水四分。今障塞決河，復故道爲一，再決而南則南京憂，再決而北則山東、河北皆可憂。[3]不若止於李固南築隄，使兩河分流，以殺水勢便。”上從之。

[1]都水監：都水監長官。掌川澤、津梁、舟楫、河渠之事。正四品。

[2]李固：按本書卷六《世宗紀上》、卷二三《五行志》、卷二七《河渠志》皆作“河決李固渡”，此或是其省稱。施國祁《金史

詳校》卷八上認爲，當補“渡”字。

［3］河北：路名。天會七年（1129）析置河北東、西路。河北東路治所在今河北省河間市，河北西路治所在今河北省正定縣。

改大理卿。[1]尚輦局本把石抹阿里哥，[2]與釘校匠陳外兒，[3]共盜宮中造車銀釘葉。肅以阿里哥監臨，當首坐。他寺官以陳外兒爲首，[4]抵死。上曰：“罪疑惟輕，各免死，徒五年，除名。”

［1］大理卿：大理寺長官。掌理斷天下奏案，詳讞疑獄。正四品。

［2］尚輦局：官署名。爲殿前都點檢司下屬機構。掌承奉輿輦等事。長官爲尚輦局使，從五品。　本把：尚輦局辦事人員。正員四人。　石抹阿里哥：本書僅見於本卷。

［3］校：施國祁《金史詳校》卷八上認爲當作“鉸”，中華點校本據改。　陳外兒：本書僅此處兩見。

［4］寺官：指大理寺各官。除大理卿外，還有大理少卿、大理正、大理丞、大理司直、大理評事、大理知法、大理明法等。

於時，東京久不治，上自擇肅爲同知東京留守事。[1]遷中都都轉運使，[2]轉吏部尚書。[3]上疏論臺諫，[4]其大旨謂“臺官自大夫至監察，[5]諫官自大夫至拾遺，[6]陛下宜親擇，不可委之宰相，恐樹私恩，塞言路也”。上嘉納之。復請奴婢不得服羅，上曰：“近已禁奴婢服明金矣，可漸行之。”肅舉同安主簿高旭，[7]除平陽酒使，[8]肅奏曰：“明君用人，必器使之。旭儒士，優於治民，若使坐列肆，榷酒酤，非所能也。臣愚以爲諸道鹽鐵使依舊文武參注，[9]其酒稅使副以右選三差俱最者爲之。"[10]上曰："善。"改刑部尚書。

[1]同知東京留守事：東京留守司屬官。正四品。東京，京路名，治所在今遼寧省遼陽市。

[2]中都都轉運使：中都路都轉運司長官。正三品。

[3]吏部尚書：尚書吏部長官。正三品。

[4]臺諫：皆官署名。臺指御史臺，長官爲御史大夫，正三品。金大定十二年（1172）升從二品。諫指諫院，長官爲左、右諫議大夫，正四品。

[5]臺官自大夫至監察：指御史臺屬官，包括御史大夫（從二品）、御史中丞（從三品）、侍御史（從五品）、治書侍御史（從六品）、殿中侍御史（正七品）和監察御史（正七品）。

[6]諫官自大夫至拾遺：指諫院屬官，包括左、右諫議大夫（正四品），左、右司諫（從五品），左、右補闕（正七品）和左、右拾遺（正七品）。

[7]同安主簿：縣屬官。爲縣令佐貳。正九品。同安縣本書僅此一見，所在地不詳。疑爲"固安"之誤。　高旭：後官至同知都轉運使。事迹另見於本書卷二七。

[8]平陽酒使：平陽酒使司長官。掌監知人户釀造，辦課以佐國用。從六品。

[9]鹽鐵使：指轉運使屬官鹽鐵判官。從六品。

[10]酒稅副使：酒使司屬官。正七品。

宋主屢請免立受國書之儀，世宗不從。及大興尹璋爲十四年正旦使，[1]宋主使人就館奪其書，而重賂之。璋還，杖一百五十，除名。以肅爲宋國詳問使，其書略曰："盟書所載，止於帝加皇字，免奉表稱臣稱名再拜，量減歲幣，便用舊儀，親接國書。兹禮一定，於今十年。今知歲元國信使到彼，不依禮例引見，輒令迫取於館，姪國禮體當如是耶？往問其詳，宜以誠報。”肅至宋，宋主一一如約，立接國書。肅還，附書謝，其略曰：“姪宋皇帝謹再拜致書于叔大金應天興祚欽文廣武仁德聖孝皇帝闕下。惟十載遵盟之久，無一毫成約之違，[2]獨顧禮文，宜存折衷。矧辱函封之貺，尚循躬受之儀，既俯迫于輿情，嘗屢伸于誠請，因歲元之來使，遂商榷以從權。敢勞將命之還，先布鄙悰之懇，自餘專使肅控請祈。”肅還至泗州，先遣都管趙王府長史駞滿蒲馬入奏。[3]世宗大喜，欲以肅爲執政，左丞相良弼曰：[4]“梁肅可相，但使宋還即爲之，宋人自此輕我矣。”上乃止。

[1]璋：女真人。完顔氏。本書卷六五有傳。

[2]毫：原作“豪”，中華點校本據殿本改，今從之。

[3]趙王府長史：王府屬官。掌警嚴侍從，兼總統本府之事。從五品。趙王，封爵名，大定格，爲大國封號第八。此時金世宗子完顔永中受封爲趙王。　駞滿蒲馬：本書僅此一見。

[4]左丞相：爲宰相，掌丞天子，平章萬機。從一品。　良弼：女真人。即紇石烈良弼，本名婁室。本書卷八八有傳。

久之，爲濟南尹，[1]上疏曰：“刑罰世輕世重，自漢文除肉刑，罪至徒者帶鐐居役，歲滿釋之，家無兼丁者，加杖准徒。今取遼季之法，徒一年者杖一百，是一罪二刑也，刑罰之重，於斯爲甚。今太平日久，當用中典，有司猶用重法，臣實痛之。自今徒罪之人，止居作，更不決杖。”不報。

[1]濟南尹：府長官，即府尹。正三品。濟南即濟南府，治所在今山東省濟南市。

未幾，致仕，起復彰德軍節度使，[1]召拜參知政事。上謂侍臣曰：“梁肅以治入異等，遂至大任，廉吏亦可以勸矣。”

[1]彰德軍節度使：節度州長官。從三品。彰德軍設在相州，治所在今河南省安陽市。

肅奏：“漢之羽林，皆通《孝經》。今之親軍，即漢之羽林也。臣乞每百户賜《孝經》一部，使之教讀，庶知臣子之道，其出職也，可知政事。”上曰：“善，人之行莫大於孝，亦由教而後能。”詔與護衛俱賜焉。[1]復上奏曰：“方今斗米三百，人已困餓，以錢難得故也。計天下歲入二千萬貫以上，一歲之用餘千萬。院務坊場及百姓合納錢者，通減數百萬。院務坊場可折納穀帛，折支官兵俸給，使錢布散民間，稍稍易得。”上曰：“懸欠院務，許折納可也。”

[1]護衛：皇帝的衛戍部隊。負責皇宫的警衛及行從宿衛。定員二百人，由五至七品官子孫及宗室、親軍、諸局分承應人中選拔，考試合格方可録用。

肅上疏論生財舒用八事。一曰，罷隨司通事。[1]二曰，罷酒稅司杓欄人。[2]三曰，天水郡王本族已無在者，[3]其餘皆遠族，可罷養濟。四曰，裁減隨司契丹吏員。五曰，罷榷醋，以利與民。六曰，量減鹽價，使私鹽不行，民不犯法。七曰，隨路酒稅許折納諸物。八曰，今歲大稔，乞廣糴粟麥，使錢貨流出。上曰："趙氏養濟一事，乃國家美政，不可罷。其七事，宰相詳議以聞。"上又曰："朕在位二十餘年，鑒海陵之失，屢有改作，亦不免有繆戾者，卿等悉心奏之。"肅論："正員官被差，權攝官有公罪，及正員還任，皆准去官勿論，往往其人苟且，不事其事。乞于縣令中留十人備差，無差正員官。"上曰："自今權攝有公罪，正員雖還而本職未替者，勿以去官論之。"肅曰："誠如聖旨。"

[1]通事：吏名。從事口譯，金有省通事、諸部通事、女真通事等。大定二十年（1180）制，一百二十個月出職，經三考者秩從七品。

[2]酒稅司杓欄人：酒稅司屬官。

[3]天水郡王：封爵名。此指宋徽宗趙佶（1082—1135），1127年爲金兵所俘，1128年金太宗封其爲昏德公，熙宗時改封爲天水郡王。

肅與宰相奏事，既罷，肅跪而言曰："四時畋獵，雖古禮，聖人亦以爲戒。陛下春秋高，屬時嚴寒，馳騁於山林之間。法宮燕處，亦足怡神，願爲宗社自重，天下之福也。"上曰："朕諸子方壯，使之習武，故時一往爾。”

同知震武軍節度使鄧秉鈞陳言四事，[1]其一言外多闕官，及循資擬注不得人。上以問宰相張汝弼，[2]曰：“循資格行已久，仍舊便。”肅曰：“不然。如亡遼固不足道，其用人之法，有仕及四十年無敗事，即與節度使，豈必循資哉。”上曰：“仕四十年已衰老。察其政蹟，善者升之，後政再察之，善又升之，如此可以得人，亦無曠事。”肅曰：“誠如聖訓。”肅論盜賊不息，請無禁兵器。上曰：“所在有兵器，其利害如何？”肅曰：“他路則已，中都一路上農夫聽置之，似乎無害。”上曰：“朕將思之。”

[1]震武軍節度使：節度州長官。從三品。震武軍設在代州，治所在今山西省代縣。　鄧秉鈞：本書僅此一見。

[2]張汝弼：渤海人。本書卷八三有傳。

凡使宋者，宋人致禮物，大使金二百兩，銀二千兩，副使半之，幣帛雜物稱是。及推排物力，肅自以身爲執政，昔嘗使宋，所得禮物多，當爲庶民率先，乃自增物力六十餘貫，論者多之。

二十三年，肅請老，上謂宰臣曰：“梁肅知無不言，正人也。卿等知而不言，朕實鄙之。雖然，肅老矣，宜從其請。”遂再致仕。詔以其子汝翼爲閤門祗候。[1]二十八年，薨。謚正憲。

[1]汝翼：本書僅此一見。　閤門祗候：宣徽院下屬閤門的辦

事人員。定員爲二十五人，正大中增至三十二人。

移剌慥本名移敵列，契丹虞吕部人。[1]通契丹、漢字，尚書省辟契丹令史，[2]攝知除，擢右司都事。[3]正隆南伐，兼領契丹、漢字兩司都事。[4]大定二年，除真定少尹，入爲侍御史。母憂去官。起復右司員外郎，累官陳州防禦使。[5]左丞相紇石烈良弼致仕，上問："誰可代卿者？"對曰："陳州防禦使移剌慥，清幹忠正，臣不及也。"遂召爲太府監，改刑部侍郎。[6]

[1]虞吕部：契丹部族名。所在地不詳。

[2]尚書省辟契丹令史：金置有尚書省令史，《百官志》僅見有女真令史與漢令史。卷九〇《移剌斡里朵傳》言，斡里朵係出遼五院司，通契丹字，天會間補尚書省令史。卷八《移剌道傳》言，移剌道其先乙室部人，通女直、契丹、漢字，皇統初補刑部令史，轉尚書省令史。契丹令史，本書二見，似指契丹人任職，並通契丹字的尚書省令史。卷五二《選舉志二》謂："明昌二年，罷契丹令史，闕内增女直令史五人。"

[3]右司都事：尚書省屬官。正七品。

[4]兼領契丹、漢字兩司都事：似爲以右司都事，兼領左右兩司都事。職掌省署契丹、漢文文牘。待考。

[5]陳州防禦使：防禦州長官。從四品。陳州治所在今河南省淮陽縣。

[6]刑部侍郎：尚書刑部長官。正三品。

十九年，以按出虎等八猛安，[1]自河南徙置大名、東平之境。還爲大理卿，被詔典領更定制條。初，皇統間，[2]參酌隋、唐、遼、宋律令，以爲《皇統制條》。海陵虐法，率意更改，或同罪異罰，或輕重不倫，或共條重出，或虛文贅意，吏不知適從，夤緣舞法。惜取皇統舊制及海陵續降，通類校定，通其窒礙，略其繁碎。有例該而條不載者，用例補之。特闕者用律增之。凡制律不該及疑不能參决者，取旨畫定。凡特旨處分，及權宜條例内有可常行者，收爲永格。其餘未可削去者，别爲一部。大凡一千一百九十餘，[3]爲十二卷。書奏，詔頒行之，賜銀幣有差。[4]

[1]按出虎八猛安：按出虎爲河名，即今黑龍江省阿城市境内的阿什河。此八猛安的居住地最初應在阿什河流域，而後遷移至河南，此次是由河南又遷往大名、東平。

[2]皇統：金熙宗年號（1141—1149）。

[3]一千一百九十餘：原本、殿本同作“一千一百九十餘”，依文意似有脱漏。施國祁《金史詳校》卷八上認爲，“餘”下脱“條”字。中華點校本改“餘”爲“條”。

[4]詔頒行之：本書卷八《世宗紀下》，大定二十二年（1182）三月“癸巳，詔頒《重修制條》”。卷四五《刑志》列在大定二十年之前。似更定始於十九年，頒行於二十二年。

頃之，摘徙山東猛安八謀克于河北東路，置之酬斡、青狗兒兩猛安舊居之地，[1]詔無牛耕者買牛給之。攝御史大夫。數月，改御史中丞，兼同修國史，[2]遷刑部尚書，改吏部尚書。尋改大興尹。

[1]酬斡、青狗兒兩猛安：猛安名。張博泉認爲酬斡、青狗

"皆人名"（張博泉《金史論稿》第一卷，吉林文史出版社 1986 年版）。本書卷四四《兵志》爲"遷山東東路八謀克處之河間"，較此爲詳。原居河北東路河間的兩猛安，可能是本書卷四四《兵志》"二十一年三月，詔遣大興尹完顏迪古速遷河北東路兩猛安"的猛安。另，本書卷四四《兵志》繫此事於大定二十三年（1183），卷四七《食貨志》則繫於大定二十二年九月。依猛安謀克遷徙的慣例，當是於大定二十二年九月起程，於大定二十三年春到達指定地點。又，卷七《世宗紀中》與卷六一《交聘表中》都稱移剌慥於大定十九年爲御史中丞，《兵志》《食貨志》都稱其爲刑部尚書，則此事應移於下文"刑部尚書"之後。

[2]同修國史：國史院屬官。位在監修國史、修國史之下。定員二人。

駕幸上京，[1]顯宗守國，[2]使人諭之曰："自大駕東巡，京尹所治甚善。我將有春水之行，[3]當益勤乃事。"還，以所獲鵝鴨賜之。有疾在告，遣官醫診視。復爲刑部尚書。上還自上京，以爲西京留守，[4]改臨洮尹，[5]卒。

[1]上京：京路名。治所在今黑龍江省阿城市白城。

[2]顯宗：女真人。完顏允恭本名胡土瓦，金世宗子。見本書卷一九《世紀補》。

[3]春水：即春捺鉢，指皇帝春季外出游獵。

[4]西京留守：西京留守司長官。正三品。西京，京路名，治所在今山西省大同市。

[5]臨洮尹：府長官，即府尹。正三品。臨洮府治所在今甘肅省臨洮縣。

移剌子敬字同文，[1]本名屋骨朵魯，遼五院人。[2]曾祖霸哥，[3]同平章事。[4]父拔魯，[5]準備任使官。[6]都統杲克中京，[7]遼主西走，留拔魯督輜重，已而輜重被掠，拔魯乃自髡，逃于山林。

[1]《宋史》卷三四《孝宗紀》作耶律子敬。

[2]五院：遼契丹部名。遼太祖天贊元年（922）析迭剌部爲五院、六院兩部，各置夷離堇。遼太宗會同元年（938），改稱夷離堇爲大王。五院部原有大蔑孤、小蔑孤兩石烈，會同二年增置甌昆、乙習本兩石烈。居烏古之地。

[3]霸哥：本書僅此一見。

[4]同平章事：遼官名。全稱爲同中書門下平章事，爲中書省屬官。據《遼史·百官志》，位在中書令、左右丞相、知中書省事、中書侍郎之下。

[5]拔魯：本書僅見於本卷。

[6]準備任使官：遼官名。

[7]都統：金爲伐遼而設内外諸軍都統制，簡稱都統，節制各路部隊對遼作戰。　杲：女真人。本名斜也。本書卷七六有傳。

子敬讀書好學，皇統間，特進移剌固修《遼史》，[1]辟爲掾屬，《遼史》成，除同知遼州事。[2]舊本廳自有占地，歲入數百貫，州官歲取其課，地主以爲例，未嘗請辯。子敬曰："已有公田，何爲更取民田。"竟不取。秩滿，郡人請留于行臺省，不許。天德三年，入爲翰林修撰，[3]遷禮部郎中。

[1]特進：文散官。爲從一品中次階。　移剌固：契丹人。又作耶律固。金天會三年（1125）曾使宋，熙宗時官至廣寧尹。事迹

另見於本書卷三、六〇。　《遼史》：書名。移剌固未成而卒，蕭永祺繼之。有紀三十卷、志五卷、傳四十卷。

[2]同知遼州事：刺史州屬官。正七品。遼州治所在今山西省左權縣。

[3]翰林修撰：翰林學士院屬官。從六品。

正隆元年，諸將巡邊，詔子敬監戰，軍帥以戰獲分將士，亦以遺子敬，子敬不受。及還，入見，海陵謂之曰："汝家貧而不苟得，不受俘獲，朕甚嘉之。"凡同行官僚所取者，皆没入于官。其後詔子敬宴賜諸部，諭之曰："凡受進，例遣宰臣，以汝前能稱職，故特命汝。"使還，遷翰林待制。

大定二年，以待制同修國史。是時，窩斡餘黨散居諸猛安謀克中，詔子敬往撫之，仍宣諭猛安謀克及州縣漢人，無以前時用兵相殺傷，挾怨輒害契丹人。使還，改祕書少監，兼修起居注，修史如故。詔曰："以汝博通古今，故以命汝。"常召入講論古今及時政利害，或至夜半。子敬有良馬，平章政事完顏元宜索之，[1]子敬以元宜爲相也，不與。至是，元宜乞致仕，罷爲東京，[2]子敬乃以此馬贐行，識者韙之。

[1]完顏元宜：契丹人。本姓耶律，因賜姓改姓完顏，本名阿列，一名移特輦。本書卷一三二有傳。

[2]東京：此指東京留守，爲東京留守司長官。正三品。

是時，僕散忠義伐宋，宋請和，而書式、疆界未定。子敬與祕書少監石抹頤、修起居注張汝弼侍便殿，[1]上曰："宋主求成，反覆無信，喜爲夸大。"子敬對曰："宋人自來浮辭相欺，來書言海陵敗于采石，[2]大軍北歸，按兵不襲，俾全師而還。海陵未嘗敗于采石，其譎詐多此類也。回書宜言往者大軍若令渡江，宋國境土，必爲我有。"上曰："彼以詭詐，我以誠實，但當以理折之。"遷右諫議大夫，[3]起居注如故。

[1]石抹頤：本書僅此一見。承上文，此時移剌子敬官職當爲秘書少監，而此處又稱石抹頤爲秘書少監，殆不可能。疑此處所記石抹頤官職有誤。

[2]采石：地名。在今安徽省當塗縣北。

[3]右諫議大夫：諫院屬官。正四品。

上幸西京，州縣官入見，猛安謀克不得隨班。子敬奏軍民一體，合令猛安謀克隨班入見，上嘉納之，於是責讓宣徽院。[1]及端午朝會，詔依子敬奏行之。子敬言山後禁獵地太廣，[2]有妨百姓耕墾，上用其言，遂以四外獵地與民。遷祕書監，[3]諫議、起居如故。

[1]宣徽院：官署名。主要負責朝會燕享，殿庭禮儀及監知御膳。下屬機構有拱衛直使司、客省、引進司、閤門、尚衣局、儀鸞局、尚食局、尚藥局、太醫院、御藥院、教坊、内藏庫、頭面庫、段匹庫、金銀庫、雜物庫、宫闈局、内侍局、典衛司、宫苑司、尚醖署、典客署、侍儀司等。長官爲左、右宣徽使。正三品。

[2]山後：古地區名。五代劉仁恭據盧龍，在今河北省太行山北端，軍都山以北地區，置山後八軍以防契丹。石敬瑭割燕雲十六

州時，纔有山後四州的稱呼。北宋末年所稱山後包括宋人企圖收復的山後、代北失地的全部，相當今山西、河北兩省内外長城之間的地區。

[3]祕書監：秘書監長官。從三品。

子敬舉同知宣徽院事移剌神獨斡、兵部侍郎移剌按荅、太子少詹事烏古論三合自代，[1]上不許。子敬與同簽宣徽院事移剌神獨斡侍，[2]上曰："亡遼不忘舊俗，朕以爲是。海陵習學漢人風俗，是忘本也。若依國家舊風，四境可以無虞，此長久之計也。"世宗將如凉陘，[3]子敬與右補闕粘割斡特剌、左拾遺楊伯仁奏曰：[4]"車駕至曷里滸，[5]西北招討司囿於行宫之内地矣。[6]乞遷之於界上，以屏蔽環衛。"上曰："善。"詔尚書省曰："招討斜里虎可徙界上，[7]治蕃部事。都監撒八仍於燕子城治猛安謀克事。"[8]上與侍臣論古之人君賢否，子敬奏曰："陛下凡與宰臣謀議，不可不令史官知之。"上曰："卿言是也。"

[1]同知宣徽院事：宣徽院屬官。正四品。　移剌神獨斡：亦作耶律神獨斡。事迹另見於本書卷六、六一、六四、八一。　移剌按荅：契丹人。事迹另見於本書卷九一。　太子少詹事：太子詹事院屬官。掌總統東宫内外庶務。從四品。　烏古論三合：女真人。本書卷八二有傳。

[2]同簽宣徽院事：宣徽院屬官。正五品。

[3]凉陘：地名。在今河北省沽源縣西南閃電河上源處。

[4]右補闕：諫院屬官。正七品。　粘割斡特剌：女真人。本書卷九五有傳。　左拾遺：諫院屬官。正七品。　楊伯仁：初名伯

英，避諱改。本書卷一二五有傳。

[5]曷里滸：地名。即曷里滸東川，金大定八年（1168）改名爲金蓮川，即今内蒙古自治區正藍旗與河北省沽源縣之間的閃電河。

[6]西北招討司：官署名。金於東北路、西北路、西南路三處設招討司，負責招撫沿邊各部族，征討叛亂。長官爲招討使，正三品。西北路招討司最初設在撫州，後遷至桓州。撫州治所初在今河北省張北縣，一説在今内蒙古自治區興和縣境内。桓州治所初在今内蒙古自治區正藍旗南黑城子，後北遷三十里建新桓州城，在今内蒙古自治區正藍旗北四郎城。

[7]招討：即招討使，爲招討司長官。掌招懷降附，征討携離。正三品。　斜里虎：本書僅此一見。

[8]都監：即招討都監，爲招討司屬官。　撒八：本書共十人名撒八，此人僅此一見。　燕子城：地名。金大定十年（1170）以此地置柔遠縣，即今河北省張北縣。

轉簽書樞密院事，[1]同修國史，出爲河中尹，[2]請老。河中地熱，上恐子敬不耐暑，改興中尹。子敬女自懿州來興中省謁，[3]遇盗途中，剽掠其行李且盡，既而還之，謝曰："我輩初不知爲府尹家也，尹有德于民，尚忍侵犯邪。"徙咸平、廣寧尹。[4]

[1]簽書樞密院事：樞密院屬官。正三品。

[2]河中尹：府長官，即府尹。正三品。河中府治所在今山西省永濟市西南。

[3]懿州：治所在今遼寧省阜新市塔營子故城。

[4]咸平：府長官，即府尹。正三品。咸平府治所在今遼寧省開原市開原老城。

二十一年，致仕，卒于家，年七十一。子敬嘗使宋，及受諸部進貢，所受禮物，皆散之親舊。及卒，家無餘財，其子質宅以營葬事。

贊曰：金制，尚書令、左右丞相、平章政事，是謂宰相。左右丞、參知政事，是謂執政。大抵因唐官而稍異焉，因革不同，無足疑者。《書》曰："元首明哉，股肱良哉，庶事康哉。"又曰："元首叢脞哉，股肱惰哉，萬事隳哉。"[1]宰相、執政，豈異道邪。蘇保衡、翟永固、魏子平、孟浩、梁肅皆當時之賢執政也。移剌慥、子敬有其才，適其時，而位不及者，亦命也夫。

[1]以上兩句引文都出自《尚書·益稷》。

金史　卷九〇

列傳第二十八

趙元　移剌道 本名按　高德基　馬諷　完顏兀不喝　劉徽柔　賈少冲 子益　移剌斡里朵　阿勒根彦忠　張九思　高衎　楊邦基　丁暐仁

趙元字善長，涿州范陽人。[1]遼天慶八年，[2]登進士第，仕至尚書金部員外郎。[3]遼亡，郭藥師爲宋守燕，[4]以元掌機宜文字。王師取燕，藥師降，樞密使劉彦宗辟元爲本院令史。[5]

[1]涿州：治所在今河北省涿州市。　范陽：縣名。治所在今河北省涿州市。

[2]天慶：遼天祚帝年號（1111—1120）。

[3]尚書金部員外郎：遼官名。尚書省屬官。曹魏始設金部郎，後多沿置。唐爲户部諸司之一，掌庫存金帛出納帳簿的審核及度量衡的改制。此官當是遼仿唐制而設，《遼史・百官志》不載。

[4]郭藥師：渤海人。本書卷八二有傳。　燕：遼京城名。遼開泰元年（1012）建號燕京，更名爲永安析津府，治所在今北京

市。金宋聯合攻遼，金太祖許諾將燕京歸宋。宋建府，以王安中、郭藥師統兵駐守。金天會三年（1125），宋金敗盟，金兵自平州攻占燕京。金貞元元年（1153）遷都於此，更名爲中都。

［5］樞密使：樞密院長官。掌武略機密之事。從一品。本書卷七八《劉彦宗傳》記劉彦宗當時官爲“同中書門下平章事，知樞密院事；加侍中”。同卷《時立愛傳》，天會九年“爲侍中、知樞密院事”，《韓企先傳》，“天會六年，劉彦宗薨，企先代之，同中書門下平章事、知樞密院事”。則樞密使當是其後定名，金初稱此官爲知樞密院事。此處稱劉彦宗當爲知樞密院事。　劉彦宗：字魯開。本書卷七八有傳。　本院令史：官名。即樞密院令史，爲樞密院所屬無品級小官，負責文書案牘之事。定員共計二十四人。

天會間，[1]同知薊州事。[2]有賊殺人横道，官吏圜視，[3]莫知所爲，路人、耕夫聚觀甚衆。元指田中釋耒而來者曰：“此賊也。”叱左右縛之，遂伏。僚吏問其故，元曰：“偶得於眉睫間耳。”

［1］天會：金太宗年號（1123—1135），金熙宗初年沿用不改（1135—1137）。

［2］同知薊州事：刺史州屬官。協助刺史處理本州政務。正七品。薊州治所在今天津市薊縣。

［3］圜（huán）：環繞。

其後朝廷立磨勘格，[1]凡嘗仕宣和者皆除名籍，[2]元在磨勘中。

［1］磨勘格：本書卷八三《張通古傳》作“磨勘法”。其法爲考察文武官員的出身、轉官、冒濫，以定升黜。據《大金國志》，

制定磨勘法是在天會十年（1132）。

［2］宣和：宋徽宗年號（1119—1125）。

齊國廢，[1]置行臺省于汴，[2]選名士十餘人備官屬，元在選中，授行兵部郎中。[3]行臺徙大名，[4]再徙祁州，[5]及宗弼再取河南，[6]元皆攝户部事，[7]賦調兵食取辦。[8]天眷三年，[9]爲行臺右司員外郎，[10]因有殺人當死者，行臺欲宥之，元不從，反覆數四，勢不可奪，乃仰天嘆曰："如殺人者可宥，死者復何辜，何欲徼己福而亂天下法乎？"行臺竟不能奪。改左司員外郎，[11]攝吏部事。[12]在行臺凡十年，吏事明敏，宗弼深知之，行臺或有事上相府，宗弼必問："曾經趙元未也？"其見重如此。

［1］齊：天會八年（1130），金太宗册立宋降將劉豫爲帝，國號齊。天會十五年廢，以原齊國統治區設行臺尚書省。

［2］行臺省：官署名。即行臺尚書省。管理原齊國統治區。天眷元年（1138）以河南地與宋，改燕京樞密院爲行臺尚書省。天眷三年復移置於汴京。行臺尚書省仿中央尚書省設官，各官品級較尚書省相應各官品級低一級。　汴：京城名。即北宋舊都汴梁，金初稱汴京，金貞元元年（1153）更號南京。治所在今河南省開封市。

［3］行兵部郎中：官名。爲行臺尚書省屬官。正六品。行下脱"臺"字，應爲行臺兵部郎中。

［4］大名：府名。治所在今河北省大名縣東。

［5］祁州：治所在今河北省安國市。

［6］宗弼：女真人。本名斡啜，又作兀术，亦作斡出，或作晃斡出，金太祖第四子。本書卷七七有傳。　河南：指後來南京路所

轄地區。

[7]攝户部事：代理、攝守之官稱攝。此指在大名、祁州及再取河南時，皆攝行臺户部事。

[8]取：施國祁《金史詳校》卷八上認爲，當作“趣”。

[9]天眷：金熙宗年號（1138—1140）。

[10]行臺右司員外郎：行臺尚書省屬官。從六品。

[11]左司員外郎：此指行臺左司員外郎，行臺尚書省屬官。從六品。

[12]攝吏部事：代理、攝守之官稱攝。此指攝行臺吏部事。

爲同簽汴京留守事，[1]改同知大名尹，[2]用廉遷河北西路轉運使，[3]歷彰德、武勝等軍節度使，[4]以老致仕，卒于家。

[1]同簽汴京留守事：按，《遼史》卷四八《百官志四》，遼於五京留守司下設同簽留守事，位在留守、副留守、知留守事、少尹、同知留守事之下。此官當是金初襲遼制，具體品級不詳。本書《百官志》無，可證官制改革後取消。

[2]同知大名尹：大名即大名府，治所在今河北省大名縣東。爲府尹佐貳，負責協助府尹宣導風俗，肅清所部，總判府事。從四品。

[3]河北西路轉運使：河北西路轉運司長官。負責税賦錢穀、倉庫出納、權衡度量之制。正三品。河北西路治所在今河北省正定縣。

[4]彰德武勝等軍節度使：節度使爲節度州長官，掌鎮撫諸軍防刺，總判本鎮兵馬之事，兼本州管内觀察使。從三品。彰德軍設在相州，治所在今河南省安陽市。武勝軍設在鄧州，治所在今河南省鄧州市。

移剌道本名按。宗室移剌古爲山東東路兵馬都總管，[1]辟掌軍府簿書，往來元帥府計議邊事，[2]右副元帥宗弼愛其才，[3]召爲元帥府令史。[4]補尚書省令史，[5]特除監察御史，[6]再遷大理丞，[7]兼工部員外郎。[8]

[1]移剌古：女真人。即完顏移剌古。金初名將，參加伐宋之役有戰功。見於本書卷三、一九、七七及本卷。　山東東路兵馬都總管：山東東路總管府長官。負責統領各城兵馬甲仗，總判府事。正三品。山東東路治所在今山東省青州市。

[2]元帥府：官署名。金於天會三年（1125）設元帥府，掌征伐之事。長官爲都元帥，從一品。下設左、右副元帥，元帥左、右監軍，元帥左、右都監。

[3]右副元帥：元帥府屬官。位僅次於都元帥與左副元帥。正二品。

[4]元帥府令史：元帥府所屬無品級小官。元帥府辦事員。定員女真十二人，漢人六人。

[5]尚書省令史：尚書省所屬無品級小官。尚書省左、右司辦事員。定員七十人，女真、漢人各半。

[6]監察御史：御史臺屬官。掌糾察内外非違、刷磨諸司察帳並監祭禮及出使之事。正七品。

[7]大理丞：大理寺屬官。掌審斷天下奏案、詳核疑獄。從六品。按，本書卷一二九《李通傳》作“大理正耶律道”，耶律道即移剌道，官名有異。

[8]工部員外郎：尚書工部屬官。協助工部尚書掌修造營建法式、諸作工匠、屯田、山林川澤之禁、江河堤岸、道路橋梁等事。從六品。

海陵南伐,[1]使督運芻粮，所在盜起，道路梗澀，間關僅至淮南。[2]上謁，承問，具言四方盜賊狀，海陵惡聞其言，杖之七十，使督戰艦渡江，會海陵死，軍還。

[1]海陵：謚號。即完顏迪古迺,漢名亮。1149 年至 1161 年在位。

[2]淮南：南宋路名。南宋設有淮南東路與淮南西路，此指淮南東路。

大定二年,[1]除工部郎中。[2]奉詔招撫諸奚。是時，抹白猛安下謀克徐列等皆欲降,[3]制於猛安合住,[4]不敢即降。道發兵掩襲合住子婦孫男女甥，及謀克留住,[5]及蒲輦白撒妻孥。[6]是日，適窩斡遣白撒發抹白猛安軍,[7]白撒聞其家人被獲，遂來降。改禮部郎中。[8]從討窩斡，佩金牌,[9]與應奉翰林文字訛里也招降叛奚。[10]

[1]大定：金世宗年號（1161—1189）。

[2]工部郎中：尚書工部屬官。協助工部尚書掌修造營建法式、諸作工匠、屯田、山林川澤之禁、江河堤岸、道路橋梁等事。從五品。

[3]抹白猛安：猛安名。張博泉認爲："抹白爲奚部族之一，金初諸奚人降後，各置猛安謀克領之。此抹白猛安謀克從記載看當在栲栳山附近。"（張博泉《金史論稿》第一卷，吉林文史出版社 1986 年版，第 314 頁） 徐列：人名。奚抹白謀克徐列，後降。見於此及卷六。

[4]猛安：金代職名。原爲女真部落統軍首長，金建國後，成爲統領女真千户的千夫長稱號，也用爲榮譽爵號，世襲。後成爲金

代特有的地方建置猛安的長官，從四品。　合住：人名。奚人猛安長官合住，後爲完顔謀衍所擒。見於此及卷六。

[5]謀克：女真族地方行政設置與長官名稱，相當於縣，領户。也作軍事組織及軍官名，領百夫。有親管、世襲與非親管世襲之别。也用作榮譽爵稱。　留住：人名。奚人謀克長官留住。本書僅此一見。

[6]蒲輦：又譯作蒲里衍。女真氏族長謀克的副職，後演變爲軍官名。一謀克轄兩蒲里衍，一蒲里衍管正軍（即甲軍）五十名。　白撒：人名。奚人謀克之副白撒，後降。本書僅此一見。

[7]窩斡：契丹人。移剌窩斡，契丹族大起義的主要領導者。本書卷一三三有傳。

[8]禮部郎中：尚書禮部屬官。掌禮樂、祭祀、燕享、學校、貢舉、儀式、制度、符印、表疏、圖書、册命、祥瑞、天文、漏刻、國忌、廟諱、醫卜、釋道、四方使客、諸國進貢、犒勞張設等事。從五品。

[9]金牌：金代牌符的一種。金太祖時始製金牌、銀牌、木牌，分賜給萬户、猛安、謀克等官佩帶，以爲符信。其中以金牌最爲高貴。

[10]應奉翰林文字：翰林學士院屬官。分掌詞命文字，分判院事，銜内帶同知制誥。從七品。　訛里也：本書七人同名訛里也，此人僅此一見。

奉使河南，勸課農桑，密訪吏治得失。累遷御史中丞、同修國史，[1]廉問職官殿最，還奏。上曰："職官貪污罪廢，其餘因循以苟歲月。今廉能即與升除，無以慰百姓愛留之意，可就遷秩，秩滿升除。"於是，廉能官景州刺史耶律補進一階，[2]單州刺史石抹靳家奴、泰寧軍節度副使尹昇卿、寧陵縣令監邦彦、濬州司候張匡福各進兩階。[3]貪污官同知濬州防禦使事蒲速越、真定縣令特謀葛並免死，[4]杖一百五十，除名。同知睢州事烏古孫阿里補杖一百，[5]削四階，非奉旨不得録用。於是，道改同知大興尹事。詔曰："京師士民輻凑，犯法者衆，罪狀自實，毋爲文所持，斷之以公可也。朕嘗諭執政矣，[6]必不以小苛譴卿，勉副朕意。"

[1]御史中丞：御史臺屬官。協助御史大夫糾察朝儀、彈劾官邪、勘鞫官府公事，處理所屬部門理斷不當引起上訴的各種案件。從三品。按，本書卷六《世宗紀上》，大定六年（1166）"以尚書右司郎中移剌道爲横賜高麗使"，大定八年"遣武定軍節度使移剌按等招諭阻轐"；卷六一《交聘表中》，大定五年"移剌道爲宋生日使"。本傳此處皆失載。　同修國史：國史院屬官。位在監修國史，修國史之下，負責國史的編寫工作。

[2]景州刺史：刺史州長官。掌宣導風俗，肅清所部，總判州事。正五品。景州，治所在今河北省東光縣。　耶律補：人名。本書僅此一見。

[3]單州刺史：刺史州長官。正五品。單州治所在今山東省單縣。　石抹靳家奴：事迹見於本書卷九一《石抹榮傳》中。　泰寧軍節度副使：節度州屬官。負責協助節度使處理本州政務。從五品。泰寧軍設在兖州，治所在今山東省兖州市。　尹昇卿：人名。本書僅此一見。　寧陵縣令：縣長官。縣令掌養百姓、按察所部、宣導風化、勸課農桑、平理獄訟、捕除盜賊、禁止游惰，兼管常平倉及通檢推排簿籍。大縣爲正七品，小縣爲從七品。寧陵即寧陵縣，治所在今河南省寧陵縣東南。大定二十二年，移至今河南省寧陵縣。　監邦彦：人名。本書僅此一見。施國祁《金史詳校》卷八上認爲，"監"當作"權"。　濬州司候：諸防刺州司候司負責人。正九品。濬州治所在今河南省濬縣。　張匡福：人名。本書僅此

一見。

[4]同知濬州防禦使事：爲防禦使之貳，參掌防捍不虞、禦制盜賊，協助防禦使處理本州政務。正六品。濬州治所在今河南省濬縣。　蒲速越：本書六人同名蒲速越，此人僅此一見。　真定縣令：縣長官。真定即真定縣，治所在今河北省正定縣。令即縣令。　特謀葛：人名。本書僅此一見。

[5]同知睢州事：刺史州屬官。協助刺史處理本州政務。正七品。睢州治所在今河南省睢縣。　烏古孫阿里補：女真人。本書兩人同名烏古孫阿里補，此人僅此一見。

[6]執政：金於尚書省下設左、右丞各一員，參知政事二員，爲執政官。

遷刑部尚書。[1]尚厩局使宗夔、副使石抹青狗私用官芻，[2]事覺。尚厩局隸點檢司，[3]刑部當自問。[4]點檢烏林荅天錫屬刑部，使輕其罪，[5]刑部以付大興府鞫治，[6]於是道及天錫、郎中丁暐仁皆坐解職。[7]尋起爲大理卿，[8]兼簽書樞密院事，[9]再遷西京留守，[10]卒。

[1]刑部尚書：尚書刑部長官。掌律令、刑名、監户、官户、配隸、功賞、捕亡等事。正三品。

[2]尚厩局使：尚厩局長官。掌御馬調習牧養。從五品。　宗夔：女真人。本書僅此一見。　副使：尚厩局屬官。參掌御馬調習牧養。從六品。　石抹青狗：本書僅此一見。

[3]尚厩局：官署名。殿前都點檢司下屬機構。負責御馬的調習牧養。長官爲提點尚厩局，正五品。　點檢司：官署名。全稱爲殿前都點檢司，天眷元年（1138）設。掌管侍衛親軍，總領左右衛將軍、符寶郎、宿直將軍、左右振肅，負責行從宿衛，關防門禁，督攝隊仗。下屬機構有宮籍監、近侍局、器物局、尚厩局、尚輦

局、鷹坊、武庫署、武器署。長官爲殿前都點檢，正三品。

[4]刑部：官署名。掌律令、刑名、監户、官户、配隸、功賞、捕亡等事。長官爲刑部尚書，正三品。下設侍郎、郎中、員外郎。

[5]烏林荅天錫：女真人。金世宗明德皇后兄烏林荅暉第三子，襲納鄰河猛安親管謀克，大定十一年（1171）以刑部侍郎使宋，後官至大理卿、太尉。

[6]大興府：治所在今北京市。

[7]郎中：此指刑部郎中，尚書省刑部屬官。從五品。　丁暐仁：本書卷九〇有傳。

[8]大理卿：大理寺長官。掌審斷天下奏案、詳核疑獄。正四品。

[9]簽書樞密院事：樞密院屬官。參掌武備機密之事。正三品。

[10]西京留守：西京留守司長官，例兼本府府尹、本路兵馬都總管。正三品。西京路治所在今山西省大同市。

高德基字元履，遼陽渤海人。[1]皇統二年，[2]登進士第。六年，爲尚書省令史。

[1]遼陽：府名。治所在今遼寧省遼陽市。

[2]皇統：金熙宗年號（1141—1149）。

海陵爲相，專愎自用，人莫敢拂其意，德基每與之詳辨。及篡位，命左司郎中賈昌祚諭旨曰：[1]“卿公直果敢，今委卿南京行省勾當。”[2]未行，會海陵欲都燕京，命德基攝燕京行臺省都事。[3]改攝右司員外郎，[4]除户部員外郎，[5]改中都路都轉運副使，[6]遷户部郎中。[7]

[1]左司郎中：尚書省屬官。掌本司奏事，總察吏、户、禮三部受事付事，兼帶修起居注。正五品。　賈昌祚：僅本卷中三見。

[2]南京行省：官署名。即行臺尚書省，簡稱行臺省、行臺、行省。因其治所設在南京，故稱南京行省。在原齊國統治區所設的最高政務機構。另，海陵貞元元年（1153）始改原汴京爲南京，此時應稱汴京爲是。　勾當：又稱勾當官，低級辦事官員。從八品。

[3]攝燕京行臺省都事：燕京行臺尚書省屬官。燕京行臺尚書省是天眷元年（1138）九月由燕京樞密院改設。本書卷五五《百官志一》："天眷元年，以河南地與宋，遂改燕京樞密爲行臺尚書省。天眷三年，復移置於汴京。皇統二年（1142），定行臺官品皆下中臺一等。"則行臺省都事當爲從七品。按，此時行臺尚書省早已移治汴京，此處似不應稱燕京行臺尚書省。

[4]右司員外郎：尚書省屬官。參掌本司奏事，總察兵、刑、工部受事付事，兼帶修起居注。正六品。

[5]户部員外郎：尚書户部屬官。協助户部尚書掌户口、錢糧、田土的政令及貢賦出納、金幣轉通、府庫收藏等事。從六品。

[6]中都路都轉運副使：中都路都轉運司屬官。負責協助都轉運使管理税賦錢穀、倉庫出納、權衡度量之制。正五品。中都路治所在今北京市。

[7]户部郎中：尚書户部屬官。協助户部尚書掌户口、錢糧、田土的政令及貢賦出納、金幣轉通、府庫收藏等事。從五品。

正隆三年，[1]詔左丞相張浩、參知政事敬嗣暉營建南京宫室。[2]明年，德基與御史中丞李籌、刑部侍郎蕭中一俱爲營造提點。[3]海陵使中使謂德基等曰："汝等欲乘傳往邪？欲乘己馬往邪？銀牌可於南京尚書省取之。"[4]籌乞先降銀牌，復遣中使謂籌曰："牌之與否，當出朕意，爾敢輒言，豈以三人中官獨高邪？"遂杖之三十，遣乘己馬往，德基、中一乘傳往。轉同知開封尹。[5]

[1]正隆：金海陵王年號（1156—1161）。

[2]左丞相：爲宰相，掌丞天子，平章萬機。從一品。　張浩：渤海人。字浩然。本書卷八三有傳。　參知政事：執政官，爲宰相之貳，佐治省事，始設於天眷元年（1138）。正二品。　敬嗣暉：本書卷九一有傳。　南京：京路名。即北宋舊都城汴京，金初因之，貞元元年（1153）改名南京。治所在今河南省開封市。

[3]李籌：本書僅見於本卷。　刑部侍郎：尚書刑部屬官。掌律令、刑名、監户、官户、配隸、功賞、捕亡等事。正四品。　蕭中一：人名。本書僅見於本卷。

[4]銀牌：金代牌符的一種。金太祖時始製金牌、銀牌、木牌，分賜給萬户、猛安、謀克等官佩帶，以爲符信。

[5]同知開封尹：府尹佐貳，協助府尹處理本府政務。從四品。開封即開封府，治所在今河南省開封市。

大定三年，以察廉治狀不善，下遷同知北京路都轉運使事。[1]是年秋，土河泛溢，[2]水入京城，[3]德基遽命開長樂門，[4]疏分使入御溝，以殺其勢，水不能爲害。遷刑部侍郎。七年，改中都路都轉運使。[5]九年，轉刑部尚書。有犯罪當死者，宰相欲從末減，德基曰："法無二門，失出猶失入也。"不從。及奏，上曰："刑部議是也。"因召諸尚書諭之曰："自朕即位以來，以政事與宰相争是非者，[6]德基一人而已。自今部上省三議不合，即具以聞。"爲宋主生日使。及還，宋人禮物外附進臘茶三千胯，[7]不親封署。德基曰："姪獻叔而不署，是無名之物也。”却之。

[1]同知北京路都轉運使事：北京路轉運司屬官。從四品。北京路治所在今内蒙古自治區寧城縣西大明城。按，本書卷八八《移剌道傳》，“同知南京留守高德基爲同知北京轉運使”，又，本書卷五七《百官志三》，“惟中都路置都轉運司，餘置轉運司”，此疑衍“都”字。

[2]土河：即今内蒙古自治區西拉木倫河支流老哈河。

[3]京城：此指北京路治所大定府，金沿遼制設五京，皆可稱京城。

[4]長樂門：宫門名。在北京大定府城内。

[5]中都路都轉運使：爲中都路都轉運司長官。正五品。中都路治所在今北京市。

[6]宰相：金於尚書省設尚書令一員、左右丞相各一員、平章政事二員，爲宰相。

[7]胯：量詞。指茶葉的數量單位。另見於本書卷五〇《食貨志五》“歲供進新茶千胯”。

十一年，改户部尚書。[1]德基上疏，乞免軍須、房税等錢，減農税及鹽、酒等課，未報。隨朝官俸粟折錢，增高市價與之，多出官錢幾四十萬貫，上使人論之曰：“卿爲尚書，取悦宰執近臣，[2]濫出官錢。卿之官爵，一出於朕，奈何如此！”於是决杖八十，户部郎中王佐、員外郎盧彦冲、同知中都轉運使劉銑、副使石抹長壽、支度判官韓鎮、左警巡使李克勤、右警巡使李賨、判官强鋭昌、姚宗奭、尼厖古達吉不，皆决杖有差。[3]詔自大定十一年十一月郊祀赦後，[4]尚書省、御史臺、户部、轉運司、警巡院多支俸粟折錢，[5]皆追還之。德基降蘭州刺史，[6]王佐降大興府推官，[7]盧彦冲河北西路户籍判官，[8]劉㻒東京警巡使，[9]石抹長壽東京留守推官，[10]韓鎮河東南路户籍判官，[11]李克勤通遠縣令，[12]李寶清水縣令，[13]强鋭昌、姚宗奭、尼厖古達吉不皆除司候。[14]

[1]户部尚書：尚書户部長官。掌户口、錢糧、田土的政令及貢賦出納、金幣轉通、府庫收藏等事。正三品。

[2]宰執：宰相與執政官。

[3]王佐：本書僅見於本卷。　員外郎：指户部員外郎。從六品。　盧彦冲：本書僅見於本卷。　同知中都轉運使：中都路都轉運司屬官。從四品。中都路治所在今北京市。　劉㻒：本書僅見於本卷。　副使：官名。此指中都路轉運副使。　石抹長壽：本書僅見於本卷。　支度判官：轉運使司屬官。掌勾判、分判支度案事。從六品。　韓鎮：本書僅見於本卷。　左警巡使：據本書卷一〇七《高汝勵傳》，“命户部尚書賈執剛與汝勵先推排在都兩警巡院”，可知都城中警巡院與諸京府不同，分爲左、右兩警巡院，本書《百官志》失載。此官爲左警巡院長官，掌平理獄訟，警察所部，總判院事。正六品。　李克勤：本書僅見於本卷。　右警巡使：中都右警巡院長官。掌平理獄訟，警察所部，總判院事。正六品。　李寶：本書僅見於本卷及卷五四。　判官：警巡院屬官。掌檢稽失，簽判院事。正九品。　强鋭昌：本書僅見於本卷。　姚宗奭：本書僅見於本卷。　尼厖古達吉不：本書僅見於本卷。

[4]十一月：原作“八月”，據中華點校本改。

[5]尚書省：官署名。海陵王罷中書、門下兩省後爲金最高行政機構。下屬機構有左、右司及吏、户、兵、禮、刑、工六部。長官爲尚書令，正一品。　御史臺：官署名。負責糾察朝儀、彈劾官

員、勘鞫官府公事，審斷所屬理斷不當的各種案件。長官爲御史大夫，正三品，大定十二年（1172）升從二品。　户部：官署名。尚書省下屬機構。掌户口、錢糧、田土的政令及貢賦出納、金幣轉通、府庫收藏等事。長官爲户部尚書，正三品。下設侍郎、郎中、員外郎等官。　警巡院：官署名。金於五京設警巡院，負責平理獄訟、巡察所部。長官爲警巡使，正六品。

[6]蘭州刺史：刺史州長官。正五品。蘭州治所在今甘肅省蘭州市。

[7]大興府推官：府官名。掌諮議參佐、糾正非違、紀綱衆務，分判户、刑案事，參掌通檢推排簿籍。從六品。大興即大興府，治所在今北京市。

[8]河北西路户籍判官：河北西路轉運司屬官，專管拘收徵剋等事。從六品。河北西路轉運司設在真定府，治所在今河北省正定縣。

[9]東京警巡使：東京警巡院長官。東京路治所在今遼寧省遼陽市。

[10]東京留守推官：東京留守司屬官。掌紀綱總府衆務，分判刑案之事。從六品。

[11]河東南路户籍判官：河東南路轉運司屬官。專管拘收徵剋等事。從六品。河東南路轉運司設在平陽府，治所在今山西省臨汾市。

[12]通遠縣令：縣長官。通遠縣治所在今甘肅省環縣。

[13]清水縣令：縣長官。清水縣治所在今甘肅省清水縣。

[14]司候：諸刺史州、防禦州司候司長官。正九品。

大定十二年，德基卒，年五十四。子錫。[1]

[1]錫：渤海人。字永之。本書卷一二一有傳。

馬諷字良弼，大興漷陰人。[1]國初以燕與宋，諷游學汴梁，[2]登宣和六年進士第。

[1]漷陰：縣名。治所在今北京市通州區漷縣鎮。

[2]汴梁：即北宋舊都汴梁。治所在今河南省開封市。

宗翰克汴京，諷歸朝，復登進士第，調蔚州廣靈丞，[1]遷雄州歸信令。[2]境有河曰八尺口，[3]每秋潦漲溢害民田，諷視地高下疏决之，其患遂息。

[1]蔚州：治所在今河北省蔚縣。　廣靈丞：縣官名。爲縣令佐貳。正九品。廣靈，縣名，金以廣陵改名，治所在今山西省廣靈縣。

[2]雄州：治所在今河北省雄縣。　歸信令：縣長官。歸信即歸信縣，治所在今河北省雄縣。

[3]八尺口：河名。在今河北省雄縣境内。

召爲尚書省令史，除獻州刺史。[1]天德初，[2]改寧州，[3]民有告謀不軌者，株連數十百人，諷察其無狀，乃究問告者，告者具伏其誣，衆歡呼感泣。再遷南京副留守，[4]入爲大理少卿。[5]

[1]獻州刺史：刺史州長官。正五品。獻州，天德三年（1151）改壽州置。治所在今河北省獻縣。

[2]天德：金海陵王年號（1149—1153）。

[3]寧州：指寧州刺史，爲刺史州長官。正五品。寧州治所在今甘肅省寧縣。

［4］南京副留守：南京留守司屬官，例兼本府少尹、本路兵馬副總管。從四品。南京路治所在今河南省開封市。

［5］大理少卿：大理寺屬官。掌審斷天下奏案、詳核疑獄。從五品。

是時，高楨爲御史大夫，[1]素貴重，繩治無所避，權貴憚其威嚴，迺以諷及張忠輔爲中丞，[2]欲有以中傷之者。諷、忠輔皆文吏巧法，不能與楨絲髮相假借，楨畏其害己，因訴于海陵，海陵以楨太祖舊臣，[3]每慰安之。諷改大理卿，歲餘，出爲順天軍節度使。[4]

［1］高楨：本書卷八四有傳。“楨”，原作“禎”，從中華點校本改。下同。　御史大夫：御史臺長官。負責糾察朝儀、彈劾官邪、勘鞫官府公事，處理所屬理斷不當的各種案件。正三品，大定十二年（1172）升爲從二品。

［2］張忠輔：本書見於卷七六、八四、九〇、一二九。本書卷五五《百官志一》未載御史中丞定員，據此可知是二員。

［3］太祖：廟號。即完顏阿骨打，漢名旻。1115 年至 1123 年在位。

［4］順天軍節度使：節度州長官。從三品。順天軍設在保州，治所在今河北省保定市。

大定二年，復爲大理卿，遷刑部尚書，改忠順軍節度使，[1]致仕。卒。

［1］忠順軍節度使：節度州長官。從三品。忠順軍設在蔚州，治所在今河北省蔚縣。

完顔兀不喝，會寧府海姑寨人。[1]年十三，選充女直字學生。[2]補上京女直吏，再習小字，兼通契丹文字。充尚書省令史。

[1]會寧府：屬上京路，初爲會寧州，後升爲府。治所在今黑龍江省阿城市白城。　海姑寨：海姑即海姑水，即今之阿什河支流海溝河。此寨當在今海溝河邊。

[2]女直字學生：據本書卷八八《紇石烈良弼傳》，"天會中，選諸路女直字學生送京師"，兀不喝當在其中，所學爲女直大字，故下文説他"再習小字"。

天德初，除吏部主事，[1]鞫問押懶路詐襲謀克事，[2]人稱其能，擢右拾遺。[3]海陵謂之曰："始聞汝名，試以吏部主事。今計其實，優於所聞遠矣。"累遷右司郎中。[4]從海陵伐宋，至淮南，聞世宗即位于遼陽，兀不喝入白其事，海陵沈思良久，曰："卿等始聞之邪。我已知之，遣人往矣。此大事，勿泄于外。"

[1]吏部主事：吏部屬官。掌知管差除，校勘行止，分掌封勳資考之事，掌本部受事、付事。從七品。

[2]押懶路：治所在今俄羅斯濱海邊疆區塔烏黑河流域。

[3]右拾遺：諫院屬官。正七品。

[4]右司郎中：尚書省屬官。掌本司奏事，總察兵、刑、工三部受事付事。正五品。本書卷五《海陵紀》，正隆六年（1161）"十一月庚午，左司郎中兀不喝等聞赦"，所記爲"左司郎中"，與此異。

大定二年，秩滿當代，世宗嘉其善敷奏，[1]特詔再任，謂宰臣曰：“兀不喝爲人公忠，後來有如斯人者，卿等宜薦舉之。”其見知如此。

[1]世宗：廟號。即完顔烏祿，漢名雍。1161 年至 1189 年在位。

窩斡已平，詔罷契丹猛安謀克，其元管户口，及從窩斡作亂來降者，皆隸女直猛安謀克，遣兀不喝於猛安謀克人户少處分置。未經罷去猛安謀克合承襲者，仍許承襲，賑贍其貧乏者，仍括買契丹馬匹，官員年老之馬不在括限。頃之，世宗以諸契丹未嘗爲亂者與來降者一概隸女直猛安中非是，未嘗從亂可且仍舊。平章政事完顔元宜奏，[1]已遷契丹所棄地，可遷女直人與不從亂契丹雜處。上以問右丞蘇保衡、參政石琚，[2]皆不能對。上責之曰：“卿等每事先熟議然後奏，有問即對，豈容不知此。”保衡、琚頓首謝，上曰：“分隸契丹，以本猛安租税給贍之，所棄地與附近女直人及餘户，願居者聽，其猛安謀克官，選契丹官員不預亂者充之。”改同知大興尹，[3]遷横海軍節度使。[4]初到官，讞囚能得其情，人以爲不冤。五年，卒官。

[1]平章政事：始設於天眷元年（1138），爲宰相，掌丞天子，平章萬機。從一品。　完顔元宜：契丹人。本姓耶律，賜姓完顔，本名阿列，一名移特輦。本書卷一三二有傳。

[2]右丞：爲執政官，宰相之貳，佐治省事。正二品。　蘇保

衡：本書卷八九有傳。　石琚：本書卷八八有傳。

[3]同知大興尹：府官名。爲府尹之佐，協助府尹宣風導俗，肅清所部，總判府事。從四品。大興即大興府。

[4]横海軍節度使：節度州長官。從三品。横海軍設在滄州，治所在今河北省滄州市東南四十里舊州鎮。

劉徽柔字君美，大興安次人。[1]天眷二年，擢進士第。初爲真定欒城主簿，[2]轉開遠軍節度掌書記，[3]遷洪洞令。[4]

[1]安次：縣名。治所在今河北省廊坊市西舊州。

[2]真定：府名。治所在今河北省正定縣。　欒城主簿：縣官名。縣令佐貳。正九品。欒城縣治所在今河北省欒城縣西。

[3]開遠軍節度掌書記：開遠軍節度使屬官。負責節鎮文書案牘之事。開遠軍設在雲内州，其治所一説在今内蒙古自治區土默特左旗東南，一説在今内蒙古自治區托克托縣東北古城鄉白塔村古城。

[4]洪洞令：縣官名。令即縣令。洪洞縣治所在今山西省洪洞縣。

徽柔明敏善聽斷。縣人楊遠者，[1]投牒于縣，以爲夜雨屋壞，壓其姪死，號訴哀切。徽柔熟視而笑曰："汝利姪財而殺之，迺誣雨耶？"叱付獄，其人立伏曰："公神明也，不敢延死。"遂置于法。秩滿，縣人遮戀不得去者彌日，爲立生祠，刻石頌德。正隆二年，入爲大理評事，[2]遷司直。[3]

[1]楊遠：人名。本書僅此一見。

[2]大理評事：大理寺屬官。掌參議疑獄，披詳法狀。正八品。

[3]司直：即大理司直，大理寺屬官。掌參議疑獄，披詳法狀。正七品。

大定二年，同知河東南路轉運使事，[1]以廉第一，改知平定軍，[2]入爲大理少卿。七年，知磁州，[3]改同知南京留守事。[4]十年，遷中都路轉運使，[5]卒官。

[1]同知河東南路轉運使事：河東南路轉運司屬官。從四品。河東南路治所在今山西省臨汾市。

[2]知平定軍：州官名。帶京朝官銜或試銜者主持軍鎮政務時稱知軍事，簡稱知軍。平定軍治所在今山西省平定縣。

[3]知磁州：州官名。帶京朝官銜或試銜者主持州事時稱知州事，簡稱知州。磁州治所在今河北省磁縣。

[4]同知南京留守事：南京留守司屬官，例兼本府同知、本路兵馬都總管。正四品。

[5]中都路轉運使：中都路都轉運司長官。從四品。按，本書卷五七《百官志三》，"惟中都路置都轉運司"，則此處疑脱一"都"字。

賈少冲字若虚，通州人。[1]勤學，日誦數百千言。家貧甚，嘗道中獲遺金，訪其主，歸之。天會中，再伐宋，調及民兵。少冲甫冠，代其叔行，雖行伍間，未嘗釋卷。中天眷二年進士。劉筈欲以妹妻之，[2]少冲辭不就，曰："富貴當自致之。"調營州軍事判官，[3]遷定安令。[4]蔚州刺史恃貴不法，[5]屬吏畏之，每事輒曲從其意，少冲守正不阿。用廉進官一階，再遷吏部主事、定武軍節度副使、河中府判官。[6]海陵寖以失道，少冲謂所親曰："天下且亂，不可仕也。"秩滿，迺不求仕。

[1]通州：治所在今北京市通州區。

[2]劉筈：劉彦宗之子。本書卷七八有傳。

[3]礬州軍事判官：州官名。参知州事，專掌通檢推排簿籍。從八品。礬州治所在今河北省昌黎縣。

[4]定安令：縣官名。定安縣治所在今河北省蔚縣東北，貞祐二年（1214）升爲定安州。

[5]蔚州刺史：刺史州長官。正五品。

[6]定武軍節度副使：節度州屬官。負責協助節度使處理本州政務。從五品。定武軍設在定州，治所在今河北省定州市。　河中府判官：府尹屬官，掌諮議參佐、糾正非違、紀綱衆務，分判吏、禮、工案事。從五品。河中府治所在今山西省永濟市西南蒲州鎮。

大定二年，調御史臺典事，[1]累遷刑部郎中。[2]往北京決獄，奏誅首惡，誤牽連其中者皆釋不問，全活凡千人。以本職攝右司員外郎。嘗執奏刑名甚堅，既退，上謂侍臣曰："少冲居下位，有守如此。"除同知河間尹。[3]數月，入爲祕書少監，[4]兼起居注、左補闕。[5]

[1]御史臺典事：御史臺屬官。從七品。

[2]刑部郎中：尚書刑部屬官。掌律令、刑名、監户、官户、配隸、功賞、捕亡等事。從五品。

[3]同知河間尹：府官名。爲府尹之佐。從四品。河間即河間府，治所在今河北省河間市。

［4］祕書少監：秘書監屬官。正五品。

［5］起居注：即修起居注，記注院屬官。負責記録皇帝言行。明昌初，不得以諫官兼或以左右衛將軍兼，貞祐三年（1215）起，定爲尚書省左右司首領官兼任，遂爲定制。　左補闕：諫院屬官。正七品。

少冲外柔内剛，每從容進諫，世宗稱美之。十四年，爲宋主生日副使，宋國方有祈請，[1]上以意諭少冲，少冲對曰："臣有死無辱。"宋人别致珍異，少冲笑謂其人曰："行人受賜自有常數，寧敢以賂辱君命乎。"遂不受。使還，世宗嘉之，遷右諫議大夫，[2]祕書、起居注如故。

［1］宋國方有祈請：南宋此前多次向金朝請求免去宋主親自起立接受國書的禮儀。據本書卷六五《完顔璋傳》，大定十三年（1173）底完顔璋出使宋朝時，金世宗吩咐："宋人若不遵舊禮，慎勿付書。如不令卿等入見，即持書歸。若迫而取之，亦勿赴宴，其回書及禮物一切勿受。"完顔璋因未能做到，在大定十四年二月出使歸來後被"杖百五十，除名"。同年二月，派梁肅爲"宋詳問使"，專程赴宋"詳問"爲何不遵舊禮的事情。梁肅至宋，宋人一如舊儀，但再次請求免去此禮。五月梁肅纔自宋返回，九月賈少冲出使，金世宗擔心再次出現完顔璋出使時遇到的情況，所以對賈少冲有所吩咐。下文記載，賈少冲表態："臣有死無辱。"相關事件詳見本書卷六五《完顔璋傳》、卷八九《梁肅傳》及卷七《世宗紀中》。

［2］右諫議大夫：諫院屬官。正四品。

十七年請老，除衛州防禦使，[1]遷河東南路轉運使，[2]召爲太常卿，[3]兼祕書少監。復請致仕，不許，改順天軍節度使。[4]卒。

[1]衛州防禦使：防禦州長官。總判一州政務，防捍不虞，禦制盜賊。從四品。衛州治所在今河南省衛輝市。

[2]河東南路轉運使：河東南路轉運司長官。正三品。河東南路治所在今山西省永濟市西南蒲州鎮。

[3]太常卿：太常寺長官。掌禮樂、郊廟、社稷、祠祀等事。從三品。

[4]順天軍節度使：節度州長官。從三品。順天軍設在保州，治所在今河北省保定市。

少冲性夷簡，不喜言利，嘗教諸子曰："蔭所以庇身，箢庫不可爲也。"聞者尚之。子益。[1]

[1]益：即賈益，字損之。本書卷九〇有傳。

益字損之，少穎悟如成人。大定十四年，父少冲爲祕書少監，充宋主生日副使，益侍行。是時，宋人常争起立接受國書之禮，少冲問益曰："即宋人欲變禮，持議不決，奈何?"益曰："守死無辱，可謂使矣。"少冲大奇之。

中大定十九年進士，調河津主簿。[1]丁父憂去官，察廉起復礬山令，[2]補尚書省令史。丁母憂，服闋，除定海軍節度副使，[3]監察御史，治書侍御史，[4]轉侍御史，[5]知登聞鼓院，[6]兼少府少監。[7]未幾，改禮部郎中，兼知登聞鼓院，看讀陳言文字，遷左司郎中，改吏部侍郎，兼蔡王傅。[8]以病免。除鄭州防禦使，[9]陝西東路轉運使，[10]順天軍節度使。

［1］河津主簿：縣官名。爲縣令屬官。正九品。河津縣治所在今山西省河津市東南。

［2］礬山令：縣長官。礬山縣治所在今河北省懷來縣南。

［3］定海軍節度副使：節度州屬官。從五品。定海軍設在萊州，治所在今山東省掖縣。

［4］治書侍御史：御史臺屬官。掌奏事、判臺事。從六品。

［5］侍御史：御史臺屬官。掌奏事、判臺事。從五品。

［6］知登聞鼓院：登聞鼓院長官。掌奏進御史臺、登聞檢院理斷不當事。從五品。按本書卷一〇《章宗紀二》，承安六年（1201）十二月乙卯，"以知登聞檢院賈益爲高麗生日使"，卷九七《閻公貞傳》，承安元年，"命與登聞檢院賈益同看讀陳言文字"，與此異，疑賈益官職應爲"知登聞檢院"。

［7］少府少監：少府屬官。協助少府監管理邦國百工營造之事。從五品。

［8］王傅：諸親王府屬官。掌師範輔導、參議可否。若親王在外，則兼任本京、節鎮的同知。正四品。

［9］鄭州防禦使：防禦州長官。從四品。鄭州治所在今河南省鄭州市。

［10］陝西東路轉運使：陝西東路轉運司長官。正三品。陝西東路轉運司治京兆府，治所在今陝西省西安市。

大安初，[1]召爲吏部尚書，[2]有疾，改安國軍節度使。[3]益調民夫修完城郭，爲戰守備，按察司止之，[4]不聽，曰："治城，守臣事也，按察何預。"既而兵至，以有備解去。改横海、定國軍節度使，[5]道阻不赴。

[1]大安：金衛紹王年號（1209—1211）。

[2]吏部尚書：尚書吏部長官。掌文武選授、勳封、考課、出給制誥等政事。正三品。

[3]安國軍節度使：節度州長官。從三品。安國軍設在邢州，治所在今河北省邢臺市。

[4]按察司：官署名。本提刑司，承安四年（1199）更名爲按察司，負責監察工作。長官爲按察使，正三品。

[5]定國軍節度使：節度州長官。從三品。定國軍設在同州，治所在今陝西省大荔縣。

宣宗初爲吏部尚書，[1]益爲侍郎，[2]相得歡甚，貞祐二年至汴京，[3]訪益所在，召爲太常卿。上防秋十三事，與户部尚書李革論遷河北軍民不便，[4]不報。貞祐三年，致仕。元光元年，[5]卒。

[1]宣宗：廟號。即完顔吾睹補，漢名珣。1213年至1223年在位。

[2]侍郎：指吏部侍郎，尚書吏部屬官。協助吏部尚書掌文武選授、勳封、考課、出給制誥等政事。正四品。

[3]貞祐：金宣宗年號（1213—1217）。

[4]李革：本書卷九九有傳。　河北：路名。天會七年（1129）析置爲河北東路與河北西路。河北東路治所在今河北省河間市，河北西路治所在今河北省正定縣。

[5]元光：金宣宗年號（1222—1223）。

移剌斡里朶，一名八斤，系出遼五院司，[1]通契丹字。天會三年伐宋，隸軍中，遇戰輒先登，屢獲偵人，有司上其功，補尚書省令史。十五年，籍發諸部兵於山後，[2]將與右丞蕭慶會，[3]時官軍竄而南者凡數千，斡里朶以兵邀擊之，盡獲其輜重財物，悉送有司而去，一毫弗取。以勞遷修武校尉。[4]宗弼復河南，斡里朶督諸路帥臣進討，事定，以勞遷宣武將軍。[5]時六部未分，[6]迺以爲兵刑二部主事。[7]未幾，遷右司都事。[8]皇統二年，授大理正，[9]歷同知昭德軍節度使事，[10]以廉升孟州防禦使。[11]

[1]遼五院司：遼朝契丹部族管理機構。據《遼史》卷三三《營衛志》，遼太宗“會同元年，更夷離堇爲大王。部隸北府，以鎮南境，大王及都監春夏居五院部之側，秋冬居羊門甸”，在上京路南境，控制諸奚。五院，契丹部族名，遼天贊元年（922），析迭剌部置。

[2]山後：地區名。五代劉仁恭據盧龍，在今河北省太行山北端，軍都山以北地區，置山後八軍以防契丹。石敬瑭割燕雲十六州時，才有山後四州的稱呼。北宋末年所稱山後包括宋人企圖收復的山後、代北失地的全部，相當於今山西、河北兩省内外長城之間的地區。

[3]蕭慶：奚人。金天輔五年（1121）與耶律余覩一同降金。金熙宗天會十三年（1135）以平陽尹爲右丞。

[4]修武校尉：武散官。爲從八品上階。

[5]宣武將軍：武散官。爲從五品下階。

[6]六部未分：金初六部與尚書省左、右司通署，至天眷三年（1140）始分治。

[7]兵刑二部主事：時屬尚書省右司。從七品。

[8]右司都事：尚書省右司屬官。定員二人。正七品。

[9]大理正：大理寺屬官。掌審斷天下奏案，詳核疑獄。正六品。

[10]同知昭德軍節度使事：節度州屬官。正五品。昭德軍設在瀋州，治所在今遼寧省瀋陽市。

[11]孟州防禦使：防禦州長官。從四品。衛州，治所在今河南省孟縣。

正隆間，轉同知北京留守事。[1]會游古河、闌子山等猛安契丹謀亂，[2]時方發兵討之，別遣斡里朶押軍南下。至松山縣爲賊黨江哥所執，[3]且欲推爲主盟，要以契約。斡里朶怒曰："我受國厚恩，豈能從汝反耶，寧殺我，契約不可得也。"賊知不可屈，迺困辱之，使布衣草履逐馬而行，且欲害之。斡里朶説其監奴，因得脱還。六年九月，改北京路轉運使。[4]

[1]同知北京留守事：北京留守司屬官，例兼本府同知、本路兵馬都總管。正四品。

[2]游古河、闌子山等猛安：此二猛安都是契丹人猛安，可能在松山縣附近。

[3]松山縣：縣名。治所在今内蒙古自治區赤峰市西境距城關區四十五公里的大營子東二十里古城。　江哥：人名。本書僅此一見。

[4]北京路轉運使：北京路轉運司長官。負責管理税賦錢穀、倉庫出納、權衡度量之制。正三品。北京路治所在今内蒙古自治區寧城縣西大明城。

大定初，爲博州防禦使，[1]再遷利涉軍節度使。[2]先是，有農民避賊入保郡城，以錢三十千寄之鄰家，賊平索之，鄰人諱不與，訴于縣，縣官以無契驗却之，迺訴于州。斡里朶陽怒械繫之，捕其鄰人，關以三木，詰之曰："汝鄰乙坐劫殺人，指汝同盜。"鄰人大懼，始自陳有欺錢之隙，迺責歸所隱錢而釋之，郡人駭服。改通遠軍節度使，[3]卒。

[1]博州防禦使：防禦州長官。從四品。博州治所在今山東省聊城市。

[2]利涉軍節度使：節度州長官。從三品。利涉軍設在濟州，治所在今吉林省農安縣。

[3]通遠軍節度使：節度州長官。從三品。通遠軍設在鞏州，治所在今甘肅省隴西縣。

阿勒根彦忠本名窊合山，曷速館人也。[1]好學，通吏事。天會十四年，選充尚書兵部孔目官，[2]升尚書省令史，除右司都事。七年，[3]改大理丞，爲會寧少尹，[4]進同知會寧府事，[5]入爲尚書吏禮部郎中。

[1]曷速館：路名。金初曷蘇館路治所在遼陽府鶴野縣長宜鎮，即今遼寧省蓋州市東南。天會七年（1129）徙治寧州，即今遼寧省營口市熊岳城西南七十里永寧鎮，一説在今遼寧省大連市金州區南。

[2]尚書兵部孔目官：爲尚書兵部下屬吏員。孔目官掌呈覆糾正本案文書之事，地位較一般吏人優越。

[3]七年：中華點校本認爲，天會十四年（1136）後，貞元二

年（1154）前，有七年者惟“皇統”，則此上當脱“皇統”二字。

[4]會寧少尹：府官名。少尹爲府尹佐貳，負責協助府尹處理本府政務。正五品。會寧即會寧府，治所在今黑龍江省阿城市白城。

[5]同知會寧府事：府官名。同知爲府尹之佐，掌通判府事。從四品。

貞元二年，[1]進本部侍郎。[2]海陵庶人凡有所疑，常使彦忠裁决，彦忠據法以對。間有不合，則召讓之，彦忠執奏如前，終無阿屈，同列咸爲懼，彦忠固執不變，海陵壯之。明年，除御史中丞，歷尚書户部侍郎、侍衛親軍副都指揮使。[3]海陵南伐，除南京路都轉運使。[4]

[1]貞元：金海陵王年號（1153—1156）。

[2]本部侍郎：承上文應是尚書禮部侍郎，爲尚書禮部屬官。協助禮部尚書掌禮樂、祭祀、燕享、學校、貢舉、儀式、制度、符印、表疏、圖書、册命、祥瑞、天文、漏刻、國忌、廟諱、醫卜、釋道、四方使客、諸國進貢、犒勞張設等事。正四品。

[3]尚書户部侍郎：尚書户部屬官。正四品。　侍衛親軍副都指揮使：侍衛親軍司屬官。全稱爲侍衛親軍馬步軍副都指揮使，例由殿前副都點檢兼任。參掌行從宿衛，關防門禁。正隆五年（1160）罷侍衛親軍司後并入殿前都點檢司。

[4]南京路都轉運使：按，本書卷五七《百官志三》，“惟中都路置都轉運司，餘置轉運司”，但本書卷五《海陵紀》，“以汴京路都轉運使左瀛等爲賀宋正旦使”，卷八二《郭安國傳》亦稱左瀛爲都轉運使。參之本卷記載，可證《百官志》誤。

大定二年，改大名尹，[1]兼本路兵馬都總管。[2]四年，入爲刑部尚書。詔規措北邊艱食户口。及泰州、臨潢接境，[3]度宜安置堡戍七十，[4]駐兵萬三千，芻粮之用就經畫之。還朝未及入對，以疾卒，年五十三。

[1]大名尹：府官名。正三品。大名即大名府，治所在今河北省大名縣東。

[2]兵馬都總管：諸路總管府長官。負責統領各城兵馬甲仗，總判府事。正三品。

[3]泰州：治所在今吉林省洮南市東北雙塔鄉城四家子舊城址，一説在今黑龍江省泰來縣塔子城，金承安三年（1198）移治長春縣，即今吉林省前郭爾羅斯蒙古族自治縣西北塔虎村。　臨潢：府名。治所在今内蒙古自治區巴林左旗林東鎮南波羅城。

[4]堡戍七十：施國祁《金史詳校》卷八上認爲，“七”當作“十”。中華點校本認爲，“七”下脱“十”，當作“七十”。據本書卷六《世宗紀上》，大定五年（1165）正月“乙卯，詔泰州、臨潢接境設邊堡七十，駐兵萬三千”，作“七十”是。另，據本書卷六《世宗紀上》，此爲大定五年正月事，此處承上文繫於大定四年，誤。當在“入爲刑部尚書”之後補“五年”二字。

彦忠性孝友，嘗使宋，所得金帛，盡分兄弟親友。贈榮禄大夫，[1]命有司致祭，并以銀絹賜其家。

[1]榮禄大夫：文散官。爲從二品下階。

張九思字全行，錦州人。[1]皇統初，補行臺省女直譯史，[2]除同知易州事，[3]三遷亳州防禦使。[4]歸德尹劉仲延受宋國歲貢於泗州，[5]九思副之。往歲受歲貢者，每以幣物不精責宋使者，宋使者私饋銀幣各直數百千以爲常，[6]九思獨不肯受，仲延從之，自是私饋遂絶。

[1]錦州：治所在今遼寧省錦州市。

[2]行臺省女直譯史：行臺尚書省所屬無品級小官，爲行臺尚書省辦事員。

[3]同知易州事：刺史州屬官。協助刺史處理本州政務。正七品。易州治所在今河北省易縣。

[4]亳州防禦使：防禦州長官。從四品。亳州治所在今安徽省亳州市。

[5]歸德尹：府官名。正三品。歸德即歸德府，治所在今河南省商丘市南。　劉仲延：本書僅見於此處。　泗州：治所在今江蘇省盱眙縣北。

[6]直：同“值”。

自大理評事，[1]再遷大理少卿。[2]清池令雙申自陳：[3]“父虔，[4]天眷初，知永安軍，[5]遇叛寇孟邦傑，[6]執而脅之，不從，遂被害。乞正班用蔭。”[7]大理寺議，[8]虔子止合雜班敘，[9]九思曰：“虔奮不顧身，守節以死，其子正班用蔭，以勸忠孝。”世宗從九思議。改工部郎中，大興少尹，同知中都都轉運使事，[10]轉刑部侍郎，改工部。[11]

[1]大理評事：見本卷前注。正八品。張九思前爲防禦使（從四品），不知爲何降爲八品官。此上“除同知易州事，三遷亳州防禦使”一句或係竄入，非本傳原文。

［2］大理少卿：大理評事爲正八品，大理少卿爲從五品。張九思不可能“再遷”，即由八品官升爲五品官。據本書卷七《世宗紀中》，張九思大定十二年（1172）十二月爲“大理少卿”（從五品），卷二七《河渠志》在大定十二年正月稱其爲“太府少監”（從五品）。則張九思在爲大理少卿之前官爲太府少監。此處本傳有遺漏。

［3］清池令：縣長官。清池縣治所在今河北省滄州市東南四十里舊州鎮。　雙申：人名。本書僅此一見。

［4］虔：本書僅見於此。

［5］知永安軍：州官名。參知州事，專掌通檢推排簿籍。從八品。永安軍設在灤州，治所在今河北省灤縣。

［6］孟邦傑：本書僅此一見。

［7］正班：金代官員出身稱謂。凡是從進士、舉人、勞効、蔭襲、恩例入仕者稱正班。

［8］大理寺：官署名。長官爲大理卿，正四品。下設大理少卿、大理正、大理丞、大理司直、大理評事等官。

［9］雜班：金代官員出身稱謂。凡不是從進士、舉人、勞効、蔭襲、恩例入仕者稱雜班。

［10］同知中都都轉運使事：本書卷四七《食貨志二》，大定十七年（1177）張九思爲同知中都路都轉運使。據本書卷七《世宗紀中》與卷六一《交聘表中》，大定十八年九月張九思爲大理卿。可證，在大定十七、十八年間，張九思自同知中都路都轉運使改任大理卿，本傳漏載。

［11］工部：指工部侍郎，尚書工部屬官。正四品。

九思所守清約，然急於進取，一切以功利爲務，率意任情，不恤百姓。詔檢括官田，凡地名疑似者，如皇后店、太子莊、燕樂城之類，[1]不問民田契驗，一切籍之，復有鄰接官地冒占幸免者。世宗聞其如是，召還，戒之曰："如遼時支撥地土，及國初元帥府拘刷民間指射租田，近歲冒爲己業，此類當拘籍之。其餘民田，一旦奪之，則百姓失業，朕意豈如此也。"轉御史中丞。九思言屯田猛安人爲盜徵償，家貧輒賣所種屯地。凡家貧不能徵償者，止令事主以其地招佃，收其租入，估買與徵償相當，即以其地還之。臨洮尹完顏讓亦論屯田貧人徵償賣田，[2]乞用九思議，詔從之。

[1]皇后店：地名。不詳。　太子莊：地名。不詳。　燕樂城：地名。在今内蒙古自治區正藍旗南。另，本書卷四七《食貨志二》，大定十九年（1179）十二月，"因詔括地官張九思戒之。復謂宰臣曰：'朕聞括地事所行極不當，如皇后莊、太子務之類，止以名稱便爲官地'"。大定二十二年，"上曰：'工部尚書張九思執强不通，向遣刷官田，凡犯秦、漢以來名稱，如長城、燕子城之類者，皆以爲官田'"。分别作"皇后莊""太子務""燕子城"，與此異。

[2]臨洮尹：府官名。正三品。臨洮即臨洮府，治所在今甘肅省臨洮縣。　完顏讓：女真人。大定初爲户部郎中、大興少尹，大定十四年以兵部尚書使宋。

遷工部尚書。年高愈自用，上謂左丞張汝弼曰：[1]"九思耄矣，頗執强自用，欲令外補，何如？"於是，九思男若拙爲尚書省令史，[2]冒填詔勅，事覺亡命。汝弼因奏其事，上曰："九思豈不知若拙處邪？可免其官，捕若拙，獲日授職。"九思聞命惶懼，因感疾，卒。

[1]左丞：執政官。爲宰相之貳，佐治省事。正二品。　張汝

弼：渤海人。本書卷八三有傳。

[2]若拙：人名。本書僅此一見。

高衎字穆仲，遼陽渤海人。敏而好學，自少有能賦聲，同舍生欲試其才，使一日賦十題戲之，衎執筆怡然，未暮十賦皆就，彬彬然有可觀。年二十六登進士第，乞歸養，逾二年方調潞陰丞，[1]召爲尚書省令史，除右司都事。母喪去官，起復吏部員外郎，[2]攝左司員外郎。

[1]潞陰丞：縣官名。爲縣令佐貳。正九品。潞陰縣治所在今北京市通州區潞縣鎮。

[2]吏部員外郎：尚書吏部屬官。從六品。

王彦潛、常大榮、李慶之皆在吏部選中，[1]吏部擬彦潛、大榮皆進士第一，次當在慶之上，彦潛洺州防禦判官，[2]大榮臨海軍節度判官，[3]慶之瀋州觀察判官。[4]左司郎中賈昌祚挾私，[5]欲與慶之洺州，詭曰："洺雖佳郡，防禦幕官在節鎮下。"[6]迺改擬彦潛臨海軍，大榮瀋州，慶之洺州。慶之初赴選，昌祚以慶之爲會試詮讀官，[7]而慶之弟慶雲爲尚書省令史，[8]多與權貴游，海陵心惡之，嘗謂左右司："昌祚必與慶之善闕。"大奉國臣者，[9]遼陽人，永寧太后族人，[10]先爲東京警巡院使，以贓免去，欲因太后求見，海陵不許。衎與奉國臣有鄉里舊，擬爲貴德縣令。[11]海陵大怒，於是昌祚、衎、吏部侍郎馮仲等，[12]各杖之有差，慶雲決杖一百五十，罷去。未幾，仲、昌祚、慶雲皆死，衎降爲清水縣主簿，[13]兵部員外郎攝吏部主事楊邦基降宜君縣主簿，[14]吏部主事宋仝降瀰陰縣主簿，[15]尚書省知除楊伯傑降閶陽縣主簿。[16]

［1］王彦潛：天德三年（1151）中進士第一，世宗時曾任太學博士、瀋王府文學。　常大榮：人名。本書僅此一見。　李慶之：人名。僅見於本卷。

［2］洺州：治所在今河北省永年縣境内。

［3］臨海軍節度判官：節度州屬官。掌紀綱節鎮衆務、簽判兵馬之事，兼判兵、刑、工案事。正七品。臨海軍設在錦州，治所在今遼寧省錦州市。

［4］瀋州觀察判官：州官名。即昭德軍觀察判官。掌紀綱觀察衆務，分判吏、户、禮案事，通檢推排簿籍。正七品。昭德軍設在瀋州，故有此稱。瀋州治所在今遼寧省瀋陽市。

［5］賈昌祚：本書僅見於本卷。

［6］防禦幕官在節鎮下：幕官即幕職官，指判官、推官、掌書記等。防禦幕官，此指防禦判官。節鎮，指節鎮幕官，此處指節度判官與觀察判官。作爲防禦幕官的防禦判官爲正八品，而作爲節度幕官的節度判官與觀察判官皆正七品，因此賈昌祚才説“防禦幕官在節鎮下”。吏部要將肥缺授予進士第一的王彦潛，因此擬授王彦潛正八品的洺州防禦判官，擬授常大榮正七品的臨海軍節度判官、李慶之正七品的瀋州觀察判官。但這樣一來，後兩者作爲節度使屬官品級高於作爲防禦使屬官的王彦潛。因此，賈昌祚才以不應該將名次在前的王彦潛授正八品官，名次在後的李慶之反而授正七品官爲藉口，調换三人的任職地點，而將肥缺轉給李慶之。

［7］詮：原作“銓”，據殿本改。

［8］慶雲：本書僅見於本卷。

［9］大奉國臣：僅本卷中兩見。施國祁《金史詳校》卷八上認爲，即本卷下文《楊邦基傳》中所見“興國奴”。

［10］永寧太后：指海陵生母大氏。本書卷六三有傳。

［11］貴德縣令：縣官名。貴德縣治所在今遼寧省撫順市北。

［12］馮仲：本書僅此一見。

［13］清水縣主簿：縣長官。爲縣令之佐，掌同縣丞。正九品。清水縣治所在今甘肅省清水縣。

［14］兵部員外郎攝吏部主事：兵部員外郎，爲尚書兵部屬官，協助兵部尚書掌兵籍、軍器、城隍、鎮戍、厩牧、鋪驛、車輅、儀仗、郡邑圖志、險阻、障塞、遠方歸化等事，從六品。吏部主事，爲尚書省吏部屬官，掌知管差除、校勘行止、分掌封勳資考之事，及掌受事付事，檢勾稽失省署文牘，兼知本部宿直，從七品。代理、攝守之官稱攝，此處是以從六品官處理從七品官之政務。　楊邦基：本書卷九〇有傳。　宜君縣：治所在今陝西省宜君縣。

［15］宋仝：本書僅此一見。

［16］尚書省知除：指尚書省吏部主事，爲尚書省吏部屬官，掌知管差除、校勘行止，分掌封勳資考之事，及掌受事付事，檢勾稽失省署文牘，兼知本部宿直。從七品。　楊伯傑：楊伯雄之弟，楊伯仁之兄。本書僅見於此與卷一〇五。　閭陽縣：天會八年（1130）以奉陵縣改名。治所在今遼寧省北寧市西南閭陽驛村。

居二年，爲大理司直，遷户部員外郎，同知中都都轉運使，太常少卿，[1]吏部郎中。大定初，轉左司郎中。世宗孜孜求諫，群臣承順旨意，無所匡正，上曰：“朕初即位，庶政多未諳悉，實賴將相大臣同心輔佐。百姓且上書言事，或有所補。夫聽斷獄訟，簿書期會，何人不能，如唐、虞之聖，猶曰‘稽于衆，舍己從人’。[2]正隆專任獨見，不謀臣下，以取敗亂。卿等其體朕意。”

使衎傳詔臺省百司曰："凡上書言事，或爲有司沮遏，許進表以聞。"

[1]太常少卿：太常寺屬官。正五品。

[2]稽于衆，舍己從人：語出《尚書·大禹謨》。

遷吏部尚書。每季選人至，吏部托以檢閲舊籍，謂之檢卷，有滯留至後季猶不得去者。衎三爲吏部，知其弊，歲餘銓事修理，選人便之。五年，爲賀宋國生日使，中道得疾去職。[1]大定七年，卒。

[1]中道得疾去職：據《宋史》卷三三《孝宗紀一》，乾道元年（1165）十月"金遣高衎等來賀會慶節"。本書卷六一《交聘表中》作"九月，以吏部尚書高衎、移剌道爲宋生日使"。則其得病應在歸途中。

楊邦基字德懋，華陰人。[1]父絢，宋末爲易州州佐。[2]宗望伐宋，[3]蔡靖以燕山降，[4]易州即日來附，絢被殺，邦基年十餘歲，匿僧舍中得免。即長，好學。

[1]華陰：縣名。治所在今陝西省華陰市。

[2]易州州佐：易州屬官。

[3]宗望：女真人。本名斡魯補，金太祖子。本書卷七四有傳。

[4]蔡靖：金初宋將，與郭藥師一起守燕山府，後降金。　燕山：府名。治所在今北京市。

天眷二年，登進士第，調灤州軍事判官，[1]遷太原交城令。[2]太原尹徒單恭貪污不法，[3]托名鑄金佛，命屬縣輸金，邦基獨不與，徒單恭怒，召至府，將以手持鐵柱杖撞邦基面，邦基不動。秉德廉察官吏，[4]尹與九縣令皆免去，[5]邦基以廉爲河東第一，[6]召爲禮部主事。[7]以兵部員外郎攝吏部差除，[8]坐銓注李慶之、大奉國臣，[9]與高衎等皆貶官，邦基降坊州宜君簿。[10]轉高密令。[11]

[1]灤州軍事判官：州官名。參知州事，專掌通檢推排簿籍。從八品。灤州治所在今河北省灤縣。

[2]太原：府名。治所在今山西省太原市。　交城令：縣長官。交城縣治所在今山西省交城縣。

[3]太原尹：府官名。正三品。太原即太原府。　徒單恭：女真人。本名斜也。本書卷一二〇有傳。

[4]秉德：女真人。本名乙辛。本書卷一三二有傳。

[5]九縣令皆免去：本書卷二六《地理志下》，太原府下轄十一縣，除楊邦基外，當還有一個縣令未被免職。

[6]河東：路名。金置河東北路與河東南路。河東北路治所在今山西省太原市，河東南路治所在今山西省臨汾市。

[7]禮部主事：禮部屬官。掌本部受事、付事，檢勾稽失省署文牘。從七品。

[8]兵部員外郎攝吏部差除：兵部員外郎爲尚書兵部屬官，從六品。吏部差除指吏部主事，爲尚書省吏部屬官，掌知管差除，校勘行止、分掌封勳資考之事，及掌受事付事，檢勾稽失省署文牘，兼知本部宿直，從七品。代理、攝守之官稱攝，此處是以從六品官處理從七品官之政務。

[9]大奉國臣：原作“大興國奴”，中華點校本改爲“大奉國臣”，是。

[10]坊州：治所在今陝西省黄陵縣。　宜君：原作“宜春”，據中華點校本改。

[11]高密令：縣長官。高密縣治所在今山東省高密市。

大定初，尚書省擬邦基刑部郎中，世宗曰：“縣官即除郎中，如何?”太師張浩對曰：[1]“邦基前爲兵部員外郎矣，且其人材可用。”上許之。改太府少監，[2]知登聞檢院，[3]爲祕書少監，遷翰林直學士，[4]再遷祕書監兼左諫議大夫，[5]修起居注。

[1]太師：三師之一。正一品。

[2]太府少監：太府屬官。協助太府監掌出納邦國財用錢穀之事。從五品。

[3]知登聞檢院：登聞檢院長官。掌奏御進告尚書省、御史臺理斷不當事。從五品。

[4]翰林直學士：翰林學士院屬官。掌制撰詞命，凡應奉文字，銜内帶知制誥。從四品。

[5]祕書監：秘書監長官。從三品。　左諫議大夫：諫院長官。正四品。

中都警巡使張子衍與邦基姻家，[1]子衍道中遇皇太子衛仗，立馬市門不去織，衛士訶之，子衍以鞭鞭衛士訶己者。御史臺劾奏子衍，邦基見臺官爲子衍求解，及入見顯宗，[2]求脱子衍罪。詔削子衍官兩階。邦基坐削官一階，出爲同知西京留守事，[3]徙山東東路轉運使，[4]永定軍節度使，[5]致仕。大定二十一年，卒。

邦基能屬文，善畫山水人物，尤以畫名當世云。

[1]中都警巡使：中都警巡院長官。正六品。　張子衍：本書僅此一見。

[2]顯宗：廟號。即完顔允恭，本名胡土瓦，金世宗之子。本書卷一九《世紀補》有傳。

[3]同知西京留守事：西京留守司屬官，例兼本府同知、本路兵馬都總管。正四品。西京爲京路名，治所在今山西省大同市。

[4]山東東路轉運使：山東東路轉運司屬官。正三品。山東東路治所在今山東省青州市。

[5]永定軍節度使：節度州長官。從三品。永定軍設在雄州，治所在今河北省雄縣。

丁暐仁字藏用，大興府宛平人。[1]曾祖奭。祖惟壽。父筠，[2]以吏補州縣，所至有治聲，其後致仕，杜門不出，鄉里有鬥訟者，不之官而就筠質焉。

[1]宛平：縣名。治所在今北京市。

[2]曾祖奭祖惟壽父筠：三人本書皆僅此一見。

暐仁冲澹寡欲，讀書之外無他好，遼季避難，雖間關道塗未嘗釋卷。[1]皇統二年登進士第，調武清縣丞。[2]縣經兵革後，無學校，暐仁召邑中俊秀子弟教之學，百姓欣然從之。調磁州軍事判官。[3]是時，詔使廉察官吏，暐仁以廉攝守事，遷和川令。[4]前令罷耎不事事，[5]群小越法干禁無所憚，暐仁申明法禁，皆屏息，或走入他縣以避之。有董祐者最强悍，畏服暐仁，以刀斷指，誓終身不復犯法。凡租賦與百姓前爲期率，比他邑先辦。歷北京推官，[6]再遷大理司直，以憂去官，尋起復。

[1]間關道塗：指道路崎嶇難行。

[2]武清縣丞：縣官名。爲縣令之佐。正九品。武清縣治所在今天津市武清縣西北舊縣。

[3]磁州軍事判官：州官名。下文講“以廉攝守事”，是指以從八品的磁州軍事判官代理正五品的磁州刺史職務。

[4]和川令：縣長官。和川縣治所在今山西省安澤縣北和川。

[5]耎（ruǎn）：軟弱。

[6]北京推官：諸京留守司屬官。掌諮議參佐，糾正非違，紀綱衆務，分判刑案之事。從六品。

大定三年，除定武軍節度副使，而節度使、同知皆闕，[1]暐仁爲政無留訟。改大理丞，吏部員外郎，轉户部郎中。於是，賈少冲爲刑部郎中，[2]上謂左丞相紇石烈良弼曰：[3]“少冲爲人柔緩，不稱刑部之職，其議易之。”迺以暐仁爲刑部郎中。

[1]闕：同“缺”。

[2]賈少冲：本書卷九〇有傳。

[3]紇石烈良弼：女真人。本名婁室。本書卷八八有傳。

坐尚厩局官私用官芻，[1]違格付大興府鞫問，解職。改祁州刺史。[2]祁州爲定武支郡，士民聞暐仁之官，相率歡迎界上，相屬不絶。改同知西京留守事，首興學校，以明養士之法。遷陝西西路轉運使。[3]大定二十一年，卒官。

[1]尚厩局官：尚厩局爲殿前都點檢司下屬機構，所屬官員有：尚厩局提點，正五品；尚厩局使，從五品；尚厩局副使，從六品；尚厩局直長；掌厩都轄，正九品；尚厩局副轄，從九品。

[2]祁州刺史：刺史州長官。正五品。祁州治所在今河北省安國市。此處及下句的“祁”，原本皆作“祈”，據中華點校本改。

[3]陝西西路轉運使：陝西西路轉運司長官。正三品。陝西西路轉運司設在平涼府，治所在今甘肅省平涼市。原無“遷”字，據中華點校本補。

贊曰：吏之興，其秦之季邪？吏有選試，其遼、金之際邪？其文“從一，從史”，守法不貳之謂邪？守法不貳，斯真吏矣。巧者舞文以亂法，窒者執一而弗通，此皆吏道之自失者也。高衎、高德基、張九思之徒，皆詭法以自失者矣。

金史　卷九一

列傳第二十九

完顏撒改　龐迪　温迪罕移室懣　神土懣　移剌成　石抹卞　楊仲武　蒲察世傑本名阿撒　蕭懷忠　移剌按荅　孛术魯阿魯罕　趙興祥　石抹榮　敬嗣暉

完顏撒改，上京納魯渾河人也，[1]其先居於兀冷窟河。[2]身長多力，善用槍。王師南征，睿宗爲右副元帥，[3]置之麾下，佩以金牌，[4]使督軍事。天眷元年，[5]授本班祗候郎君詳穩。[6]其後從軍泰州路，[7]軍帥以撒改爲萬户，[8]領銀术可等猛安戍北邊，[9]數有戰功。

[1]上京：京路名。治所在今黑龍江省阿城市白城。　納魯渾河：屬上京。舊無釋，疑係納里渾猛安下的納里渾，在今吉林省九臺市。

[2]兀冷窟河：河名。不詳。

[3]睿宗：即完顏宗輔，本名訛里朵，金太祖之子，金世宗之父，大定間尊爲帝，改諱宗堯，廟號睿宗。本書卷一九《世紀補》有傳。　右副元帥：元帥府屬官。金於天會三年（1125）設元帥府

掌征討之事，設右副元帥一員，位在都元帥、左副元帥之下。正二品。

［4］金牌：金代牌符的一種。金太祖時始製金牌、銀牌、木牌，分賜給萬户、猛安、謀克等官佩帶，以爲符信。其中以金牌最爲高貴。

［5］天眷：金熙宗年號（1138—1140）。原爲“天德元年”（1149），據中華點校本改。

［6］本班祇候郎君詳穩：《遼史》卷四五《百官志一》有“祇候郎君班詳穩”，此官當是金初仿遼制所設的官職，官制改革以後取消，故本書《百官志》不載。

［7］泰州路：金初路名。治所在今吉林省洮南市東北雙塔鄉城四家子舊城址，一説在今黑龍江省泰來縣塔子城。金承安三年（1198）移治長春縣，即今吉林省前郭爾羅斯蒙古族自治縣西北塔虎村。

［8］萬户：金太祖時對“材堪統衆”的軍官授以萬户官職，統領猛安謀克，隸屬於都統。世襲制度於海陵天德三年（1151）取消，後不復設。

［9］銀术可：本書計十一人名銀术可，此人僅此一見。　猛安：女真族的地方行政設置及軍事編制名稱，也是其官長名稱。亦用爲榮譽爵稱。作爲軍事組織的猛安即千夫長。

天德二年正月，[1]海陵庶人遣使夏國，[2]諭以即位事，因令伺彼之意。既還，稱旨，爲尚書兵部郎中。[3]改同知會寧尹，[4]遷迭剌部族節度使，[5]改甌里本群牧使，[6]爲曷懶路都總管。[7]海陵伐宋，授衛州防禦使，[8]爲武震軍都總管。[9]

［1］天德：金海陵王年號（1149—1153）。此處原無“天德”

二字，從中華點校本補。

［2］海陵：封號。本名完顔迪古迺，漢名亮。1149 年至 1161 年在位。　夏國：指西夏（1038—1227）。

［3］尚書兵部郎中：尚書兵部屬官。協助兵部尚書掌兵籍、軍器、城隍、鎮戍、厩牧、鋪驛、車輅、儀仗、郡邑圖志、險阻、障塞、遠方歸化等事。從五品。

［4］同知會寧尹：府官名。爲府尹佐貳，協助府尹處理本府政務。從四品。會寧即會寧府，治所在今黑龍江省阿城市白城。

［5］迭剌部族節度使：迭剌部長官。掌統制所部，鎮撫諸軍。從三品。迭剌部，契丹遥輦氏八部之一，出於乙室活部，與乙室爲兄弟部落。由大蔑孤、小蔑孤、轄懶、阿速、斡納撥、斡納阿剌等六個石烈組成。遼皇族耶律氏即出自轄懶石烈。遼天贊元年（922）分爲五院、六院兩部。

［6］甌里本群牧使：群牧所長官。又名烏魯古使。掌檢校群牧畜養蕃息之事。從四品。甌里本群牧，疑在武平縣境内，即今内蒙古自治區敖漢旗東白塔子附近。

［7］曷懶路都總管：路官名。都總管，掌統諸城隍兵馬甲仗，總判府事。正三品。曷懶路治所在今朝鮮咸鏡南道咸興城南五里處。

［8］衛州防禦使：防禦州長官。掌防捍不虞、禦制盜賊，總理本州政務。從四品。衛州治所在今河南省衛輝市。

［9］武震軍都總管：海陵南征，集天下兵分隸三十二路都總管，武震軍爲其中之一。隸屬於左、右領軍都督府，負責指揮本路部隊對宋作戰。南征失敗後取消，故本書《百官志》不載。施國祁《金史詳校》卷八認爲當作“震武軍”。

世宗即位，[1]遣使召撒改，既至，除昌武軍節度使。[2]已而爲山東路元帥副都統，[3]改安化軍節度使，[4]

兼副都統如故。四年，徙鎮安武，[5]仍兼副統。領山東、大名、東平三路軍八萬餘渡淮，[6]會大軍伐宋。進至楚州，[7]宋遣使奉歲幣。還邳州，[8]卒。

[1]世宗：廟號。即完顏烏禄，漢名雍。1161 年至 1189 年在位。

[2]昌武軍節度使：節度州長官。掌鎮撫諸軍防刺，總判本鎮兵馬之事，兼本州管内觀察使。從三品。昌武軍設在許州，治所在今河南省許昌市。

[3]山東路元帥副都統：本書《百官志》不載。據本書卷六《世宗紀上》，“罷山東路都統府，以其軍各隸總管府”，則正隆末、大定初在山東路曾設過都統府。山東路都統府設於何時不詳。副都統爲官名，山東路都統府屬官，協助都統督率各軍作戰。據本書卷一三三《窩斡傳》，“吏部郎中完顏達吉爲副統”，則此官應是正或從五品。本書卷六《世宗紀上》，大定二年（1162）“以太保、左領軍大都督奔睹爲都元帥”，“詔都元帥奔睹開府山東”，恢復海陵時一度取消的元帥府並設府於山東。由此可見，山東路都統府與其他都統府不一樣的地方就在於它與元帥府同設於一處，而各都統府都是受元帥府統轄的。因此，山東都統府在各都統府中具有特殊地位，因其爲元帥府直轄的都統府，所以其官名纔都冠以“元帥”二字。另，據本卷下文《石抹榮傳》，大定二年，“以本官充山東東西、大名等路都統”，可見此處官職爲簡稱，全稱應爲山東東西大名等路都統。也許因其所轄軍隊不僅限於山東兩路，所以纔稱元帥副都統。

[4]安化軍節度使：節度州長官。從三品。安化軍設在密州，治所在今山東省諸城市。

[5]安武：指安武軍節度使，節度州長官。從三品。安武軍設在冀州，治所在今河北省冀州市。

［6］山東：路名。指山東東、西路。山東東路治所在今山東省青州市，山東西路治所在今山東省東平縣。參照下文出現“東平”，即山東西路首府，則此處當指山東東路。　大名：府名。治所在今河北省大名縣東。此指大名府路。　東平：府名。治所在今山東省東平縣。此指山東西路。　淮：即今淮河。

［7］楚州：宋州名。治所在今江蘇省淮安市。

［8］邳州：治所在今江蘇省睢寧縣西北古邳鎮東。

龐迪字仲由，延安人。[1]少倜儻，喜讀兵書，習騎射，學推步孤虚之術，無所効用。應募，隸涇原路第三副將，[2]破賊有功，授保義郎。[3]嘗從百餘騎經行山谷，遇夏人數千，衆皆駭懼請避，迪遂躍馬犯陣，敵皆披靡，身被重創，神色自若，完軍以還。自是知名，擢爲正將，[4]權發遣涇原路兵馬都監。[5]

［1］延安：府名。治所在今陝西省延安市。

［2］涇原路第三副將：宋軍官名。依宋將兵法，將爲各屯駐大軍第二級軍隊編制單位。將下設部，部下設隊，一隊約五十人。其番號以路分爲名，依次編排。其統兵官爲正將、副將和準備將，統稱將官。龐迪應爲宋涇原路第三將營副統兵官。

［3］保義郎：散官名。承上文，是因武功而授是職，可見應爲武散官。宋武臣階官有保義郎，《金史·百官志》武散官無稱郎者，此應是宋武臣階官名，相當於金武散官正九品上階的保義校尉。

［4］正將：宋統兵官名。即涇原路所屬第三將營統兵官，爲邊境屯駐軍將領。

［5］權發遣涇原路兵馬都監：宋路分都監，官高資深者稱兵馬都監，位鈐轄下，掌屯戍、邊防及訓練。

齊國建，[1]涇原路經略使張中孚舉迪權知懷德軍，[2]兼沿邊安撫使。[3]夏人合軍五萬薄懷德城，[4]迪開門待之，夏人不敢入。因以數千騎分門突出，遂破之，斬首五百級，獲軍資羊馬甚衆。復破關師古兵，[5]擢知涇州。[6]未到官，改知鎮戎軍、沿邊安撫使。[7]已而權淮南東路馬步軍副總管，[8]總制沂、密、淮陽，[9]兼權知沂州。[10]丁父憂，去官，尋起復爲環慶路兵馬都鈐轄，[11]權知邠州。[12]齊國廢，改華州防禦使。[13]頃之，軍變，被執入山。已而賊衆悔曰："公爲政素善，豈宜劫辱。"遂縱之還，復領州事。

[1]齊：天會八年（1130），金太宗册立宋降將劉豫爲帝，國號齊。天會十五年廢，以原齊國統治區設行臺尚書省。

[2]涇原路經略使：齊國官名。齊國仿宋制設經略使。宋咸平五年（1002），始以張齊賢爲經略使，節度環慶、涇原路及永興軍駐泊兵馬。後經略使漸成爲陝西、河東、廣南等路長官，總一路兵民之政，往往以經略安撫使爲名，由各路帥府之知州、知府兼任，並兼馬步軍都總管。涇原路，宋路名，北宋慶曆元年（1041）分陝西路置涇原路經略安撫使，治所在今甘肅省平凉市。齊、金初沿之。　張中孚：是時爲鎮洮軍節度使知渭州兼涇原路經略安撫使。本書卷七九有傳。　權知懷德軍：齊國官名。代理攝守之官稱權，帶京朝官銜或試銜者主持軍鎮事務時稱知軍事，簡稱知軍。懷德軍，治所在今寧夏回族自治區固原市西北。

[3]沿邊安撫使：齊國官名。齊國仿宋制設沿邊安撫使，負責沿邊境各地的軍務與治安工作，以知州、知府兼任，並兼馬步軍都總管、兵馬都鈐轄等。

[4]懷德城：在今寧夏回族自治區固原市西北。

[5]關師古：金初宋將。見於本書卷七九、八一、九一。

[6]知涇州：齊國官名。即知州。涇州治所在今甘肅省涇川縣西北。

[7]知鎮戎軍：齊國官名。即知軍。鎮戎軍治所在今寧夏回族自治區固原市。

[8]權淮南東路馬步軍副總管：齊國官名。淮南東路都總管府屬官，協助都總管統諸城隍兵馬甲仗。代理、攝守之官稱權。

[9]沂：州名。治所在今山東省臨沂市。　淮陽：軍鎮名。治所在今江蘇省邳州市。

[10]權知沂州：齊國官名。即代理沂州知州。

[11]環慶路兵馬都鈐轄：齊國官名。齊國仿宋制設此官，負責本路軍務、攻防等事。環慶路，宋路名，北宋康定二年（1041）分陝西路置環慶路經略安撫使，治所在今甘肅省慶陽縣。齊、金初沿之。

[12]權知邠州：齊國官名。即代理知州。邠州治所在今陝西省彬縣。

[13]華州防禦使：防禦州長官。從四品。華州治所在今陝西省華縣。

天眷元年，除永興軍路兵馬都總管兼知京兆府，[1]徙臨洮尹，[2]兼熙秦路兵馬都總管。[3]陝右大饑，流亡四集，迪開渠溉田，流民利其食，居民藉其力，各得其所，郡人立碑紀其政績。官制行，吏部以武功大夫、博州團練使特授定遠大將軍。[4]七年，[5]除慶陽尹。[6]歷三考不易，以治最聞，詔書褒美，西人榮之。

[1]永興軍路兵馬都總管：諸路兵馬都總管府長官。掌統諸城隍兵馬甲仗，總判府事。正三品。永興軍路，宋路名，北宋熙寧五

年（1072）分陝西路東部置，金初沿之。治所在今陝西省西安市。　知京兆府：府官名。帶京朝官銜或試銜者爲府尹時稱知府事，簡稱知府。京兆府治所在今陝西省西安市。

［2］臨洮尹：府長官。掌宣風導俗、肅清所部，總判府事。正三品。臨洮即臨洮府，治所在今甘肅省臨洮縣。

［3］熙秦路兵馬都總管：熙秦路兵馬都總管府長官。正三品。熙秦路，皇統二年（1142）合并熙河路、秦鳳路置，治所在今甘肅省臨洮縣。

［4］吏部：官署名。尚書省下屬機構。掌文武選授、勳封、考課、出給制誥等政事。長官爲吏部尚書，正三品。下設吏部侍郎、吏部郎中、吏部員外郎等官。　武功大夫：宋官階有武功大夫。此當爲金初仿宋制而設的武散官名，官制改革後改爲定遠大將軍，故本書《百官志》不載。　博州團練使：州官名。位在刺史之上，防禦使之下。博州治所在今山東省聊城市。　定遠大將軍：武散官。爲從四品中階。

［5］七年：施國祁《金史詳校》卷八認爲，此上當加"皇統"二字。

［6］慶陽尹：府長官。正三品。慶陽即慶陽府，治所在今甘肅省慶陽縣。

正隆元年，[1]遷鳳翔尹，[2]屢上章求退，不許。海陵南伐，徵斂煩急，官吏因緣爲奸，富者用賄以免，貧者破産益困。迪悉召民使共議增減，不加威督而役力均，人情大悦。五年，徙汾陽軍節度使。[3]

［1］正隆：金海陵王年號（1156—1161）。

［2］鳳翔尹：府長官。正三品。鳳翔即鳳翔府，治所在今陝西省鳳翔縣。

[3]汾陽軍節度使：節度州長官。從三品。汾陽軍設在汾州。

大定初，[1]復爲臨洮尹，遷南京路都轉運使，[2]以省事、惜費、安静爲政，河南稱之。[3]徙絳陽軍節度使。[4]卒官，年七十。

[1]大定：金世宗年號（1161—1189）。

[2]南京路都轉運使：南京路都轉運司長官。掌税賦錢穀、倉庫出納、權衡度量之制。正三品。南京路治所在今河南省開封市。本書卷五七《百官志三》："惟中都路置都轉運司，餘置轉運司。"據本書卷五《海陵紀》，"以汴京路都轉運使左瀛等爲賀宋正旦使"，卷八二《郭安國傳》也稱左瀛爲都轉運使，據此可知，南京路一直就是都轉運使司，長官爲都轉運使。本書《百官志》誤。

[3]河南：路名。指南京路，爲北宋舊都汴京，金初因之。金貞元元年（1153）改名爲南京路。

[4]絳陽軍節度使：節度州長官。從三品。絳陽軍設在絳州，治所在今山西省新絳縣。

迪性純孝，父病，醫藥弗効，迪仰天泣禱，刲股作羹，由是獲安。昆弟析家財，迪盡以與之，一無所取。官爵之廕，率先諸姪。疾革，沐浴朝服而逝。

温迪罕移室懣，速頻屯懣歡春人，[1]徙上京忽論失懶。[2]兄术輦，[3]國初有功，授世襲謀克。[4]移室懣性忠正强毅，善騎射，膂力過人。[5]皇統初，襲其兄謀克，積戰功，爲洮州刺史。[6]謂人曰："謀克，兄職也。兄子斡魯古今已長矣。"[7]遂以謀克讓還兄子。宗弼聞而嘉之曰：[8]“能讓世襲，可謂難矣。”除貴德州刺史，[9]改移典乣詳穩，[10]遷烏古里部族節度使，[11]改德昌軍。[12]

[1]速頻：路名。又作速濱、恤品。治所在今俄羅斯濱海邊疆區烏蘇里斯克，舊名雙城子。　屯濼歡春人：屯滿，即徒門，今圖們江；歡春，即今歡春嶺。

[2]忽論失懶：忽論即忽剌温，今呼蘭河。失懶，地名，待考。

[3]术輦：本書僅此一見。

[4]謀克：女真族的地方行政設置及官長名稱，相當於縣。同時也是軍事編制與軍官名稱。謀克亦用爲榮譽爵稱。此爲世襲謀克。

[5]膂（lǔ）力：體力。膂，脊梁骨。

[6]洮州刺史：刺史州長官。負責本州政務。正五品。洮州治所在今甘肅省臨潭縣。

[7]斡魯古：本書僅見於本卷。

[8]宗弼：女真人。本名斡啜，又作兀术、晃斡出、斡出，金太祖第四子。本書卷七七有傳。

[9]貴德州刺史：刺史州長官。正五品。貴德州治所在今遼寧省撫順市北高爾山前。

[10]移典乣詳穩：諸乣長官。掌守戍邊堡，撫緝軍户，按察所部，平理獄訟，捕除盜賊。從五品，皇統八年（1148）升爲正五品。移典乣所在地不詳。據本書卷四六《食貨志一》大定十七年（1177）五月：“省奏：‘咸平府路一千六百餘户，自陳皆長白山星顯、禪春河女真人，遼時簽爲獵户，移居於此，號移典部，遂附契丹籍。’”疑此移典乣與此“移典部”有關，可能居於咸平府路。咸平府治所在今遼寧省開原市老城鎮。

[11]烏古里部族節度使：烏古里部長官，掌統制所部，鎮撫諸軍，總判部事。從三品。烏古里部，女真人部族之一，分布在嫩江

中游以西雅魯、綽爾兩河流域之地。

[12]德昌軍：此指德昌軍節度使，爲節度州長官。從三品。德昌軍設在河南府，治所在今河南省洛陽市。

正隆四年，大徵兵南伐，泰州猛安定遠阿補以所部叛還，[1]移室懣以七謀克執定遠阿補，勒其衆付大軍。契丹反，敗會寧六猛安於締母嶺，[2]屯於信、韓二州之境。[3]移室懣率數千人殺賊萬餘于伊改河，[4]以功遷臨潢尹。[5]

[1]定遠：指定遠大將軍，武散官。爲從四品中階。　阿補：人名。本書僅此一見。

[2]會寧六猛安：會寧即會寧府。此處所説的六個猛安的居住地應在會寧府南部（張博泉《金史論稿》第一卷，吉林文史出版社1986年版，第285頁）。　締母嶺：即今吉林省長春市以南之哈蘭大嶺，亦稱大黑山。

[3]信：州名。治所在今吉林省公主嶺市秦家古城。　韓：州名。治所在今遼寧省昌圖縣西北八面城東南。金正隆中移至今吉林省梨樹縣北偏臉城。

[4]伊改河：《〈中國歷史地圖集〉釋文匯編·東北卷》認爲是今吉林省公主嶺市以東流經姜家窩鋪的一條河。按，伊改，本書亦作“益海”，當即今遼寧省開原市東的葉赫河。

[5]臨潢尹：府長官。正三品。臨潢即臨潢府，治所在今内蒙古自治區巴林左旗林東鎮南波羅城。是時仍爲臨潢府路，臨潢尹兼本路兵馬都總管，故本書卷一三三《移剌窩斡傳》中稱移室懣爲總管。

世宗即位，賜手詔曰：“南征諸路將士及卿子姪安遠、斡魯古、斜普兄弟，[1]具甲仗悉來推戴，朕勉即大位。卿累世有功耆舊之臣，緣邊事未寧，臨潢劇任，姑仍舊職。聞樞密副使白彦敬、南京留守紇石烈志寧來討契丹，[2]今已遣人往招之。其家皆在南京，恐或遯去，兼起異謀，若至則已，若不至，卿當以計執而獻之。兩次遣人招誘招討都監老和尚，[3]去人不知彼之所在，久而不還。兼老和尚不知朕已即位，卿可使人諭以朕意。如來降，悉令復舊，邊關之事，可設耳目。”

[1]安遠斡魯古斜普：安遠、斜普本書皆僅此一見。

[2]樞密副使：樞密院屬官。負責協助樞密使掌管武備機密之事。從二品。　白彦敬：部羅火部族人。本名遥設。本書卷八四有傳。　南京留守：南京留守司長官，例兼本府府尹、本路兵馬都總管。正三品。　紇石烈志寧：女真人。本名撒曷輦。本書卷八七有傳。

[3]招討都監：招討司屬官。協助招討使掌招懷降附，征討携離。　老和尚：契丹人。爲契丹族起義的早期領導人之一。僅見於本卷及本書卷一三三。

是時，窩斡已反，[1]領兵數萬來攻臨潢，諸路軍未至，窩斡勢益大。移室懣領城中軍士六百人邀擊窩斡，凡數接戰，剿殺甚衆，所乘馬中流矢而仆，爲賊所執。賊使移室懣招城中人曰：“爾生死在頃刻，能使城中出降，官爵如故。不然殺汝矣。”移室懣怒駡賊曰：“我受國家爵禄，肯從汝叛賊乎？”賊執之至城下，迫脅之使招城中。其妻子、官屬、將士皆登城臨望。移室懣厲聲曰："我恨軍少不能滅賊。人生會有一死耳，汝輩慎勿降賊！一旦開門納賊，城中百姓皆被殺掠，毋以我故敗國家事，賊無能爲也。"賊怒殺之。城中人皆爲之感激，推官麻珪益繕完城郭，[2]右監軍神土懣、輔國上將軍阿思懣乘城固守。[3]賊不克攻，遂引衆東行。

[1]窩斡：契丹人。即移剌窩斡。本書卷一三三有傳。

[2]推官：府尹的下屬官吏，掌諮議參佐、糾正非違、紀綱衆務，分判吏、禮、工案事。從六品。　麻珪：後爲吏部員外郎。見於本書卷四八、九七及此。

[3]右監軍：元帥府屬官。金於天會三年（1125）設元帥府，掌征討之事。設元帥右監軍一名，位在都元帥、左右副元帥、元帥左監軍之下。正三品。　神土懣：女真人。金宗室。本書卷九一有傳。　輔國上將軍：武散官。爲從三品中階。　阿思懣：本書僅此一見。

神土懣，本諸宗室贈銀青光祿大夫胡速魯改子也。[1]年十五，事太宗爲左奉宸。[2]皇統二年，[3]充護衛，[4]除武器署丞，[5]累官肇州防禦使。[6]大定初，除元帥右都監，[7]與咸平尹吾扎忽率泰州兵及曷懶路兵千五百人，[8]會臨潢尹移室懣討契丹。契丹犯臨潢，移室懣死，攻之不能克，乃引衆東行。神土懣表乞濟師。十二月甲辰，世宗次海濱縣，[9]得奏，上曰："神土懣、吾扎忽軍不少，可以從長攻襲矣。"會右副元帥謀衍以大軍至，[10]神土懣改曷速館節度使，[11]隸右翼，與紇石烈志寧敗賊於長濼，[12]戰霿霿河，[13]皆有功，改婆速路兵馬都總管，[14]卒。

［1］銀青光禄大夫：文散官。即後來的銀青榮禄大夫。爲正二品下階。　胡速魯改：本書僅此一見。

［2］太宗：廟號。即完顏吴乞買，漢名晟。1123年至1135年在位。　左奉宸：奉宸本唐武后所置官府名，官有令、供奉。宋有奉宸庫，屬太府寺，掌宫廷所需金玉珠寶。遼北面御帳有奉宸司，掌供奉宸御之事。金承宋遼之制，初期亦置左右奉宸。

［3］皇統：金熙宗年號（1141—1149）。

［4］護衛：皇帝的衛戍部隊。定員二百人，由五至七品官子孫及宗室、親軍、諸局分承應人中選拔，考試合格方可録用。負責皇宫的警衛及行從宿衛。

［5］武器署丞：武器署屬官，掌祭祀、朝會、巡幸及公卿婚葬儀仗旗鼓笛角之事。從七品。

［6］肇州防禦使：防禦州長官。從四品。肇州治所一説在今黑龍江省肇源縣望海屯舊址，一説在今黑龍江省肇源縣茂興鎮南吐什吐古城，一説在今黑龍江省肇東市八里城。

［7］元帥右都監：元帥府屬官。位在都元帥、左右副元帥、元帥左右監軍與元帥左都監之下。從三品。

［8］咸平尹：府長官。正三品。咸平即咸平府，治所在今遼寧省開原市開原老城。　吾扎忽：女真人。本書卷七一有傳。　曷懶路：治所在今朝鮮咸鏡南道咸興城南五里處。

［9］海濱縣：治所在今遼寧省興城市西南。

［10］右副元帥：元帥府屬官。位在都元帥、左副元帥之下。正二品。　謀衍：女真人。本書卷七二有傳。

［11］曷速館：路名。也作曷蘇館。金初曷蘇館在遼陽府鶴野縣長宜鎮，即今遼寧省蓋州市東南。天會七年（1129）徙治寧州，即今遼寧省營口市熊岳城西南七十里永寧鎮，一説在今遼寧省大連市

金州區南。金初於其地設節度使，負責本路軍政事務。

[12]長濼：湖泊名。一説在今内蒙古自治區奈曼旗境工程廟泡子（一名烏蘭浪泡），一説在今吉林省乾安縣、農安縣之間。

[13]霧凇河：今遼寧省開原市境内的馬鬃河。

[14]婆速路兵馬都總管：諸總管府長官，掌統諸城隍兵馬甲仗，總判府事。正三品。婆速路治所在今遼寧省丹東市九連城。

移剌成本名落兀，其先遼横帳人也。[1]沈勇有謀，通契丹、漢字。天會間，[2]隸撻懶下爲行軍猛安，[3]與宋人戰于楚、泗之間，[4]成以所部先登，大破宋軍，功最諸將。劉麟約會天長軍議進止。[5]成與夾古查合你俱爲撻懶前鋒，[6]得宋生口爲鄉導，遂達天長，睿宗嘉之。後從宗弼將兵廢齊國。及再伐宋，攻濠州，[7]每戰輒先登，多所摧破。宗弼再取河南，成及蕭懷忠等八猛安先渡。[8]河南平，第功授宣武將軍，[9]除威州刺史。[10]用廉，擢同知延安尹，[11]再遷昭義軍節度使。[12]

[1]横帳：遼宗室宫帳名。遼太祖祖父勻德實生四子，長子麻魯早卒，次子岩木後裔爲孟父房，三子釋魯後裔爲仲父房，四子德祖撒剌後裔爲季父房。合稱三父房。三房族屬宫帳稱横帳，爲遼皇族顯貴。

[2]天會：金太宗年號（1123—1135），金熙宗初年沿用不改（1135—1137）。

[3]撻懶：女真人。即完顔昌。本書卷七七有傳。

[4]楚：州名。治所在今江蘇省淮安市。　泗：州名。治所在今安徽省泗縣。

[5]劉麟：字元瑞，劉豫之子。本書卷七七有附傳。　天長軍：

唐割江都、六合、高郵三縣地置千秋縣，改爲天長。宋升爲軍，尋復爲縣。治所在今安徽省天長市。

[6]夾古查合你：女真人。本書僅見於本卷。

[7]濠：州名。治所在今安徽省鳳陽縣臨淮關西。

[8]蕭懷忠：奚人。本名好胡。本書卷九一有傳。

[9]宣武將軍：武散官。爲從五品下階。

[10]威州刺史：刺史州長官。正五品。威州治所在今河北省井陘縣東北威州。

[11]同知延安尹：府官名。從四品。延安即延安府，治所在今陝西省延安市。

[12]昭義軍節度使：節度州長官。從三品。昭義軍設在潞州，治所在今山西省長治市。

正隆南伐，爲武毅軍都總管。[1]撒八反，[2]海陵以事誅契丹名將，成以本軍守磁，[3]即遣妻子還汴。[4]海陵用是不疑，時人高其有識。改神武軍都總管，[5]與孛术魯定方爲浙東道先鋒，[6]使由淮陰進兵。[7]以所部護粮赴揚州，[8]敵兵乘夜來攻，成整兵奮擊，斬刈甚衆。會海陵庶人死，軍還，復鎮昭義。

[1]武毅軍都總管：海陵南征，集天下兵分隸三十二路都總管，武毅軍爲其中之一。隸屬於左、右領軍都督府，負責指揮本部隊對宋作戰。南征失敗後取消，故本書《百官志》不載。

[2]撒八：契丹人。金代契丹人大起義的主要領導者之一。事附本書卷一三三《移剌窩斡傳》中。

[3]磁：州名。治所在今河北省磁縣。

[4]汴：即北宋舊都汴梁，金初稱汴京，金貞元元年（1153）更爲南京。

[5]神武軍都總管：海陵南征時所設三十二路都總管之一，南征失敗後取消，故本書《百官志》不載。本書卷四四《兵志》與卷一二九《李通傳》皆無神武軍之名，疑此處有誤。

[6]孛术魯定方：女真人。孛术魯或作兀术魯、不术魯，本名阿海。本書卷八六有傳。　浙東道：官署名。此即指浙東道統制府。爲海陵南征時所設的臨時性軍事機構，爲三道統制府之一，主要負責統領水軍對宋作戰。長官爲浙東道水軍都統制。南征失敗後取消，故本書《百官志》不載。

[7]淮陰：縣名。治所在今江蘇省淮陰市。

[8]揚州：宋州名。治所在今江蘇省揚州市。

大定二年，以廉在優等，改河中尹。[1]再除臨洮尹，招降喬家等族首領結什角。[2]遷南京留守，召拜樞密副使，封任國公。[3]改北京留守。[4]卒。訃聞，上悼惜之，授其子順思阿不武功將軍，[5]世襲咸平路鈔赤隣猛安下查不魯謀克。[6]

[1]河中尹：府長官。正三品。河中即河中府，治所在今山西省運城市蒲州鎮。

[2]結什角：本書卷九一有傳。

[3]任國公：封爵名。大定格，爲小國封號第二十四。

[4]北京留守：北京留守司長官，例兼本府府尹、本路兵馬都總管。正三品。北京路治所在今内蒙古自治區寧城縣大明城。

[5]武功將軍：武散官名。本書見於卷八一、八二、八七、九一、一二〇，皆用於封贈功臣之子。中華點校本疑“武功”爲“武略”。武略即武略將軍，武散官，爲從六品下階。然據李鳴飛研究，金朝前期武散官確有“武功將軍”，正六品（李鳴飛《金元散官制度研究》，蘭州大學出版社2014年版，第27、29頁）。

[6]咸平路：遼爲咸州，金初爲咸平路，治所在今遼寧省開原市老城。　查不魯謀克：一説可能就在遼、金韓州附近的九百里奚營。

結什角者，西番既衰，其苗裔曰堇氈，[1]其子曰巴氈角。[2]始附宋，賜姓趙，改名順忠。順忠子永吉，[3]永吉子世昌，[4]皆受宋官，爲左武大夫，[5]遥領萊州防禦使，[6]襲把羊族長。[7]朝廷定陝西，世昌换忠翊校尉。[8]既而鬼蘆族長京臧殺世昌，[9]朝廷遣兵執京臧，斬之臨洮市，以世昌子鐵哥爲把羊族都管。[10]大定四年，宋人破洮州，[11]鐵哥弟結什角與其母走入喬家族避之。喬家族首領播逋與鄰族木波隴逋、厖拜、丙離四族耆老大僧等，[12]立結什角爲木波四族長，號曰“王子”。其地北接洮州、積石軍。[13]其南隴逋族，南限大山，八百餘里不通人行。東南與疊州羌接。[14]其西丙離族，西與盧甘羌接。[15]其北厖拜族，與西夏容魯族接。[16]地高寒，無絲枲五穀，惟産青稞，與野菜合酥酪食之。其疆境共八千里，合四萬餘户。其居隨水草畜牧，遷徙不常。結什角念朝廷爲其父報讎，欲棄四族歸朝，四族不許。成至臨洮，使人招結什角，迺率四族來附，進馬百匹，仍請每年貢馬。詔曰：“遠人慕義，朕甚嘉之。其遣能吏往撫其衆，厚其賞賜。”

[1]堇氈：《宋史》卷四九二《吐蕃傳》作“董氈”，南北監本與殿本亦皆作“董氈”，局本改譯爲“棟戩”。本書僅見於本卷。

[2]巴氈角：人名。本書僅見於本卷。

［3］永吉：人名。本書僅見於本卷。

［4］世昌：人名。本書僅見於本卷。

［5］左武大夫：宋武散官名。

［6］萊州防禦使：宋官名。宋承唐制設防禦使，但無職掌，不駐本州，僅爲武臣寄禄之官，地位高於團練使而低於觀察使。

［7］把羊族：吐蕃部族名。

［8］世昌換忠翊校尉：按《西夏書事》卷三七，“金人定陝西，授世昌忠翊校尉”，疑此處“换”應作“授”。忠翊校尉，爲武散官，正八品下階。

［9］鬼蘆族：吐蕃部族名。　京臧：人名。本書僅見於本卷。

［10］鐵哥：本書僅見於本卷。　把羊族都管：爲把羊族之長，負責處理本族内部事務。

［11］洮州：治所在今甘肅省臨潭縣。

［12］喬家族：吐蕃部族名。　播逋：人名。本書僅見於本卷。木波：吐蕃部族名。原屬北宋，北宋滅亡後降金。至此擁結什角爲主，號王子，依附於金。有地八千里，民户四萬餘。　隴逋庬拜丙離：皆吐蕃部族名。屬木波支屬。

［13］積石軍：軍鎮名。治所在今青海省循化撒拉族自治縣。

［14］疊州羌：羌人部族名。

［15］盧甘羌：羌人部族名。

［16］容魯族：吐蕃部族名。

初，天會中，詔以舊積石地與夏人，夏人謂之祈安城。[1]有莊浪四族，一曰吹折門，二曰密臧門，三曰隴逋門，四曰庬拜門，雖屬夏國，叛服不常。大定六年，夏人破滅吹折、密臧二門，其隴逋、庬拜二門與喬家族相鄰，遂歸結什角。夏國遣使來告莊浪族違命作亂，欲興兵剪除。朝廷不知隴逋、庬拜二門舊屬夏國，報以將檢會其地舊所隸屬，毋擅出兵。

[1]祈安城：城名。當在今青海省貴德縣境。

結什角之母居于莊浪族中。大定九年，結什角往省其母，夏人伺知之，遂出兵圍結什角，招之使降。結什角不從，率所部力戰，潰圍出，夏人斫斷其臂，虜其母去，部兵亦多亡者。結什角尋亦死，遺言請命朝廷，復立喬家族首領。陝西奏："聞知夏國王李仁孝與其臣任得敬中分其國，[1]發兵四萬，役夫三萬，築祈安城，殺喬家等族首領結什角。屢獲宋諜人，言宋欲結夏國謀犯邊境。"詔遣大理卿李昌圖、左司員外郎粘割斡特剌往按之，[2]且止夏人毋築祈安城，及處置喬家等族別立首領。夏國報云："祈安本積石舊城，久廢，邊臣請設戍兵鎮撫莊浪族，所以備盜，非有他也。結什角以兵入境，以是殺之，不知爲喬家族首領也。"李昌圖等按視，殺結什角之地本在夏境，築祈安城已畢工，皆罷歸，不得宋、夏交通之狀，迺於熙秦迫近宋、夏衝要量添戍兵。及問喬家等族民户，願以結什角姪趙師古爲首領，[3]於是詔以趙師古爲木波喬家、丙離、隴逋、厖拜四族都鈐轄，[4]加宣武將軍。[5]

[1]李仁孝：即西夏仁宗。爲西夏崇宗長子，十六歲即位，改元大慶，依附於金。其在位的五十五年，是西夏社會經濟、文化的繁榮時期。　任得敬：原爲宋西安州通判。西夏崇宗李乾順破西安州時降夏，獻女爲妃，爲静州防禦使。女立爲后，又升静州都統

軍。西夏仁宗立，領兵鎮壓夏州統軍契丹人蕭合達之叛，又鎮壓哆訛起義，授翔慶軍都統軍，封西平公。西夏天盛元年（1149），夏仁宗召爲尚書令，次年又進中書令，八年升爲國相，十二年進封爲楚王。出入儀從幾同於皇帝。役民夫十萬築靈州城，以翔慶軍監軍司所爲宫殿，自據靈、夏，欲處夏仁宗於瓜、沙，謀裂國自立，被殺。

[2]大理卿：大理寺長官。掌審斷天下奏案，詳核疑獄。正四品。　李昌圖：曾爲右司郎中使宋。本書見於卷六、六一、九一、九五、一三二。“圖”，原作“國”，從中華點校本改。　左司員外郎：尚書省左司屬官。協助左司郎中掌本司奏事，總察吏、户、禮三部受事付事，兼帶修起居注。正六品。　粘割斡特剌：女真人。一作粘哥斡特剌。本書卷九五有傳。

[3]趙師古：人名。本書見於卷九一、九五。

[4]四族都鈐轄：木波四族之長。負責處理木波族内部事務。

[5]宣武將軍：武散官。爲從五品下階。

石抹卞本名阿魯古列。五代祖王五，[1]遼駙馬都尉。[2]父五斤爲群牧使，[3]從睿宗秋山，卞年十三，已能射，連獲二鹿，睿宗奇之，賜以良馬及金吐鶻。

[1]王五：人名。本書僅此一見。

[2]駙馬都尉：遼官名。

[3]五斤：人名。本書僅此一見。　群牧使：群牧所之長。負責檢校群牧畜養蕃息之事。從四品。

天會末，宗弼爲右監軍，召卞隸帳下。丁父憂，是時宗磐爲太師，[1]撻懶爲左副元帥，[2]人爭附之，使人召卞，卞不往。宗磐、撻懶皆以罪誅，人多其有識。宗弼復取河南，與宋人戰於潁州，[3]漢軍少却，卞身被七創，率勇士十餘騎奮擊，敗之。及宋稱臣，宗弼選嘗有勞者與俱入朝，授卞忠勇校尉。[4]遷宣武將軍，除河間少尹。[5]察廉，升遂州刺史，[6]改壽州，[7]再改唐州。[8]丁母憂去官，起復唐州刺史。

[1]宗磐：女真人。本名蒲魯虎，金太宗子。本書卷七六有傳。太師：三公之一。正一品。

[2]左副元帥：元帥府屬官。金於天會三年（1125）設元帥府，掌征討之事，設左副元帥一名，位在都元帥之下。正二品。

[3]潁州：治所在今安徽省阜陽市。

[4]忠勇校尉：武散官。爲正八品上階。

[5]河間少尹：府官名。爲府尹佐貳，協助府尹處理本府政務。正五品。河間即河間府，治所在今河北省河間市。

[6]遂州刺史：刺史州長官。正五品。遂州治所在今河北省徐水縣西北遂城，泰和四年（1204）復置。

[7]壽州：此指壽州刺史，爲刺史州長官。正五品。壽州治所在今安徽省鳳臺縣。

[8]唐州：此指唐州刺史，爲刺史州長官。正五品。唐州治所在今河南省唐河縣。

海陵伐宋，卞爲武毅軍都總管，由別道進兵。遇宋伏兵數百人，以三十騎擊敗之，遂下信陽軍及羅山縣。[1]至獎州，[2]宋守將棄城遁，因取其城。頃之，軍士皆欲逃歸，闌子山猛安結漢軍三猛安謀克劫卞還，[3]舍於獎水之曲。[4]卞迺陰約漢軍將吏乘夜掩殺闌子山猛安，復將其軍。

[1]信陽軍：宋軍鎮名。治所在今河南省信陽市。　羅山縣：治所在今河南省羅山縣。

[2]獎州：宋州名。宋紹興二十八年（1158）改光州置。治所在今河南省潢川縣。“獎”，中華點校本改作“蔣”。

[3]闌子山猛安：猛安名。此猛安的居住地可能在松山縣附近。松山縣爲金縣名，治所在今内蒙古自治區赤峰市西境距城關區四十五里大營子東二十公里古城。

[4]獎：按，宋改光州爲蔣州，水當指蔣州附近的黄水，或疑當作“蔣水”。

大定二年，除鄭州防禦使，[1]以本官領行軍萬户伐宋。遷武勝軍節度使。[2]宋人請和，明年，有水牛數百頭自淮南走入州境，[3]僚佐欲收之充官用，卞不聽，復驅過淮還之。[4]遷河南尹，[5]轉西南路招討使，[6]改大名尹。[7]大名多盜而城郭不完，卞請修大名城。奏可。城完葺，盜賊不得發。徙臨洮尹，卒官，年六十三。

[1]鄭州防禦使：防禦州長官。從四品。鄭州治所在今河南省鄭州市。

[2]武勝軍節度使：節度州長官。從三品。武勝軍設在鄧州，治所在今河南省鄧州市。

[3]淮南：宋路名。分淮南東路與淮南西路。按，金之武勝軍設在南京路的鄧州，鄧州與南宋的京西南路接，而與淮南東、西路都不接境。此淮南當是泛指淮水以南。

[4]淮：淮河。

[5]河南尹：府長官。正三品。河南即河南府，治所在今河南省洛陽市。

［6］西南路招討使：西南路招討司長官。正三品。

［7］大名尹：府長官。大名即大名府，治所在今河北省大名縣東。

楊仲武字德威，保安人。[1]父遇，[2]以勇聞關西，[3]爲宥州團練使。[4]宋末，仲武謁經略使王庶求自効，[5]遂用爲先鋒。婁室入關，[6]仲武與鄜延路兵馬都監鄭建充俱降，[7]爲安塞堡[8]環慶路兵馬都監。[9]皇統初，復陝西，[10]將兵戍鳳翔，[11]屢却宋軍。除知寧州。[12]關中薦饑，境内盗賊縱横，仲武悉平之。改坊州刺史，[13]復知寧州，遷同知臨洮尹，[14]改同知河中府。[15]

［1］保安：州名。治所在今陝西省志丹縣。大定十一年（1171）降爲保安縣，二十二年升爲保安州。

［2］遇：楊遇。本書僅此一見。

［3］關西：古地區名。一般指函谷關以西。

［4］宥州團練使：宋官名。宋承唐制設諸州團練使，無職掌，無定員，不駐本州，僅爲武臣寄禄之官，高於刺史低於防禦使。宥州治所在今内蒙古自治區鄂托克旗東南城川古城。

［5］經略使：宋官名。宋咸平五年（1002），始以張齊賢爲經略使，節度環慶、涇原路及永興軍屯駐兵馬。後經略使漸成爲陝西、河東、廣南等路長官，總一路兵民之政，往往以經略安撫使爲名，由各路帥府之知州、知府兼任，並兼馬步軍都總管。　王庶：人名。本書僅此一見。

［6］婁室：女真人。本名斡里衍。本書卷七二有傳。

［7］鄜延路兵馬都監：宋官名。本書卷八二《鄭建充傳》謂“知延安府事”，則此官當爲知延安府事的兼官。鄜延路治所在今陝

西省延安市。　鄭建充：本書卷八二有傳。

［8］安塞堡：北宋屬通遠縣。在今甘肅省環縣東。中華點校本疑“安塞堡”下有脱文。

［9］環慶路兵馬都監：環慶路都總管府屬官。協助都總管統諸城隍兵馬甲仗。環慶路治所在今甘肅省慶陽縣。

［10］陝西：指陝西六路，鄜延路、環慶路、熙河路、秦鳳路、麟府路、涇原路。

［11］鳳翔：府名。治所在今陝西省鳳翔縣。

［12］知寧州：州官名。帶京朝官銜或試銜者主持州事時稱知州事，簡稱知州。

［13］坊州刺史：刺史州長官。正五品。坊州治所在今陝西省黄陵縣。

［14］同知臨洮尹：府官名。爲府尹佐貳。從四品。臨洮即臨洮府，治所在今甘肅省臨洮縣。

［15］同知河中府：府官名。即同知河中尹。從四品。河中即河中府，治所在今山西省永濟市西南蒲州鎮。

海陵營繕南京，[1]典浮橋工役。臨洮地接西羌，與木波雜居，邊將貪暴，木波苦之，遂相率爲寇掠。仲武前治臨洮，迺從數騎入其營，諭之曰：“此皆將校侵漁汝等，以至此爾。今懲治此輩，不復擾害汝也。”并以禍福曉之，羌人喜悦，寇掠遂息。至是，木波復掠熙河，[2]熙河主帥使人諭之，不肯去，曰：“楊總管來，我迺解去。”熙河具奏，詔復遣仲武。當是時，木波謂仲武不能復來，及仲武至，與其酋帥相見，責以負約。對曰：“邊將苦我，今之來，求訴於上官耳。今幸見公，願終身不復犯塞。”迺舉酒酹天，折箭爲誓。仲武因以卮酒飲之曰："當更爲汝請，若復背約，必用兵矣。"羌人羅拜而去。

[1]南京：京路名。治所在今河南省開封市。

[2]熙河：宋路名。北宋熙寧五年（1072）置，金初沿之。治所在今甘肅省臨洮縣。

及伐宋，以仲武爲威定軍都總管，[1]駐兵歸德。[2]大定三年，除武勝軍節度使，改陝西西路轉運使，[3]卒。

[1]威定軍都總管：海陵南征，集天下兵分隸三十二路都總管，武定軍爲其中之一。隸屬於左、右領軍都督府，負責指揮本軍對宋作戰。南征失敗後取消，故本書《百官志》不載。

[2]歸德：府名。治所在今河南省商丘市南。

[3]陝西西路轉運使：陝西西路轉運司長官。負責管理税賦錢穀、倉庫出納、度量之制。正三品。陝西西路轉運司治所在今甘肅省慶陽縣。

蒲察世傑本名阿撒，曷速館斡篤河人，[1]徙遼陽。[2]初在梁王宗弼軍中。[3]爲人多力，每與武士角力賭羊，輒勝之。能以拳擊四歲牛，折脅死之。有粮車陷淖中，七牛挽不能出，世傑手挽出之。宗敏爲東京留守，[4]召置左右。海陵簒立，即以爲護衛。

[1]斡篤河：河名。不詳。

[2]遼陽：府名。治所在今遼寧省遼陽市。

[3]梁王：封爵名。天眷格，《大金集禮》爲大國封號第三，

本書《百官志》爲第二。

[4]宗敏：女真人。本名阿魯補。本書卷六九有傳。　東京留守：東京留守司長官，例兼本府府尹、本路兵馬都總管。正三品。東京路治所在今遼寧省遼陽市。

海陵謂世傑曰："汝勇力絶倫，今我兄弟有異志者，期以十日除之，則有非常之賞，仍盡以各人家産賜汝。"世傑受詔而不肯爲。已過十日，海陵怒，面責之。世傑曰："臣自誓不以非道害物，雖死不敢奉詔。"海陵愛其勇，不之罪也。

正隆四年，調諸路兵伐宋，年二十以上、五十以下皆籍之。他使者唯恐不如詔書，得數多，世傑往曷懶路得數少。海陵怪問之，對曰："曷懶地接高麗，[1]今若多籍其丁，即有緩急，何以爲備？"海陵喜曰："他人用心不能及也。"除同知安國軍節度使事，[2]賜銀二百五十兩、絹綵六百匹、馬二匹。

[1]高麗：指王建建立的王氏高麗（918—1392）。

[2]同知安國軍節度使事：州官名。節度州屬官。負責協助節度使處理本州政務。正五品。安國軍設在邢州，治所在今河北省邢臺市。

是時徵發不已，民不堪命，犯法者衆，邢久無長吏，[1]獄囚積四百餘人。世傑到官月餘，决遣略盡。入爲宿直將軍，[2]以事往胡里改路，[3]還奏："契丹部族大抵皆叛，百姓驚擾不安。今舉國南伐，賊若乘虚入據東土根本之地，雖得江、淮，無益也。宜先討平契丹，南伐未晚。”海陵不悦曰：“詔令已出矣。今以三萬兵選將屯中都以北，[4]足以鎮壓。”世傑又曰：“若東土大族附於賊，恐三萬衆未易當也。”海陵不聽。

[1]邢：州名。治所在今河北省邢臺市。

[2]宿直將軍：殿前都點檢司屬官。掌總領親軍，宫城衛禁及行從宿衛之事。定員八人，從五品。

[3]胡里改路：屬上京路。治所在今黑龍江省依蘭縣喇嘛廟。

[4]中都：京城名。遼開泰元年（1012）建號燕京，金初因之。貞元元年（1153）海陵遷都至此，改名爲中都。治所在今北京市。

及發汴京，授鄭州防禦使，領武捷軍副總管。[1]大軍渡淮，世傑以軍三千護粮餫東下，敗宋兵數千人，奪其戰船甚衆。至和州境，[2]擊宋兵五萬人走之。明日，使其子兀迭領二百八十騎爲應兵，[3]自領八百騎前戰，連射六十餘人皆應弦而斃，宋兵遂奔潰。海陵欲觀水戰，使世傑領水軍百人試之。宋人舟大而多，世傑舟小，迺急進，至中流取勝而還。

[1]武捷軍副總管：海陵南征，集天下兵爲三十二路，每路設都總管、副總管。武捷軍爲其中之一，副總管爲都總管之佐，負責協助都總管指揮本部人馬對宋作戰。南征失敗後取消，故本書《百官志》不載。

[2]和州：治所在今安徽省和縣。

[3]兀迭：人名。本書僅此一見。

大定初，世傑復取陝州，[1]敗宋兵石壕鎮，[2]復敗宋援兵三千人，遂圍陝州。宋兵二千自潼關來，[3]世傑以兵二百四十迎擊之，射殺十餘人，宋兵敗走。復敗之於土壕山，[4]生擒一將。復以兵三百至斗門城，[5]遇宋兵萬餘，宋將三人挺槍來刺世傑，世傑以刀斷其槍，宋兵迺退。復以四謀克軍敗宋兵於土華，[6]復圍陝州。世傑嘗擐甲佩刀，腰箭百隻，持槍躍馬，往來軍中。敵人見而異之，曰："真神將也。"親率選卒二百餘人穴地以入，城遂拔。再破宋軍三萬人，復虢州。[7]

[1]陝州：治所在今河南省陝縣。
[2]石壕鎮：在今河南省三門峽市東。
[3]潼關：在今陝西省潼關縣東北黄河南岸。
[4]土壕山：在今河南省三門峽市與澠池縣之間。
[5]斗門城：在今河南省濮陽縣境内。
[6]土華：地名。當在今河南省三門峽市附近。
[7]虢州：治所在今河南省靈寶市。

未幾，爲衛州防禦使，改河南路統軍都監。[1]召赴闕，上慰勞良久，除西北路副統，[2]賜廄馬、弓矢、佩刀。從僕散忠義討契丹。[3]賊平，改華州防禦使，與徒單合喜經略隴右。[4]合喜復德順，[5]至東山堡，[6]宋兵捍絶樵路，世傑擊走之，追至城下。城中出兵約二萬餘，敗之，殺傷甚衆。宋經略使荆皋棄德順走，[7]世傑與左都監璋追破其軍。[8]改亳州防禦使，[9]四遷通遠軍節度使。[10]宋人輒入鞏州境糴米麵，[11]有司執之，世傑署案作歸附人，縱遣之。譯吏蔡松壽誣府主謀叛，[12]坐斬。十八年，起爲弘州刺史。[13]母憂去職。累遷亳州防禦使，卒。

[1]河南路統軍都監：河南路統軍司屬官。協助統軍使督領軍馬，鎮攝封陲，分營衛，視察奸。河南路統軍司設在南京。

[2]西北路副統：金於正隆末、大定初爲對契丹與南宋用兵，曾在各地設立了一些都統府，統一指揮各路部隊對敵作戰。此時西北路應當也設立了都統府，此官職爲西北路都統的副手。另據本書卷六九可知，當時的西北路都統爲宗亨。本書卷五《海陵紀》："以樞密副使白彦恭爲北面兵馬都統，開封尹紇石烈志寧副之，中都留守完顔彀英爲西北面兵馬都統，西北路招討使唐括孛古的副之，以討契丹。"本書卷八七《紇石烈志寧傳》："志寧爲北面副統，與都統白彦敬，以北京、臨潢、泰州三路軍討之。"可見正隆末討契丹分北路與西北路兩路大軍，各有統帥。西北路招討使的部隊從屬於西北路軍。此時唐括孛古的官爲西北路招討使，可見西北路尚未設立都統府。據本書卷六《世宗紀上》，大定元年（1161）十月"中都留守、西北面行營都統完顔彀英將兵三萬駐歸化，以爲左副元帥"，十二月"左副元帥完顔彀英來朝"，"詔左副元帥完顔彀英規措南邊及陝西等路事"。實際上是金世宗將原西北路軍的最高統帥調離，取消西北路軍的獨立性，將討契丹的兩路大軍統一指揮。西北路都統府之設當在此後，即大定元年末至大定二年初。另，此官本書僅此處一見，西北路都統也僅見一宗亨，可見西北路都統府存在時間相當之短，所歷官員僅一任。本書卷六《世宗紀上》提到大定五年罷山東都統府，因此時對南宋的戰事已近結束，由此推測，西北路都統府應是在契丹起義失敗後即撤銷，以恢復原有機構西北路招討司使。本書卷六《世宗紀上》，大定二年九月"元帥右都監

完顏思敬獲契丹窩斡，餘衆悉平”。則西北路都統府當罷於此後，即大定二年末，前後共存在了近一年。此官因僅存在一年，故《百官志》不載。據本書卷一三三《窩斡傳》，“吏部郎中完顏達吉爲副統”，則此官應是正或從五品。

[3]僕散忠義：女真人。本名烏者。本書卷八七有傳。

[4]徒單合喜：女真人。本書卷八七有傳。

[5]德順：州名。治所在今甘肅省静寧縣。

[6]東山堡：當在今寧夏回族自治區隆德縣附近。

[7]荆臯：人名。本書見於卷六五、八七、九一。

[8]左都監：元帥府屬官。金於天會三年（1125）設元帥府掌征討之事，設元帥左都監一員，位在都元帥、左右副元帥、元帥左右監軍之下。從三品。　璋：女真人。完顏氏，本名胡麻愈。本書卷六五有傳。

[9]亳州防禦使：防禦州長官。從四品。亳州治所在今安徽省亳州市。

[10]通遠軍節度使：節度州長官。從三品。通遠軍設在鞏州，治所在今甘肅省隴西縣。

[11]鞏州：治所在今甘肅省隴西縣。　糴：施國祁《金史詳校》卷八認爲當作“糴”。

[12]譯吏：節度使屬官。一作譯人。其他不詳。　蔡松壽：本書僅此一見。

[13]弘州刺史：刺史州長官。從四品。弘州治所在今河北省陽原縣。

世傑少貧，然疏財尚氣，每臨陣，敵衆既敗，必戒士卒毋縱殺掠。平居非忠孝不言，親賢樂善，甚獲當世之譽云。

蕭懷忠本名好胡，[1]奚人也。爲西北路招討使。[2]蕭裕等謀立遼後，[3]使蕭招折往西北路結懷忠，[4]并結節度使耶律朗爲助。[5]懷忠與朗有隙，遂執招折并執朗，遣使上變。裕等既誅，懷忠爲樞密副使，賜今名。復爲西北路招討使，西京留守，[6]封王。改南京留守。

[1]蕭懷忠：本書卷八六《尼厖古鈔兀傳》作石抹懷忠。

[2]西北路招討使：西北路招討司長官。正三品。

[3]蕭裕：契丹人。本名遥折。本書卷一二九有傳。

[4]蕭招折：曾爲御史中丞，以罪免。見於卷五、九一、一二九。

[5]耶律朗：契丹人。亦見於本書卷一二九。

[6]西京留守：西京留守司長官，例兼本府府尹、本路兵馬都總管。正三品。西京大同府治所在今山西省大同市。

契丹撒八反，復以懷忠爲西京留守、西南面兵馬都統，[1]與樞密使僕散思恭、北京留守蕭賾、右衛將軍蕭禿剌、護衛十人長斡盧保往討之。[2]蕭禿剌戰無功，大軍追撒八不及。而海陵意謂懷忠與蕭裕皆契丹人，本同謀，逾年迺執招折上變，而撒八亦契丹部族，恐其合，以師恭與太后密語，而禿剌無功，懷忠、賾、師恭逸賊，既殺師恭，族滅其家，使使即軍中殺賾、懷忠，皆族之。斡盧保、禿剌初爲罪首，[3]但誅之而已。

[1]西南面兵馬都統：本書中僅此一見，《百官志》未載。據上文來看，蕭懷忠爲西北路招討使多年，必熟知這一地區的風土人情、軍隊、地理。海陵雖因其上變升其爲樞密副使、封王，但是對

他並不放心，所以纔將他調去南京任留守。契丹人叛亂以後，纔不得不將熟悉這一地區的蕭懷忠調回，以便他指揮部隊作戰。蕭懷忠調離前官爲西京留守、西北路招討使，調回任西京留守、西南面兵馬都統，則此官當與西北路招討使相近似。不將蕭懷忠調回他所熟悉的西北路招討司軍中，以免他擁兵自重，這也是海陵對蕭懷忠不放心的表現之一。而這種不放心最終發展爲對蕭懷忠的滅族。

[2]樞密使：樞密院長官。掌武備機密之事。從一品。　僕散思恭：女真人。一作僕散師恭，本名忽土。本書卷一三二有傳。　蕭賾：海陵時由吏部尚書、參知政事官至尚書右丞。　右衛將軍：即殿前右衛將軍。掌宮禁及行從宿衛警嚴，統領護衛。　蕭禿剌：見於本書卷五、九一、一三二。　護衛十人長：爲護衛低級首領。　斡盧保：見於本書卷五、九一、一三二。

[3]斡盧保："盧"，原作"魯"，從中華點校本改。　初爲罪首："爲"，中華點校本疑當作"非"。

大定三年，追復賾、懷忠、禿剌、斡盧保官爵。賾弟安州刺史頤求襲賾之謀克，[1]上不許謀克，而以賾家産付之。

[1]安州刺史：刺史州長官。正五品。安州治所在今河北省安新縣舊安州。　頤：人名。本書僅此一見。

移剌按荅，遼横帳人也。父留斡，[1]與耶律余覩俱來降。[2]西京下，復叛，留斡遇害。按荅以死事之子，授左奉宸。熙宗初，[3]充護衛，除安州刺史，累官東京副留守。[4]參知政事完顔守道經略北方，[5]攝咸平路屯軍都統。[6]入爲兵部侍郎，[7]徙西北、西南兩路舊設堡戍迫近内地者于極邊安置,[8]仍與泰州、臨潢邊堡相接。除武定軍節度使,[9]以招徠邊部功遷東北路招討使,[10]改臨潢尹，卒。

按荅騎射絶倫，善相馬，嘗論及善射者，世宗曰：“能如卿乎?”閲馬于市，見良馬，雖羸瘦，輒與善價取之，他日果良馬也。

[1]留斡：本書僅本卷中兩見。

[2]耶律余覩：契丹人。本書卷一三三有傳。

[3]熙宗：廟號。即完顔合剌，漢名亶。1135年至1149年在位。

[4]東京副留守：東京留守司屬官，例兼本府少尹、本路兵馬副都總管。從四品。

[5]參知政事：執政官。爲宰相之貳，佐治省事。正二品。始設於天眷元年（1138）。　完顔守道：女真人。完顔希尹之孫，本名習尼列。本書卷八八有傳。

[6]咸平路屯軍都統：咸平路屯駐部隊的指揮官。

[7]兵部侍郎：尚書兵部屬官。協助兵部尚書掌兵籍、軍器、城隍、鎮戍、廄牧、鋪驛、車輅、儀仗、郡邑圖志、險阻、障塞、遠方歸化等事。正四品。

[8]西北西南兩路：官署名。指西北、西南兩路招討司，掌招懷降附，征討携離。長官爲招討使，正三品。西北路招討司最初設在撫州，後遷至桓州。撫州治所在今河北省張北縣，一説在今内蒙古自治區興和縣境内。桓州治所在今内蒙古自治區正藍旗南黑城子，後北遷三十里建新桓州城，在今内蒙古自治區正藍旗北四郎城。西南路招討司大定八年（1168）以前設在豐州，治所在今内蒙古自治區呼和浩特市東南白塔村，大定八年後設在應州，治所在今山西省應縣。

[9]武定軍節度使：節度州長官。從三品。武定軍設在奉聖州，治所在今河北省涿鹿縣。

[10]東北路招討使：東北路招討司長官。正三品。

孛术魯阿魯罕，隆州琶离葛山人。[1]年八歲，選習契丹字，再選習女直字。既壯，爲黄龍府路萬户令史。[2]貞元二年，[3]試外路胥吏三百人補隨朝，阿魯罕在第一，補宗正府令史。[4]累擢尚書省令史。[5]

[1]隆州：治所在今吉林省農安縣。　琶离葛山：張博泉認爲與本書卷八二《顔盞門都傳》中的帕里幹山、卷七二《婁室傳》中的婆剌赶山皆指同一山。日本學者三上次男謂帕里幹山是今吉林省農安東邊的一座山，確切的地點不詳。據《婁室傳》，山在移𤏡益海路與益改、捺末懶之間。移𤏡即輝發河支流一統河；捺末懶，即《遼東行部志》之南謀懶，在太平嶺。則帕里幹山當在隆州的南部，“三上次男謂在今農安東部誤。以今圖度之，可能是黑山山脉”(張博泉《金史論稿》第一卷)。

[2]黄龍府路萬户令史：黄龍府屬吏。負責本府文書案牘之事。黄龍府治所在今吉林省農安縣。

[3]貞元：金海陵王年號（1153—1156)。

[4]宗正府令史：大宗正府辦事員。負責文書案牘之事。無品級。

[5]尚書省令史：尚書省左、右司辦事員。負責文書案牘之事，定員七十人，女真、漢人各半。無品級。

僕散忠義討窩斡，辟置幕府，掌邊關文字，甚見信任。窩斡既平，阿魯罕招集散亡，復業者數萬人。復從忠義伐宋，屢入奏事，論列可否。上謂宰相曰：[1]“阿魯罕所言，可行者即行之。”宋人請和，忠義使阿魯罕往。和議定，阿魯罕入奏，賜銀百兩、重綵十端。

[1]宰相：金於尚書省設尚書令一員、左右丞相各一員、平章政事二員，皆爲宰相。

忠義薦阿魯罕有才幹，可任尚書省都事，[1]詔以爲大理司直。[2]未幾，授尚書省都事，除同知順天軍節度事。[3]紇石烈志寧北巡，阿魯罕攝左右司郎中。[4]還朝，除刑部員外郎，[5]再遷侍御史。[6]上問紇石烈良弼曰：[7]“阿魯罕何如人也？”對曰：“有幹材，持心忠正，出言不阿順。”數日，遷勸農副使，[8]兼同修國史，[9]侍御史如故。改右司郎中。奏請徙河南戍軍屯營城中者於十里外，從之。遷吏部侍郎，[10]除山東統軍都監，[11]徙置河南八猛安。[12]遷武勝軍節度使。[13]入爲吏部尚書，[14]改西南路招討使。[15]

[1]尚書省都事：尚書省左右司屬官。定員各二人，正七品。

[2]大理司直：大理寺屬官。掌參議疑獄、披詳法狀。定員四人，正七品。

[3]同知順天軍節度事：爲節度使佐貳，例兼本州管內觀察使，協助節度使處理本州政務。正五品。順天軍設在保州。

[4]左右司郎中：尚書省屬官。左司郎中爲尚書省左司長官，右司郎中爲尚書省右司長官。皆正五品，掌本司奏事，兼帶修注官。左司負責總察吏、户、禮三部受事付事，右司負責總察兵、刑、工三部受事付事。

［5］刑部員外郎：尚書刑部屬官。協助刑部尚書掌律令、刑名、監户、官户、配隸、功賞、捕亡等事。從六品。

［6］侍御史：御史臺屬官。掌奏事、判臺事。從五品。

［7］紇石烈良弼：女真人。本名撒曷輦。本書卷八七有傳。

［8］勸農副使：勸農使司屬官。協助勸農使掌管勸課天下力田之事。正五品。

［9］同修國使：國史院屬官。位在監修國史、修國史之下，負責國史的編寫。

［10］吏部侍郎：尚書吏部屬官。協助吏部尚書掌文武選授、勳封、考課、出給制誥等政事。正四品。

［11］山東統軍都監：山東路統軍司屬官。山東路統軍司設在益都，治所在今山東省青州市。

［12］河南八猛安：據本書卷九二《曹望之傳》，海陵時，“詔買牛萬頭給按出虎八猛安徙居南京者”，則此八猛安當是海陵時自上京路按出虎河流域遷來此地的。據本書卷八九《移剌慥傳》，大定“十九年，以按出虎等八猛安，自河南徙置大名、東平之境”，則此八猛安於大定十九年（1179）又自河南遷至大名府路與山東西路。

［13］武勝軍：原脱“軍”字，從中華點校本補。

［14］吏部尚書：尚書吏部長官。正三品。

［15］西南路招討使：西南路招討司長官。正三品。

有司督本路猛安人户所貸官粟，阿魯罕乞俟豐年，從之。軍人有以甲葉貿易諸物，天德榷場及界外歲采銅礦，[1]或因私挾兵鐵與之市易，皆一切禁絶之。上番軍不許用親戚、奴婢及傭雇者，營塹損圮以時葺治，不與所部猛安謀克會宴，故兵民皆畏愛之。

[1]天德榷場：天德，軍名，設在豐州，治所在今内蒙古自治區呼和浩特市東。榷場爲金代對外貿易市場。金在與南宋、高麗、西夏、蒙古的沿邊重鎮設立榷場，進行對外貿易，並有着政治意義。

上謂太尉守道曰：[1]“阿魯罕及上京留守完顔烏里也皆起身胥吏，[2]阿魯罕爲人沈厚，其賢過之。”改陝西路統軍使兼京兆尹。[3]陝西軍籍有闕，[4]舊例用子弟補充，而材多不堪用，阿魯罕于阿里喜、旗鼓手内選補。[5]軍人以春牧馬，經夏不收飼，瘠弱多死，阿魯罕命以時收秣之，故死損者少。仍春秋督閲軍士騎射，以嚴武備。終南采漆者，節其期限，檢其出入，以防奸細。

[1]太尉：三公之一。正一品。

[2]上京留守：上京留守司長官，例兼本府府尹、本路兵馬都總管。正三品。　完顔烏里也：女真人。還曾爲同知大興府事、左司郎中。大定二十年（1180）爲賀宋生日副使。

[3]陝西路統軍使：陝西路統軍司長官。正三品。　京兆尹：府長官。正三品。京兆即京兆府，治所在今陝西省西安市。

[4]闕：同“缺”。

[5]阿里喜：又譯爲阿里熹。女真語，有“副”“次”之意。女真士卒的副從，多由正軍（即甲軍）的子弟擔任。正軍一人可携帶阿里喜一至二人，充任雜役，又稱“阿里喜隨色人”或“帖軍”。代替正軍頂盔貫甲時被稱爲“擐甲阿里喜”，有功者與正軍同受升賞。

上謂宰相曰："阿魯罕所至稱治，陝西政績尤著，用之雖遲，亦可得數年力也。"召爲參知政事，命條上天德、陝西行事，上稱善。以疾乞致仕，除北京留守，卒。

贊曰：《記》曰"君子聽磬聲，則思死封疆之臣"。《傳》曰"疆埸之事，慎守其一而備其不虞"。故守戍邊圉之臣不可以不論焉。

趙興祥，平州盧龍人。[1]六世祖思温，[2]遼燕京留守，[3]封天水郡王。[4]父瑾，[5]遼静江軍節度使。[6]興祥以父任閤門祇候，[7]謁告省親于白霫。會遼季土賊據郡作亂，興祥携母及弟妹奔燕京，[8]不能進，乃自柳城涉砂磧，[9]夜視星斗而行。僅達遼軍，而不知遼主所向，遂還柳城。及婁室獲遼主，興祥乃歸國，從宗望伐宋，[10]爲六宅使。[11]

[1]平州：治所在今河北省盧龍縣。　盧龍：縣名。治所在今河北省盧龍縣。

[2]思温：本書見於卷九一、一二七。《遼史》卷七六有傳。

[3]遼燕京留守：遼五京留守司長官，例兼本府府尹。

[4]天水郡王：遼封爵名。

[5]瑾：人名。本書僅此一見。

[6]静江軍節度使：遼官名。爲節度州長官。《遼史》之《地理志》《百官志》皆無静江軍。當爲遥領的虚銜。

[7]閤門祇候：金制，爲宣徽院下屬機構閤門屬官。《遼史·百官志》無，遼制不詳。

[8]燕京：遼京路名。治所在今北京市。

[9]柳城：地名。在今遼寧省朝陽縣。

[10]宗望：女真人。本名斡魯補，金太祖之子。本書卷七四有傳。

[11]六宅使：唐置十宅、六宅使。宋沿置，僅爲武臣遷轉之階。金初亦沿用。

天眷初，累官同知宣徽院事。[1]母憂去官。熙宗素聞興祥孝行，及英悼太子受册，[2]以本官起復，護視太子。轉右宣徽使。[3]天德初，改左宣徽使。[4]海陵嘗問興祥，欲使子弟爲官，當自言。興祥辭謝。海陵善之，賜以玉帶，詔曰："汝官雖未至一品，可佩此侍立。"爲濟南尹，[5]賜車馬、金幣、金銀器皿，改絳陽軍節度使，召爲太子少保，[6]封廣平郡王，[7]改封鉅鹿。[8]正隆初，例奪王爵，遷太子少傅，[9]封申國公，[10]起爲定武軍節度使。[11]海陵伐宋，興祥二子從軍。

[1]同知宣徽院事：宣徽院屬官。負責協助宣徽使掌管朝會、燕享、殿庭禮儀及監知御膳。正四品。

[2]英悼太子：女真人。指熙宗皇太子濟安。本書卷八〇有傳。

[3]右宣徽使：宣徽院長官。掌朝會燕享、殿庭禮儀及監知御膳。正三品。

[4]左宣徽使：宣徽院長官。掌朝會燕享、殿庭禮儀及監知御膳。正三品。

[5]濟南尹：府長官。正三品。濟南即濟南府，散府，屬山東東路，治所在今山東省濟南市。

[6]太子少保：東宫屬官。爲宫師府三少之一。正三品。

[7]廣平郡王：封爵名。爲封王郡號第二。

[8]鉅鹿：封爵名。

[9]太子少傅：東宫屬官。爲宫師府三少之一。正三品。

[10]申國公：封爵名。天眷格，爲小國封號第六。

[11]定武軍節度使：節度州長官。從三品。定武軍設在定州，治所在今河北省定州市。

世宗即位，海陵尚在淮南，[1]二子未得還。興祥來見於平州，世宗嘉其誠款，以爲祕書監，[2]復爲左宣徽使。上曰："尚食庖人猥多，[3]徒費廩禄。朕在藩邸時，家務皆委執事者，自即位以來，事皆留心。俸禄出於百姓，不可妄費，庖人可約量損減。"近臣獻琵琶，世宗却之，謂興祥曰："朕憂勞天下，未嘗以聲伎爲心，自今勿復有獻，宜悉諭朕意。"有司奏南北邊事未息，恐財用未給，乞罷修神龍殿涼位工役。[4]上即日使興祥傳詔罷之。久之，以其孫珣爲閤門祗候。

[1]淮南：宋路名。宋分淮南東路與淮南西路，此指淮南東路。

[2]祕書監：秘書監長官。從三品。

[3]尚食：即尚食局，宣徽院下屬機構。掌御膳。長官爲提點尚食局，正五品。下設尚食局提點、尚食局使、尚食局副使、尚食局直長、尚食局都監、生料庫都監、生料庫同監、收支庫都監、收支庫同監等官。

[4]神龍殿涼位：在中都大興府皇宫中。本書卷八八《完顔守道傳》："宫中十六位火，方事完葺，時已入夏，頗妨民力，守道諫而罷。"此有司當指完顔守道，但罷役的原因與此不同。

十五年，[1]上幸安州春水，[2]召興祥赴萬春節。[3]上謁于良鄉，[4]賜銀五百兩，感風眩，賜醫藥。未幾，卒官。

[1]十五年：中華點校本認爲此上當脱“大定”二字。

[2]安州：天會七年（1129）升順安軍置。治所在今河北省高陽縣東舊城。大定二十八年（1188）移至今河北省安新縣西南安州。泰和八年（1208）移至今河北省安新縣。　春水：即春捺鉢，指皇帝春季出外游獵。據本書卷二四《地理志上》，安州高陽縣“有徐河、百濟河”，世宗春水之地當在此。

[3]萬春節：金世宗生辰。

[4]良鄉：縣名。治所在今北京市房山區良鄉鎮。

石抹榮字昌祖。七世祖仕遼，封順國王。[1]遼主奔天德，榮父惕益挺身赴之。[2]是時，榮方六歲，母忽土特滿携之流離道路，[3]宗室谷神得之，[4]納爲次室，榮就養於谷神家。惕益既見遼主，委以軍事。軍敗被執，將殺之，金源郡王銀术可曰：[5]“彼忠於所事，殺之何以勸後。”遂釋之。後從伐宋，卒於軍中。

[1]順國王：遼封爵名。待考。

[2]惕益：本書僅見於本卷。

[3]忽土特滿：本書僅見於本卷。

[4]谷神：女真人。即完顔希尹。本書卷七三有傳。谷神爲歡都之子，屬異姓完顔，此誤稱宗室。原作“神谷”，據中華點校本改。下文同改。

[5]金源郡王：封爵名。爲封王郡號第一。　銀术可：女真人。本書卷七二有傳。　曰：原作“白”，中華點校本作“曰”，今從

中華本。

榮年長，事秦王宗翰，[1]居幕府。天眷二年，充護衛。熙宗宴飲，命胙王元與榮角力，[2]榮勝之，連仆力士六七人。熙宗親飲之酒，賜以金幣，遷宿直將軍。天德初，除開遠軍節度使。[3]入謝，不覺泣下。海陵問其故。對曰："老母在谷神家，違去膝下，是以感泣。"迺詔其母與之俱行，仍賜錢萬貫。改天德尹，[4]徙泰寧軍，[5]再除延安、東平尹。[6]海陵南征，爲神果軍都總管，[7]留駐泗州，以遏逋卒。

[1]秦王宗翰：秦王是宗翰薨後，金世宗對其改贈的封號，此處稱秦王似有誤。秦王，封爵名，天眷格，《大金集禮》爲大國封號第五，本書《百官志》爲第四。宗翰，女真人，本名粘没喝，漢語訛爲粘罕，國相撒改長子，本書卷七四有傳。

[2]胙王：封爵名。天眷格，爲小國封號第二十三。　元：女真人。本名常勝。本書卷六九有傳。

[3]開遠軍節度使：節度州長官。從三品。開遠軍設在雲内州，一説在今内蒙古自治區土默特左旗東南，一説在今内蒙古自治區托克托縣東北古城鄉白塔村古城。

[4]天德尹：府長官。正三品。天德即天德府，治所在今内蒙古自治區呼和浩特市東。

[5]泰寧軍：此指泰寧軍節度使，爲節度州長官。從三品。泰寧軍設在兖州，治所在今山東省兖州市。

[6]延安：此指延安尹，府長官。正三品。延安府治所在今陝西省延安市。　東平尹：府長官。正三品。東平府治所在今山東省東平縣。

［7］神果軍都總管：海陵南征，集天下兵分隸三十二路都總管，神果軍爲其中之一，隸屬於左、右領軍都督府，負責指揮本部隊對宋作戰。南征失敗後取消，故本書《百官志》不載。

大定初，還鎮東平，與户部尚書梁銶按治山東盜賊。[1]二年，以本官充山東東西大名等路都統。[2]有疾，改太原尹，[3]徙益都尹。[4]丁母憂，起復，召爲簽書樞密院事，[5]北京、東京留守，陝西西路統軍使，南京、西京留守。

［1］户部尚書：尚書户部長官。掌户口、錢糧、田土的政令及貢賦出納、金幣轉通、府庫收藏等事。正三品。　梁銶：本書卷一三一有傳。

［2］山東東西大名等路都統：即山東路都統的全稱，本書《百官志》不載。據本書卷六《世宗紀上》，“罷山東路都統府，以其軍各隸總管府”，則正隆末、大定初在山東路曾設過都統府。都統爲山東路都統府長官，負責督率山東東西路與大名府路各軍作戰。本書卷六《世宗紀上》，大定二年（1162）“以太保、左領軍大都督奔睹爲都元帥”，“詔都元帥奔睹開府山東”，恢復海陵時一度取消的元帥府並設府於山東。由此可見山東路都統府與其他都統府不同，其與元帥府同設於一處，而各都統府皆受元帥府統轄，因此山東都統府纔在各都統府中具有特殊地位。或因其爲元帥府直轄的都統府，所以其官名纔皆冠以元帥二字。或因其所轄部隊不僅限於山東兩路，所以纔稱元帥副都統。

［3］太原尹：府長官。正三品。太原府治所在今山西省太原市。

［4］益都尹：府長官。正三品。益都府治所在今山東省青州市。

［5］簽書樞密院事：樞密院屬官。參掌武備機密之事。正三品。

榮與河南尹婁室、陝州防禦使石抹靳家奴皆坐高買賣私物、抑賈買民物得罪。[1]靳家奴前爲單州刺史，[2]廉察官行郡，迺劫制民使作虚譽，用是得遷同知太原尹，[3]復多取民利。及爲陝州，尚書省奏其事，[4]法當解職削階，上以靳家奴鼓虚聲以誑朝廷，不可恕，特詔除名。榮與婁室削兩階解職。久之，榮除臨潢尹，改臨洮尹。卒，年六十三。

[1]婁室：本書共十五人名婁室，此人僅此一見。《金史人名索引》指爲紇石烈良弼，據本傳，紇石烈良弼大定初曾爲開封尹，而不是河南尹。誤。　陝州防禦使：防禦州長官。從四品。陝州治所在今河南省三門峽市。　石抹靳家奴：契丹人。本書見於卷七、九〇、九一。

[2]單州刺史：刺史州長官。正五品。單州治所在今山東省單縣。

[3]同知太原尹：府官名。爲府尹之佐，協助府尹處理本府政務。從四品。太原府治所在今山西省太原市。

[4]尚書省：官署名。爲金最高政務機關，始設於天會四年(1126)。下屬機構有吏、户、禮、兵、刑、工部及左、右司。長官爲尚書令，正一品。

敬嗣暉字唐臣，[1]易州人。[2]登天眷二年進士第，調懷安丞，[3]遷弘政令，[4]補尚書省令史。有才辯，海陵爲宰相，愛之，及篡立，擢起居注，[5]歷諫議大夫、吏部侍郎、左宣徽使。[6]貞元三年八月，尚食烹飪失宜，庖官各杖二百，嗣暉與同知宣徽院事烏居仁各杖有差。[7]久之，拜參知政事。正隆六年伐宋，留張浩及嗣暉于南京，治尚書省事。

［1］暉：原作“輝”，中華點校本作“暉”，今從中華本。

［2］易州：治所在今河北省易縣。

［3］懷安丞：丞即縣丞，負責協助縣令掌養百姓、按察所部、宣導風化、勸課農桑、平理獄訟、捕除盜賊、禁止游惰，兼管常平倉及通檢推排簿籍。正九品。懷安，即懷安縣，治所在今河北省懷安縣東南舊懷安。

［4］弘政令：縣長官。掌養百姓、按察所部、宣導風化、勸課農桑、平理獄訟、捕除盜賊、禁止游惰，兼管常平倉及通檢推排簿籍。大縣爲正七品，小縣爲從七品。弘政縣，治所在今遼寧省義縣。

［5］起居注：即修起居注，記注院長官。負責記録皇帝的言行。

［6］諫議大夫：諫院長官。正四品。金設左、右諫議大夫，此未知何指。

［7］烏居仁：海陵時爲同知宣徽院事，世宗大定初爲禮部尚書，後降爲客省使。本書見於卷五、六、九一、九七、一三三。

世宗即位，惡嗣暉巧佞，御史大夫完顏元宜劾奏蕭玉、嗣暉、許霖等六人不可用。[1]嗣暉降通議大夫，[2]放歸田里。嗣暉練習朝儀，進止應對閑雅，由是起爲丹州刺史，[3]戒諭之曰：“卿爲正隆執政，[4]阿順取容，朕甚鄙之。今當竭力奉職，以洗前日之咎。苟或不悛，必罰無赦。”未幾，丁母憂，起復爲左宣徽使。

［1］完顏元宜：契丹人。本姓耶律，賜姓完顏，本名阿列，一名移特輦。本書卷一三二有傳。　蕭玉：奚人。本書卷七六有傳。許霖：天眷年間，曾與蔡松年等人結黨構陷田瑴，至釀成“田瑴之

獄”。貞元二年（1154），曾以吏部侍郎使宋。後官至左諫議大夫、户部尚書、左宣徽使、御史大夫。大定二年（1162），金世宗將其降官，放歸田里。大定五年曾與高懷貞一起被金世宗再度起用。

[2]通議大夫：文散官。爲正四品中階。

[3]丹州刺史：刺史州長官。正五品。丹州治所在今陝西省宜川縣。

[4]執政：金於尚書省設左右丞各一員、參知政事二員，爲執政官。

世宗頗好道術，謂嗣暉曰："尚食官毋於禁中殺羊豕，朔望上七日有司毋奏刑名。"大定七年，[1]蒲察通除肇州防禦使，[2]上責其飾詐，因顧嗣暉曰："如卿不可謂無才，但純實不足耳。"久之，有榜匿名書于通衢者，稱海陵舊臣不得用者有怨望心，將圖不軌。上曰："豈有是哉。"謂嗣暉曰："正隆時，卿爲執政，今指卿以爲怨望，朕極知其不然。卿性明達能辨，但頗自衒，釣衆人之譽，所以致此媒蘖，[3]後當改之。"

[1]大定七年：原無"大定"二字，從中華點校本補。

[2]蒲察通：女真人。本書卷九五有傳。

[3]蘖（niè）：酒麯。

十年，[1]將有事南郊，廷議嗣暉在海陵時凡宗廟禘祫輒行太常事，[2]復拜參知政事，詔以執政冠服攝太常。禮成，薨。

[1]十年：原前有"大定"二字，從中華點校本删。

［2］禘：祭名。每五年舉行一次，合高祖以上的神主祭於太廟，高祖以下分祭於本廟。　祫：祭名。每三年舉行一次，集合遠近祖先神主於太廟大合祭。　行太常事：代理攝守之官稱行。太常指太常卿，從三品，掌禮樂、郊廟、祠祀、社稷之事。

贊曰：趙興祥、石抹榮自拔流離艱厄中，而克有所樹立，固其識之過人，亦其所遭際致然也。迹世宗之却聲伎、[1]減庖人，仁愛若是，而其下孰不興起哉。

［1］却聲伎：伎，原作“技”，從中華點校本改。

金史　卷九二

列傳第三十

毛碩　李上達　曹望之　大懷貞　盧孝儉　盧庸　李偲
徒單克寧　本名習顯

毛碩字仲權，甘陵人。[1]宋末，試弓馬子弟，碩中選，調高陽關路安撫司準備差使。[2]尋辟河間尉，[3]再辟兵馬都監。[4]宗望軍至，[5]碩以本部迎降。齊國建，[6]由淮東路第一副將擢知滑州。[7]劉麟伐宋，[8]充行營中軍統制軍馬。[9]

[1]甘陵：漢置厝縣，後漢安帝以孝德皇后葬於厝，稱甘陵。故城在今山東省清平縣南，或云在今河北省清河縣東南。

[2]高陽關路安撫司：宋官署名。負責本地軍務與治安，也稱安撫使司，長官爲安撫使。高陽關路，北宋太平興國七年（982）置，治所在今河北省高陽縣東。金廢。　準備差使：宋官名。經略安撫使屬官。以備臨時差遣處置各種事務。

[3]河間尉：宋官名。河間縣屬官。爲縣令之佐，參掌縣事。

[4]兵馬都監：宋官名。位在鈐轄以下，官高資深者稱都監，

或稱兵馬都監，官低資淺者稱監押。掌屯戍、邊防、訓練政令等事。北宋末至南宋漸成虛銜。

[5]宗望：女真人。本名斡魯補，又作斡离不。本書卷七四有傳。

[6]齊：天會八年（1130），金太宗册立宋降將劉豫爲帝，國號齊。天會十五年廢，以原齊國統治區設行臺尚書省。

[7]淮東路第一副將：齊軍官名。爲淮東路第一將營副統兵官。協助正將主持軍務。　知渭州：齊州官名。帶京朝官銜或試銜者主持州事時稱知州事，簡稱知州。渭州治所在今甘肅省平凉市。

[8]劉麟：字元瑞，劉豫之子。本書卷七七有傳。

[9]行營中軍統制軍馬：齊軍官名。

天眷間，[1]歷汴京路、山東西路兵馬都監。[2]皇統元年，[3]權知拱州。[4]宋將張俊據亳州，[5]而柘城酒監房人傑叛以應俊，[6]碩發兵討之。至柘城，躬扣城門，呼耆老以諭意。縣人縛人傑以降。碩徑入縣署，召百姓慰安之，衆皆感悦，刻石紀其事。四年，真授拱州刺史。[7]元帥梁王宗弼承制超武義將軍，[8]改知曹州。[9]

[1]天眷：金熙宗年號（1138—1140）。

[2]汴京路、山東西路兵馬都監：汴京路兵馬都監，爲汴京路都總管府屬官，協助都總管統諸城隍兵馬甲仗。汴京路治所在今河南省開封市。山東西路兵馬都監，爲山東西路都總管府屬官，協助都總管統諸城隍兵馬甲仗。山東西路治所在今山東省東平縣。

[3]皇統：金熙宗年號（1141—1149）。

[4]權知拱州：州官名。代理攝守之官稱權。帶京朝官銜或試銜者主持州事時稱知州事，簡稱知州。拱州，北宋崇寧四年（1105）分開封、應天二府置，治所在今河南省睢縣。金天德三年

（1151）更名爲睢州。

［5］張俊：《宋史》卷三六九有傳。　亳州：治所在今安徽省亳州市。

［6］柘城：縣名。治所在今河南省柘城縣北。　酒監：酒使司屬官。掌簽署文書，檢視造酒。正八品。　房人傑：本書僅見於本段。

［7］拱州刺史：刺史州長官。正五品。

［8］元帥：元帥府長官。金於天會三年（1125）置都元帥府，掌征伐之事。設都元帥一員，位在左右副元帥、元帥左右監軍、元帥左右都監之上。從一品。　梁王：封爵名。天眷格，《大金集禮》爲大國封號第三，本書《百官志》爲第二。　宗弼：女真人。本名斡啜，又作兀朮、斡出、晃斡出。本書卷七七有傳。　武義將軍：武散官。爲從六品上階。

［9］知曹州：州官名。曹州治所在今山東省荷澤市。

有書生投書于碩，辭涉謗訕，僚屬皆不能堪。碩延之上座，謝曰："使碩常聞斯言，庶乎寡過。"士論以故嘉之。遷鄭州防禦使，[1]尋改通州。[2]

［1］鄭州防禦使：防禦州長官。掌防捍不虞，禦制盜賊，總理本州政務。從四品。鄭州治所在今河南省鄭州市。

［2］通州：州官名。通州爲刺史州，長官爲刺史，正五品。毛碩已官至鄭州防禦使，從四品，又爲此職，似爲降職。通州治所在今北京市通州區。

天德二年，[1]充陝西路轉運使。[2]碩以陝右邊荒，種藝不過麻、粟、蕎麥，賦入甚薄，市井交易惟川絹、乾薑，商賈不通，酒稅之入耗減，請視汴京、燕京例給交鈔通行。[3]而鞏、會、德順道路多險，[4]鹽引斤數太重，[5]請一引分作三四，以從輕便。朝廷皆從之。秦州倉粟陳積，[6]而百姓有支移者，止就本州折納其直，公私便之。

[1]天德：金海陵王年號（1149—1153）。

[2]陝西路轉運使：轉運司長官。掌税賦錢穀、倉庫出納及度量之制。正三品。據本書卷二六《地理志下》，陝西西路轉運司設在平涼府，即今甘肅省平涼市。陝西東路轉運司設在京兆府，即今陝西省西安市。此不詳何指。

[3]汴京：京路名。即北宋舊都汴梁，金初稱汴京，貞元元年（1153）更名南京。　燕京：京路名。遼開泰元年（1012）定號燕京，金初因之。治所在今北京市。海陵貞元元年遷都於此，改名中都。　交鈔：金朝的一種紙幣。海陵王遷中都後，貞元二年五月，依宋鈔引法印造交鈔，成爲通用的紙幣。大鈔分一貫、二貫、三貫、五貫、十貫五等；小鈔分一百、二百、三百、五百、七百五等，與銅錢一並使用。交鈔有花紋邊欄，寫明貫數、某字料、某字號、對僞造者及告發者的奬懲以及有關官衙的公文、官吏的押字和兑换辦法。交鈔的行使不限年月，如字迹磨損、昏暗，付成本費以舊换新。

[4]鞏：州名。治所在今甘肅省隴西縣。　會：州名。治所在今甘肅省靖遠縣境内。大定二十二年（1188）改名爲新會州。　德順：皇統二年（1142）以德順軍改名。治所在今寧夏回族自治區隆德縣。

[5]鹽引斤數太重：本書卷四九《食貨志四》，陝西路行解鹽，“解鹽斤二百有五十爲一席，席五爲套”。

[6]秦州：治所在今甘肅省天水市。

改河東南路轉運使。[1]上言："頃者，定立商酒課，不量土産厚薄、户口多寡及今昔物價之增耗，一概理責之，故監官被繫，失身破家，折傭逃竄。或爲奸吏盜有實錢，而以賒券輸官，故河東有積負至四百餘萬貫，公私苦之。請自今禁約酒官，不得折准賒貸，惟許收用實錢，則官民俱便。"至今行之。秩滿，除南京路都轉運使。[2]

[1]河東南路轉運使：河東南路轉運司長官。正三品。河東南路轉運司設在平陽府，即今山西省臨汾市。

[2]南京路都轉運使：南京路都轉運司長官。正三品。本書卷五七《百官志三》："惟中都路置都轉運司，餘置轉運司。"本書卷八二《郭安國傳》有南京都轉運使左瀛，卷五《海陵紀》稱其爲汴京路都轉運使，及此處，可知《百官志》誤。

大定六年，[1]致仕，卒于家。碩文雅好事，性謹飭，每見古人行事有益於時者，常書置座右，以爲莅官之戒云。

[1]大定：金世宗年號（1161—1189）。

李上達字達道，曹州濟陰人。[1]在宋時以蔭補官，累東平府司户參軍。[2]撻懶取東平，[3]上達給軍須，號辦治。齊國建，爲吏部員外郎攝户部事。[4]劉豫行什一之法，[5]樂歲輸多，歉歲寡取之，蓋古人助法也。收斂之時，蓄積蓋藏，民或不以實輸官，官亦不肯盡信，於是告訐起而獄訟繁，公私苦之。上達論其弊，豫改定爲五等之制。

[1]濟陰：縣名。治所在今山東省曹縣西北。大定八年（1168）城爲河水所没，移治於今山東省荷澤市。

[2]東平府：治所在今山東省東平縣。　司户參軍：宋州官名。也稱户曹參軍、司户，掌户籍、賦税、倉庫。

[3]撻懶：女真人。完顏昌本名撻懶。本書卷七七有傳。

[4]吏部員外郎攝户部事：齊官名。吏部員外郎爲尚書吏部屬官，協助吏部尚書掌文武選授、勳封、考課、出給制誥等政事。從六品。代理、攝守之官稱攝。户部掌户口、錢糧、田土的政令及貢賦出納、金幣轉通、府庫收藏等事。

[5]劉豫：本書卷七七有傳。

齊國廢，以河南與宋人，[1]上達隨地入宋。宗弼復取河南，上達爲同知大名尹，[2]按察陝西、河南。[3]是時，關、陝、蒲、解、汝、蔡民饑，[4]上達輒以便宜發倉粟賑百姓。累遷知山東西路轉運使。[5]上達到官再期，比舊增三十餘萬貫。户部以其法頒之鄰路。上達長於吏事，能治繁劇，猾吏不能欺，所至稱之。卒官，年六十一。

[1]河南：路名。即後來南京路所轄地區。

[2]同知大名尹：府官名。大名即大名府，治所在今河北省大名縣東。同知爲府尹佐貳，協助府尹處理本府政務。從四品。

[3]陝西：指陝西六路，麟府路、環慶路、秦鳳路、熙河路、鄜延路、涇原路。

[4]關：指關中，地區名。《資治通鑑》胡三省注稱關中"西有隴關，東有函谷關，南有武關，北有臨晋關，西南有散關"，應是指今河南省靈寶市及其以西陝西省關中盆地和丹江流域。　陝：州名。治所在今河南省三門峽市西舊陝縣。　蒲：州名。治所在今山西省永濟市蒲州鎮。　解：州名。治所在今山西省運城市西南解州鎮。　汝：州名。治所在今河南省汝州市。　蔡：州名。治所在今河南省汝南縣。

[5]知山東西路轉運使：山東西路轉運司長官。正三品。帶京朝官銜或試銜者主持轉運司政務時稱知轉運事，或知轉運使。山東西路轉運司設在東平府。

曹望之字景蕭，其先臨潢人，[1]遼季移家宣德。[2]天會間，[3]以秀民子選充女直字學生。[4]年十四，業成，除西京教授。[5]爲元帥府書令史，[6]補正令史，[7]轉行臺省令史。[8]録教授資，補修武校尉，[9]除右司都事。[10]吏部侍郎田瑴素薄望之，[11]望之願交不肯納，遂與蔡松年、許霖構致黨獄。[12]改行臺吏部員外郎。[13]

[1]臨潢：府名。治所在今内蒙古自治區巴林左旗林東鎮南波羅城。

[2]宣德：州名。大定八年（1168）以宣化州改名。治所在今河北省宣化縣。按，遼改晋武州爲歸化州，大定七年改爲宣化州，則此處應稱歸化州。

[3]天會：據本書卷八三《納合椿年傳》："選諸學生送京師，俾上京教授耶魯教之"，卷三《太宗紀》，天會三年（1125）十月"召耶魯赴京師教授女直字"，則此事當在天會三年。

[4]女直字學生：本書卷八八《紇石烈良弼傳》，"天會中，選諸路女直字學生送京師"，則所學爲女真大字。

[5]西京教授：金初設女真大字之後，於各地置教授官推廣普及，此官爲在西京府教授女真字者。本書卷八三《納合椿年傳》，“初置女直字，立學官於西京”，“久之，選諸學生送京師，俾上京教授耶魯教之”。此事卷三《太宗紀》繫於天會三年十月。則各地教學負責人稱教授應不晚於天會三年。本書卷五七《百官志三》“女直教授”條下所列路名無西京，與此及《納合椿年傳》異。參之卷五一《選舉志一》可知，《百官志》所記爲大定四年以後之事，與此不是同一事。據卷八八《紇石烈良弼傳》，紇石烈良弼任教授三年以後“補尚書省令史”，知此爲無品級小官。

[6]元帥府書令史：元帥府所屬無品級小吏。位低於正令史，負責元帥府案牘文書之事。

[7]正令史：即元帥府令史，爲元帥府辦事員。無品級。

[8]行臺省令史：行臺尚書省所屬無品級小官。爲行臺尚書省辦事員，負責案牘文書之事。

[9]修武校尉：武散官。爲從八品上階。

[10]右司都事：尚書省右司屬官。定員二人，正七品。

[11]吏部侍郎：尚書吏部屬官。協助吏部尚書掌文武選授、勳封、考課、出給制誥等政事。正四品。　田瑴：本書卷八九有傳。

[12]蔡松年：本書卷一二五有傳。　許霖：天眷年間，曾與蔡松年等人結黨構陷田瑴，至釀成“田瑴之獄”。貞元二年（1154），曾以吏部侍郎使宋。後官至左諫議大夫、户部尚書、左宣徽使、御史大夫。大定二年，金世宗將其降官，放歸田里。大定五年曾與高懷貞一起被金世宗再度起用。

[13]行臺吏部員外郎：行臺尚書省屬官。正七品。

海陵爲相，嘗以書致其私，望之不從。天德元年，調同知石州軍州事，[1]坐事免。丁母憂，久之，除絳陽軍節度副使，[2]入爲户部員外郎。[3]詔買牛萬頭給按出虎八猛安徙居南京者，[4]望之主給之。撒八反，[5]轉致甲仗八萬自洺州輸燕子城。[6]運米八十萬斛由蔡水入淮，[7]饋伐宋諸軍，期以一日。望之如期集事。進本部郎中，[8]特賜進士及第。

[1]同知石州軍州事：刺史州屬官。協助刺史處理本州政務。正七品。石州治所在今山西省離石縣。

[2]絳陽軍節度副使：州官名。絳陽軍治所在今山西省新絳縣。節度副使爲節度使佐貳，協助節度使掌管本州鎮撫諸軍防刺，總判本鎮兵馬之事。從五品。

[3]户部員外郎：尚書户部屬官。協助户部尚書掌户口、錢糧、田土的政令及貢賦出納、金幣轉通、府庫收藏等事。從六品。

[4]按出虎八猛安：按出虎爲河名，即今黑龍江省阿城市境内的阿什河。此八猛安原居住地應都是在阿什河流域。猛安，女真族的地方行政設置及軍事編制名稱與官長名稱，從四品。此爲地方行政設置。

[5]撒八：契丹人。金代契丹人大起義的早期領導者之一。事附本書卷一三三《移剌窩斡傳》。

[6]洺州：治所在今河北省永年縣東南永年。　燕子城：地名。在今河北省張北縣。

[7]蔡水：又名沙水。故道本承汴水於今河南省開封市東，南流經今許通縣東、太康縣西至淮陽縣東折而東南，復經鹿邑縣南，下循今安徽茨河經渦陽、蒙城縣西，至懷遠縣西南入淮河。隋唐以後下游淤斷，遂由淮陽縣東南循狼湯渠故道入潁水。五代周導汴水自開封城東入蔡水，北宋建隆初又自開封西南導閔水入城合於蔡，以利漕運。以後閔蔡一體，以閔水爲源，宋開寶六年（973）改閔河爲惠民河，也通稱蔡水爲惠民河。元明時屢爲黄河決流所奪，故道淤爲平陸，今唯淮陽縣以南尚存蔡河一段。　淮：即今淮河。

[8]本部郎中：承上文爲户部郎中。官名，尚書户部屬官，協助户部尚書掌户口、錢糧、田土的政令及貢賦出納、金幣轉通、府庫收藏等事。從五品。

大定初，討窩斡，[1]望之主軍食，給與有節，凡省粮三十萬石，省剉草五十萬石。[2]帥府以捷入告，[3]議者欲遂罷轉輸，望之以爲元惡未誅，不可弛備。既而大軍追討，果賴以濟。以勞進一階，兼同修國史。[4]請於大鹽濼設官榷鹽，[5]聽民以米貿易，民成聚落，可以固邊圉，其利無窮。從之。其後凡貯米二十餘萬石。及東北路歲饑，[6]賴以濟者不可勝數。

[1]窩斡：契丹人。即移剌窩斡。本書卷一三三有傳。

[2]剉（cùo）：同“莝”，指飼料。

[3]帥府：官署名。金於天會三年（1125）置都元帥府，掌征伐之事。長官爲都元帥，從一品。下設左、右副元帥，元帥左、右監軍，元帥左、右都監等官。

[4]同修國史：國史院屬官。位在監修國史、修國史之下，負責編著國史，判院事。

[5]大鹽濼：地名。在今内蒙古自治區東烏珠穆沁旗西南。

[6]東北路：官署名。指東北路招討司，掌招懷降附、征討携離。長官爲招討使，正三品。治泰州。泰州治所在今吉林省洮南市東北雙塔鄉城四家子舊城址，一説在今黑龍江省泰來縣塔子城，金承安三年（1198）移治長春縣，即今吉林省前郭爾羅斯蒙古族自治縣西北塔虎村。

三年，上曰：“自正隆兵興，[1]農桑失業，猛安謀克屯田多不如法。”[2]詔遣户部侍郎魏子平、大興少尹同知中都轉運事李滌、禮部侍郎李愿、禮部郎中移剌道、户部員外郎完顏兀古出、監察御史夾谷阿里補及望之分道勸農，[3]廉問職官臧否。望之還言，乞汰諸路胥吏，可減其半。詔胥吏如故。於是始禁用貼書云。遷本部侍郎，領覆實繕修大内財用，費用大省。復以勞進階，上召見諭勉之。

[1]正隆：金海陵王年號（1156—1161）。

[2]謀克：女真族的地方行政設置及軍事編制名稱和官長名稱。地方行政設置領户，軍事編制領夫。有親管（合扎）、世襲與非親管、世襲之别。謀克也用爲榮譽爵稱。

[3]户部侍郎：尚書户部屬官。協助户部尚書掌户口、錢糧、田土的政令及貢賦出納、金幣轉通、府庫收藏等事。正四品。　魏子平：字仲均。本書卷八九有傳。　大興少尹：府官名。大興即大興府，治所在今北京市。少尹爲府尹佐貳，協助府尹掌宣風導俗、肅清所部，處理本府政務。正五品。　同知中都轉運事：中都路都轉司屬官。協助都轉運使掌管税賦錢穀、倉庫出納及度量之制。從四品。中都路治所在今北京市。　李滌：本書僅此一見。　禮部侍郎：尚書禮部屬官。協助禮部尚書掌禮樂、祭祀、燕享、學校、貢舉、儀式、制度、符印、表疏、圖書、册命、祥瑞、天文、漏刻、國忌、廟諱、醫卜、釋道、四方使客、諸國進貢、犒勞張設等事。正四品。　李愿：本書僅此一見。　禮部郎中：尚書禮部屬官。從五品。“禮部”原作“工部”，從中華點校本改。　移剌道：女真人。本書卷九〇有傳。　完顏兀古出：女真人。曾以右司員外郎爲詔諭高麗使。見於本書卷六、六一、七四及此。　監察御史：御史臺屬官。掌糾察内外非違、刷磨諸司察帳並監祭禮及出使之事。定員十二員，正七品。　夾谷阿里補：曾以户部郎中爲夏國生日使。

見於本書卷六、六一、九二。按，本書卷六《世宗紀上》，大定三年（1163）三月“詔户部侍郎魏子平等九人”，而此實爲七人。

望之家奴袁一言涉妖妄，[1]大興府鞫治。望之恐，使户部令史劉公輔問其事于大興少尹王全，[2]全具其事語公輔，公輔以語望之。御史臺劾奏劉公輔言泄獄情。[3]上曰：“妖妄之言，交相傳説，何也？”於是，望之決杖一百，王全杖八十，劉公輔杖一百五十、除名。

[1]袁一：本書僅此一見。

[2]户部令史：爲户部辦事員。定員七十二人，其中女真人十七人。 劉公輔：本書僅此一見。 王全：本書中四人同名王全。此人見於卷八七、九二。

[3]御史臺：官署名。負責糾察朝儀、彈劾官邪、勘鞫官府公事及處理所屬部門理斷不當引起上訴的案件。長官爲御史大夫，正三品，大定十二年（1172）升爲從二品。下設御史中丞、侍御史、治書侍御史、殿中侍御史、監察御史等官。

頃之，運河堙塞，世宗出郊見之，[1]問其故。主者奏曰：“户部不肯經畫，[2]歲久以致如此。”上責望之曰：“有水運不濬治，迺用陸運，煩費民力，罪在汝等，其往治之。”尚書省奏當用夫役數萬人。[3]上曰：“方春耕作，不可勞民。以宫籍監户及摘東宫、諸王人從充役，[4]若不足即以五百里内軍夫補之。”[5]

[1]世宗：廟號。即完顔烏禄，漢名雍。1161 年至 1189 年在位。

[2]户部：官署名。長官爲户部尚書，正三品。下設侍郎、郎中、員外郎等官。

[3]尚書省：官署名。金最高政務機構。下屬機構有吏、户、禮、兵、刑、工六部及左、右司。長官爲尚書令，正一品。

[4]宫籍監：官署名。殿前都點檢司下屬機構。掌内外監户、土地錢帛、小大差發。長官爲提點宫籍監，正五品。

[5]夫：原作"大"，中華點校本作"夫"，今從中華本。

《太宗實録》成，[1]監修國史紇石烈良弼賜金帶一、重綵二十端。[2]同修國史張景仁、劉仲淵、望之皆賜銀幣有差。[3]望之嘆賞薄，謂人曰："栽花接木迺加爵命，勤勞者不遷官。"無何，張景仁遷翰林學士，[4]望之又曰："止與他人便遣，獨不及我哉。"世宗聞之，出望之德州防禦使，[5]謂之曰："汝爲人能幹而心不忠實。朕前往安州春水，[6]人言汝無事君之義。朕勑臣下，有過即當諫争。汝但面從，退則謗議，此不忠不孝也。汝自五品起遷四品，《太宗皇帝》實録成，優賜銀幣，不思盡心竭力，惟官賞是覬。今出汝於外，宜改心滌慮。不然，則身亦莫保。"望之到德州，有惠政，百姓爲立生祠。

[1]太宗實録：金朝實録之一。卷數不詳，紇石烈良弼監修，大定七年（1167）成書。

[2]監修國史：國史院長官。位在同修國史、修國史之上，掌監修國史事，例由丞相兼領。　紇石烈良弼：女真人。本名婁室。本書卷八八有傳。

[3]張景仁：字壽甫。本書卷八四有傳。　劉仲淵：大定初爲

刑部侍郎，大定五年以禮部侍郎使宋。曾爲同修國史，參加《太宗實録》的編寫。大定八年以罪降爲石州刺史。

［4］翰林學士：翰林學士院屬官。掌制撰詞命，凡應奉文字，銜内帶知制誥。正三品。

［5］德州防禦使：防禦州長官。從四品。德州治所在今山東省陵縣。

［6］安州：治所在今河北省安新縣舊安州。　春水：即春捺鉢，指皇帝在春季出外游獵。據本書卷二四《地理志上》，安州高陽縣"有徐河、百濟河"，世宗春水之地當在此。

改同知西京留守事。[1]上書論便宜事：

［1］同知西京留守事：西京留守司屬官。爲留守佐貳，例兼同知本府尹與本路兵馬都總管。正四品。西京大同府治所在今山西省大同市。

其一，論山東、河北猛安謀克與百姓雜處，[1]民多失業。陳、蔡、汝、潁之間土廣人稀，[2]宜徙百姓以實其處，復數年之賦以安輯之。百姓亡命及避役軍中者，閲實其人，使還本貫。或編近縣以爲客户，或留爲佃户者，亦籍其姓名。州縣與猛安事干涉者無相黨匿，庶幾軍民協和，盜賊弭息。

［1］山東：路名。指山東東路與山東西路。山東東路治所在今山東省青州市，山東西路治所在今山東省東平縣。　河北：路名。天會七年（1129）析置爲河北東路與河北西路。河北東路治河間府，即今河北省河間市；河北西路治真定府，即今河北省正定縣。

[2]陳：州名。治所在今河南省淮陽縣。　穎：州名。治所在今安徽省阜陽市。

其二，論薦舉之法虛文無實。宰相拔擢及其所識，[1]不及其所不識。内外官所舉亦輒不用，或指以爲朋黨，遂不敢復舉。宜令宰執歲舉，三品二人，[2]御史大夫以下内外官終秩舉二人，[3]自此以下以品殺爲差等。終秩不舉者遇轉官勒不遷，三品者削後任俸三月。其舉者已改除，吏部以類品第，[4]季而上之。三品闕則於類第四品中補授，[5]四品五品以下視此爲差。其待以不次者，宰執具才行功實以聞。舉當否罪當如律。廉介之士老於令幕無舉主者、七考無贓私罪者，准朝官三考勞叙。吏部每季圖上外路職官姓名，路爲一圖，大書贓污者於其名下，使知畏慎。外任五品以上官改除，令代之者具功過以聞。年六十以上者，終更赴調，有司察其視聽精力，老疾不堪釐務，給以半禄罷遣。

[1]宰相：金於尚書省設尚書令一員、左右丞相各一員、平章政事二員，皆爲宰相。

[2]宰執：指宰相與執政官。金於尚書省設左右丞各一員、參知政事二員，爲執政官。

[3]御史大夫：御史臺長官。掌糾察朝儀、彈劾官邪、勘鞫官府公事，審斷所屬部門理斷不當引起上訴的案件。正三品，大定十二年（1172）升爲從二品。

[4]吏部：官署名。尚書省下屬機構。長官爲吏部尚書，正三品。下設侍郎、郎中、員外郎等官。

[5]闕：同“缺”。

其三，論守邊將帥及沿邊州縣官漁剥軍民，擅興力役，宜歲遣監察御史周行察之。邊部有訟，招討司無得輒遣白身人徵斷，[1]宜於省部有出身女直、契丹人及縣令丞簿中擇廉能者，[2]因其風俗，略定科條，務爲簡易。徵斷羊馬入官籍數，如邊部遇饑饉，即以此賑給之。招討及都監視事，[3]宜限邊部饋送駝馬。招討司女直人户或擷野菜以濟艱食，而軍中舊籍馬死則一村均錢補買，往往鬻妻子、賣耕牛以備之。臣恐數年之後邊防困弊，臨時賑濟，費財十倍而無益，早爲之所，則財用省而邊備實矣。官給軍箭用盡，則市以補之，皆朽鈍不堪用，可每歲給官箭一分，以補其闕。邊民闕食給米，地遠負重，往往就倉賤賣而去，可計口支錢，則公私兩便。陝西正副，宜如猛安謀克用土人一員，隊將亦宜參用土人，久居其任。增弓箭田，復其賦役。以廉吏爲提舉，舉察總管府以下官。[4]農隙校閲，以嚴武備。則太平之時有經略之制矣。

[1]招討司：官署名。金於東北路、西北路、西南路三處設招討司，負責招撫沿邊各部族，征討叛亂。長官爲招討使，正三品。

[2]縣令：縣長官。掌養百姓、按察所部、宣導風化、勸課農桑、平理獄訟、捕除盜賊、禁止游惰，兼管常平倉及通檢推排簿籍。大興、宛平二縣爲從六品，其餘大縣爲正七品，小縣爲從七品。　丞：即縣丞，爲縣令佐貳，負責協助縣令處理本縣政務。大興、宛平二縣爲正八品，餘爲正九品。　簿：即主簿。爲縣令佐貳，負責協助縣令處理本縣政務。正九品。

[3]招討：指招討使，爲諸招討司長官。掌招懷降附，征討携離。正三品。　都監：即招討都監，爲招討司屬官。協助招討使掌招懷降附，征討携離。

[4]總管府：官署名。負責一路軍政事務，長官爲兵馬都總管，例兼本府尹。正三品。

又論六鹽場用人，[1]宜令户部公議辟舉。

[1]六鹽場：本書卷五七《百官志三》："山東鹽使司，與寶坻、滄、解、遼東、西京、北京凡七司。"而此云六鹽場，未詳孰是。

論漕運，先計河倉見在幾何，通州容受幾何，京師歲費幾何。今近河州縣歲税或六七萬石，小民有入資之費，富室收轉輸之利，宜計實數以科税入。論民間私錢苦惡，宜以官錢五百易私錢千，期以一月易之，過期以銷錢法坐之。論州府力役錢物，户部頒印署白簿，使盡書之，以俟審閲，有畏避不書者坐之。論工部營造調發，[1]妨民生業。諸路射粮軍約量人數，[2]習武藝，期以三年成，以息調民。

[1]工部：官署名。尚書省下屬機構。掌修造營建法式、諸作工匠、屯田、山林川澤之禁、江河堤岸、道路橋梁等事。長官爲工部尚書，正三品。

[2]射粮軍：軍種名。本書卷四四《兵志》："諸路所募射糧軍，五年一籍三十以下、十七以上强壯者，皆刺其口，所以兼充雜役者也。"

書奏，多見采納。以本官行六部事於北邊，[1]召拜户部尚書。上數之曰："汝前爲侍郎以不忠外補，頗能練習錢穀，故任以尚書之重，宜改前非，以圖新効也。"

［1］行六部事：金在地方設行尚書省，省置行六部。行六部事，即行尚書省六部事。

是時，户部尚書高德基坐高估俸粟責降，[1]世宗念望之吝出納或懲德基也，既出，使人諭之曰："勿以高德基下粟直，要在平估而已。"十五年新宫成，世宗幸新宫，勅望之曰："新宫中所須，毋取于民間也。"有良民夫婦質身于東京留守完顔彀英家，[2]期終而不遣，尚書省下東京鞫治。望之言彀英爲留守，其同官必且阿徇，不肯窮竟，當移他州。

［1］高德基：字元履。本書卷九〇有傳。

［2］東京留守：東京留守司長官，例兼本府尹、本路兵馬都總管。正三品。東京路治所在今遼寧省遼陽市。"東京"，原文作"東宫"，從中華點校本改。　完顔彀英：女真人。本名撻懶。本書卷七二有傳。

望之久習事，有治錢穀名，性剛愎，頗沾沾自露，希覬執政。[1]而刑部尚書梁肅自詳問宋國使還，[2]世宗嘗欲以爲執政，久而未用，亦頗炫耀求進。世宗謂左丞相紇石烈良弼曰：[3]"曹望之、梁肅急於見知，涉於躁進。"遂出梁肅爲濟南尹。[4]數年，迺召拜參知政事。[5]

而望之終於户部尚書，年五十六。世宗惜其未及用，賜錢三千貫，勑使致祭，賻銀五百兩、重綵二十端、絹二百匹，以其子淵爲奉御，[6]澤爲筆硯承奉。[7]

[1]執政：指執政官。金於尚書省下設左右丞各一員，參知政事二員，爲執政官。

[2]刑部尚書：尚書刑部長官。掌律令、刑名、監户、官户、配隸、功賞、捕亡等事。正三品。　梁肅：字孟容。本書卷八九有傳。

[3]左丞相：爲宰相，掌丞天子，平章萬機。從一品。

[4]濟南尹：府長官。正三品。濟南即濟南府，散府，屬山東東路，治所在今山東省濟南市。

[5]參知政事：爲執政官，爲宰相之貳，佐治省事，始設於天眷元年（1138）。正二品。

[6]淵：曹淵。本書見於卷八八、九二。　奉御：殿前都點檢司下屬機構近侍局屬官。舊名入寢殿小底，大定十二年（1172）更名奉御，以内駙馬充，定員十六人。

[7]澤：曹澤。本書僅此一見。　筆硯承奉：秘書監下屬機構筆硯局屬官。掌御用筆、墨、硯等事。正八品。舊名筆硯令史，大定三年改爲筆硯供奉，因避諱又改爲承奉。

其後，尚輦局舉出身人年六十餘可以臨事，[1]世宗曰："豈爲此輩惜官邪，但此輩專以盜取官錢爲謀生計，不可用也。"由是欲更改監臨格式，以問户部尚書劉瑋。[2]瑋恐監官謗己，不肯實對。世宗因思望之，嘆曰："不如望之之敢行也。"

望之初不學，及貴，稍知讀書，遂刻苦自致，有詩集三十卷。

[1]尚輦局：官署名。殿前都點檢司下屬機構。掌承奉輿輦等事。長官爲尚輦使，從五品。

[2]劉瑋：本書卷九五有傳。

大懷貞字子正，遼陽人。[1]皇統五年，除閤門祗候，[2]三遷東上閤門使。[3]丁母憂，起復符寶郎，[4]累官右宣徽使。[5]正隆伐宋，爲武勝軍都總管。[6]

[1]遼陽：府名。治所在今遼寧省遼陽市。

[2]閤門祗候：宣徽院下屬機構閤門屬官。定員二十五人，正大間增至三十二人。

[3]東上閤門使：宣徽院下屬機構閤門屬官。定員二人，正五品。

[4]符寶郎：殿前都點檢司屬官。舊名牌印祗候，大定二年（1162）改爲符寶祗候，掌御寶及金、銀牌等。

[5]右宣徽使：宣徽院長官。掌朝會燕享，殿庭禮儀及監知御膳。正三品。

[6]武勝軍都總管：海陵南征設三十二路都總管，武勝軍都總管爲其中之一，負責指揮本路部隊對宋作戰，隸屬於左、右領軍大都督府。南征失敗後取消，故本書《百官志》不載。

大定二年，除洺州防禦使兼押軍萬户，[1]改沂州，[2]再遷彰國、安武軍節度使。[3]縣尉獲盜，得一旗，上圖亢宿。詰之，有謀叛狀，株連幾萬人。懷貞當以亂民之刑，請誅其首亂者十八人，[4]餘皆釋之。嘗以私忌飯僧數人，就中一僧異常，懷貞問曰："汝何許人也?"對曰："山西人。"[5]復問："曾爲盜殺人否?"對曰："無之。"後三日詰盜，果引此僧，皆服其明察。改興中尹。[6]錦州富民蕭鶴壽途中殺人，[7]匿府少尹家，[8]有司捕不得，懷貞以計取之，置於法。改彰德軍節度使，[9]卒。

[1]洺州防禦使：防禦州長官。從四品。洺州治所在今河北省永年縣東南永年。　押軍萬户：是本部隊的最高指揮官，屬臨時性官職。

[2]沂州：此指沂州防禦使，爲防禦州長官。從四品。沂州治所在今山東省臨沂市。

[3]彰國：指彰國軍節度使，掌鎮撫諸軍防刺，總判本鎮兵馬之事，兼本州管内觀察使。從三品。彰國軍設在應州，治所在今山西省應縣。　安武軍節度使：節度州長官。從三品。安武軍設在冀州，治所在今河北省冀州市。

[4]首亂者十八人：中華點校本認爲："按上文'縣尉獲盜，得一旗，上圖亢宿'，知以二十八宿爲號，疑是二十八人，似脱'二'字。"

[5]山西：指西京路。治所在今山西省大同市。

[6]興中尹：府長官。正三品。興中即興中府，治所在今遼寧省朝陽市。

[7]錦州：治所在今遼寧省錦州市。　蕭鶴壽：本書僅此一見。

[8]府少尹：府官名。爲府尹佐貳，協助府尹宣風導俗、肅清所部，處理本府政務。正五品。

[9]彰德軍節度使：節度州長官。從三品。彰德軍設在相州，治所在今河南省安陽市。

盧孝儉，宣德州人。[1]登天眷二年第，調憲州軍事判官，[2]補尚書省令史，累官太原少尹。[3]大定二年，陝西用兵，尚書省發本路税粟赴平涼充軍實，[4]期甚嚴迫。孝儉輒易以金帛，馳至平涼，用省而不失期，并人稱之。[5]用廉，進官二階，遷同知廣寧尹。[6]廣寧大饑，民多流亡失業，迺借僧粟，留其一歲之用，使平其價市與貧民，既以救民，僧亦獲利。累遷山東東路轉運使。[7]

[1]宣德州：治所在今河北省宣化縣。

[2]憲州軍事判官：州官名。刺史州屬官。參掌州事，專掌通檢推排薄籍。從八品。憲州，治所在今山西省静樂縣，天德三年（1151）改爲管州。

[3]太原少尹：府官名。爲府尹佐貳。正五品。太原即太原府，治所在今山西省太原市。

[4]平涼：府名。治所在今甘肅省平涼市。

[5]并：州名。金初太原名并州太原郡河東軍總管府，故此處稱太原人爲并人。

[6]同知廣寧尹：府官名。廣寧即廣寧府，治所在今遼寧省北鎮縣。

[7]山東東路轉運使：山東東路轉運司長官。正三品。山東東路轉運司設在益都府，即今山東省青州市。

孝儉素褊躁，與同僚王公謹失歡。[1]其子嘗私用官帑，孝儉不知也。既而改河北西路轉運使，[2]公謹迺發其事。孝儉聞被逮，莫測所以，行至章丘，[3]自縊死。

[1]王公謹：本書僅此一見。

［2］河北西路轉運使：河北西路轉運司長官。正三品。河北西路轉運司設在真定府，即今河北省正定縣。

［3］章丘：縣名。治所在今山東省章丘市北章丘城。

盧庸字子憲，薊州豐潤人。[1]大定二十八年進士，調唐州軍事判官，[2]再調定平縣令。[3]庸治舊堰，引涇水溉田，[4]民賴其利。補尚書省令史，除南京轉運副使，[5]改中都户籍判官。[6]察廉，遷禮部主事，[7]累官鳳翔治中。[8]大安三年，[9]徵陝西屯田軍衛中都，以庸簽三司事，[10]主兵食。至潞州，[11]放還屯田軍，庸改乾州刺史，[12]入爲吏部郎中。[13]

［1］薊州：治所在今天津市薊縣。　豐潤：縣名。治所在今河北省豐潤縣。

［2］唐州軍事判官：州官名。刺史州屬官。從八品。唐州治所在今河南省唐河縣。

［3］定平縣令：縣長官。定平縣治所在今甘肅省正寧縣西南政平鎮。

［4］涇水：即涇河。源出寧夏回族自治區南部六盤山東麓，東南流經甘肅省，到陝西省高陵縣境入渭河。

［5］南京轉運副使：轉運司屬官。協助轉運使管理税賦錢穀、倉庫出納及度量之制。正五品。

［6］中都户籍判官：中都路都轉運司屬官。專掌拘收徵剋等事。從六品。

［7］禮部主事：尚書禮部屬官。定員二人，從七品。

［8］鳳翔治中：府官名。鳳翔即鳳翔府，治所在今陝西省鳳翔縣。爲府尹屬官，本書《百官志》不載。據本書卷八五《永功

傳》，“家奴王唐犯罪至徒，永功曲庇之。平陽治中高德裔失覺察，笞四十”，則此官當是負責本府司法工作。據本書卷一二八《孫德淵傳》，“歷大興治中、同知府事”，《武都傳》，“調太原治中，復爲都轉運副使”，《紇石烈德傳》，歷“大名治中、安、曹、裕三州刺史”。同知府事爲從四品，都轉運副使爲正五品，刺史爲正五品，則此官當爲五品官。

[9]大安：金衛紹王年號（1209—1211）。

[10]簽三司事：三司屬官，協助三司使管理勸農、鹽鐵、度支等事。正四品。金泰和八年（1208）省户部官員置三司，貞祐年間撤。

[11]潞州：治所在今山西省長治市。

[12]乾州刺史：刺史州長官。正五品。乾州治所在今陝西省乾縣。

[13]吏部郎中：尚書吏部屬官。從五品。

至寧元年，[1]改陝西按察副使。[2]夏人犯邊，[3]庸繕治平凉城池，積芻粟，團結士兵爲備。十一月，夏人掠鎮戎，[4]陷涇、邠，[5]遂圍平凉。庸矢盡，募人取夏兵射城上箭以濟急用，出府庫賞有功者，人樂爲死，平凉賴以完。貞祐二年，[6]庸移書陝西行省僕散端，[7]大概謂慶陽、平凉、德順，[8]陝西重地，長安以西，邠爲阸塞，[9]當重兵屯守。詔賞平凉功，庸進官四階，遷按察轉運使。[10]

[1]至寧：金衛紹王年號（1213）。

[2]陝西按察副使：陝西按察司屬官。協助按察使掌審察刑獄、照刷案牘、糾察濫官污吏豪猾之人、私販鹽酒及一切應禁之事，兼

管勸農事。正四品。

［3］夏：指西夏（1038—1227）。

［4］鎮戎：軍鎮名。治所在今寧夏回族自治區固原市。大定二十二年（1182）升爲州。

［5］涇：州名。治所在今甘肅省涇川縣北涇河北岸。金元光元年（1222）移至涇川縣東。　邠：州名。治所在今陝西省彬縣。

［6］貞祐：金宣宗年號（1213—1217）。

［7］陝西行省：爲陝西行尚書省長官。金末地方有征伐時，設行尚書省以分任軍民之事，爲中央尚書省的派出機構。長官爲行尚書省事，簡稱行省。非定制，兵罷則取消，故本書《百官志》不載。　僕散端：女真人。本名七斤。本書卷一〇一有傳。

［8］慶陽：府名。治所在今甘肅省慶陽縣。

［9］長安：縣名。治所在今陝西省西安市。　隘（ài）：險要之地。

［10］按察轉運使：泰和八年（1208）十一月，因轉運使權輕，州縣不畏，詔除中都路外，諸路按察使並兼轉運使，同時負責按察司與轉運司事務。正三品。

三年，詔諸道按察司講究防秋，[1]庸陳便宜曰：“自鄜延至積石，[2]雖多溝坂，無長河大山爲之屏蔽，恃弓箭手以禦侮，其人皆剛猛善鬥，熟于地利，夏人畏之。向者徙屯他所，夏人即時犯邊，此近年深患也。人情樂土，且耕且戰，緩急將自奮。”又曰：“防秋之際，宜先清野。”又曰：“掌軍之官不宜臨時易代，兵家所忌，將非其人，屢代何益?”無何，有言庸老不勝任者，即罷之。

[1]按察司：官署名。掌審察刑獄、照刷案牘、糾察濫官污吏豪猾之人、私販鹽酒及一切應禁之事，兼管勸農事。長官爲按察使，正三品。

[2]鄜延：路名。治所在今陝西省延安市。　積石：州名。大定二十二年（1182）升積石軍置。治所在今青海省貴德縣西，後移至青海省循化撒拉族自治縣。

未幾，改定海軍節度使，[1]山東亂，不能赴，按察司劾之，當奪兩官，審理官直之。庸以病請求醫藥，遂致仕。興定三年卒。[2]

[1]定海軍節度使：節度使爲節度州長官。從三品。定海軍設在萊州，治所在今山東省掖縣。

[2]興定：金宣宗年號（1217—1222）。

李偲字子友，定州安喜人。[1]中天眷二年進士，調遼山簿，[2]累官户部主事。[3]丁母憂，起復舊職，除同知河東南路轉運使事。[4]大定初，改同知中都路都轉運使事。[5]僕散忠義行省事於汴京，[6]奏偲幕府，世宗曰："李偲方治京畿漕事，行省可他選也。"三年，權知登聞檢院，[7]再遷户部侍郎，上曰："户部，財用出入，朕難其人。卿非舊勞，資叙尚淺，勿以秩滿例升三品因循歲月，若不自勉，必不汝貸。"偲每朝會與高德基屏人私語。上聞而怪之，問右丞石琚曰：[8]"李偲果何如人？"琚曰："亦幹事吏耳。"改同知北京留守、沂州防禦使。[9]

[1]定州：治所在今河北省定州市。　安喜：縣名。大定七年（1167）改遷安名。治所在今河北省遷安縣東北。

[2]遼山簿：縣官名。即遼山縣主簿。正九品。遼山縣治所在今山西省左權縣北。

[3]户部主事：尚書户部屬官。定員二人，從七品。

[4]同知河東南路轉運使事：河東南路轉運司屬官。從四品。河東南路轉運司設在平陽府，治所在今山西省臨汾市。

[5]同知中都路都轉運使事：中都路都轉司屬官。從四品。中都路都轉運司設在中都，治所在今北京市。

[6]僕散忠義：女真人。本名烏者。本書卷八七有傳。

[7]權知登聞檢院：登聞檢院長官。掌奏御進告尚書省、御史臺理斷不當事。從五品。代理、攝守之官稱“權”。

[8]右丞：執政官。爲宰相之貳，佐治省事。正二品。　石琚：字子美。本書卷八八有傳。

[9]同知北京留守：北京留守司長官。北京路治所在今内蒙古自治區寧城縣大明城。

沂南邊郡，户部符借民閑田，種禾取藁秸，[1]備警急用度。偲曰：“如此則農民失業。”具奏止之。轉運司牒郡輸粟朐山，[2]調急夫數萬人，是時久雨泥濘，挽運不能前進。偲遣吏往朐山刺取其官廩，見儲粮數可支半歲，即具其事牒運司，請緩期，毋自困百姓。先是，郡縣街陌間聽民作廛舍，取其僦直。至是，罷收僦直，廛舍一切撤毁。他郡奉承號令，督百姓必盡撤去，使街陌繩齊矢棘如初時然後止。偲獨教民撤治前却不齊一者三五所，使巷道端正即已，民便之。改陝西西路轉運使，[3]卒。

［1］稾：通“槀”，“槀”爲“稿”的異體字。

［2］轉運司：此指置於益都府的山東東路轉運司。 朐山：縣名。治所在今江蘇省連雲港市西南海州鎮。

［3］陝西西路轉運使：陝西西路轉運司長官。掌稅賦錢穀、倉庫出納及度量之制。正三品。陝西西路轉運司設在平凉府，即今甘肅省平凉市。

贊曰：[1]毛碩、李上達、曹望之、李偲之流，皆金之能吏也。望之悻悻然以求大用，君子無取焉。

［1］贊：史臣的評論。

徒單克寧本名習顯，其先金源縣人，[1]徙居比古土之地，[2]後徙置猛安于山東，遂占籍萊州。[3]父況者，[4]官至汾陽軍節度使。[5]

［1］金源縣：金之金源縣屬中京大定府，治所在今遼寧省建平縣東北喀喇沁鄉。金初，這一帶並非女真人居住區，疑此處“縣”字爲衍文，徒單克寧實爲金源人。

［2］比古土：地名。不詳。

［3］萊州：治所在今山東省掖縣。

［4］況者：本書僅此一見。

［5］汾陽軍節度使：節度州長官。從三品。汾陽軍設在汾州，治所在今山西省汾陽縣。

克寧資質渾厚，寡言笑，善騎射，有勇略，通女直、契丹字。[1]左丞相希尹，克寧母舅。熙宗問希尹表戚中誰可侍衛者，[2]希尹奏曰："習顯可用。"以爲符寶祇候。[3]是時，悼后干政，[4]后弟裴滿忽土侮克寧，[5]克寧毆之。明日，忽土以告悼后，后曰："習顯剛直，必汝之過也。"已而，充護衛，[6]轉符寶郎，遷侍衛親軍馬步軍都指揮使，[7]改忠順軍節度使。[8]

[1]女直：即女直字。完顔希尹被殺於天會十三年（1135），此係希尹被殺以前，則指"女直大字"。

[2]熙宗：廟號。即完顔合剌，漢名亶。1135 年至 1149 年在位。　希尹：女真人。本名谷神。克寧父况娶希尹之姐或妹，希尹與克寧爲舅甥關係。本書卷七三有傳。

[3]符寶祇候：殿前都點檢司屬官。舊名牌印祇候，大定二年（1162）改爲符寶祇候，掌御寶及金、銀牌等。

[4]悼后：女真人。熙宗悼平皇后裴滿氏。本書卷六三有傳。

[5]裴滿忽土：女真人。本書卷一二〇有傳。

[6]護衛：皇帝的衛戍部隊。定員二百人，由五至七品官子孫及宗室、親軍、諸局分承應人中選拔，考試合格方可録用。負責皇宫的警衛及行從宿衛。

[7]侍衛親軍馬步軍都指揮使：侍衛親軍司長官，例由殿前都點檢兼。負責統領侍衛親軍。正三品。海陵正隆五年（1160）罷侍衛親軍司以後并入殿前都點檢司。

[8]忠順軍節度使：節度州長官。從三品。忠順軍設在蔚州，治所在今河北省蔚縣。

克寧娶宗幹女嘉祥縣主，[1]同母兄蒲甲判大宗正事，[2]海陵心忌之，出爲西京留守，[3]構致其罪，誅之，因降克寧知滕陽軍。[4]歷宿州防禦使、胡里改路節度使、曷懶路兵馬都總管。[5]

[1]宗幹：女真人。本名斡本。本書卷七六有傳。　嘉祥縣主：公主封號。爲封公主之縣號第二十八。

[2]蒲甲：女真人。一作蒲家，漢名衮，海陵異母弟。本書卷七六有傳。　判大宗正事：大宗正府長官。以皇族中屬親者充，掌敦睦糾率宗屬欽奉王命，泰和六年（1206）以避諱改名爲判大睦親事。從一品。

[3]西京留守：西京留守司長官，例兼本府府尹、本路兵馬都總管。正三品。西京，京路名，治所在今山西省大同市。

[4]知滕陽軍：州官名。帶京朝官銜或試銜者主持軍鎮事務時稱知軍事，簡稱知軍。滕陽軍，大定二十二年（1182）置。治所在今山東省滕州市。大定二十四年改爲滕州。

[5]宿州防禦使：防禦州長官。從四品。宿州治所在今安徽省宿州市。　胡里改路節度使：爲胡里改路長官。胡里改路治所在今黑龍江省依蘭縣喇嘛廟。　曷懶路兵馬都總管：諸總管府長官。掌統諸城隍兵馬甲仗，總判府事。正三品。曷懶路治所在今朝鮮咸鏡南道咸興城南五里處。

大定初，詔克寧以本路兵會東京。遷左翼都統。詔與廣寧尹僕散渾坦、同知廣寧尹完顏巖雅、肇州防禦使唐括烏也，[1]從右副元帥完顏謀衍討契丹窩斡。[2]趨濟州。[3]謀衍用契丹降吏乣者計策，[4]襲賊輜重，克寧與紇石烈志寧爲殿，[5]與賊遇于長濼。[6]謀衍使伏兵于左翼之側，賊二萬餘躡吾後，又以騎四百餘突出左翼伏兵之間，欲繞出陣後攻我。克寧與善射二十餘人拒之。衆曰：“賊衆我寡，不若與伏兵合擊，或與大軍相依，可以萬全。”克寧曰：“不可。若賊出陣後，則前後夾擊，我敗矣，大軍不可俟也。”於是奮擊，賊迺却。左翼萬户襄與大軍合擊之，[7]賊遂敗，追奔十餘里，二年四月一日也。

[1]廣寧尹：府長官。正三品。廣寧即廣寧府，治所在今遼寧省北寧市。　僕散渾坦：女真人。本書卷八二有傳。　完顔巖雅：女真人。僅見於此及卷一三三。　肇州防禦使：防禦州長官。從四品。肇州治所，一説在今黑龍江省肇源縣茂興站南的吐什吐，一説在今黑龍江省肇源縣的望海屯古城，一説在今黑龍江省肇東縣八里城。　唐括烏也：女真人。僅見於此及卷一三三。

[2]右副元帥：元帥府屬官。位在都元帥、左副元帥之下。正二品。　完顔謀衍：女真人。本書卷七二有傳。

[3]濟州：治所在今吉林省農安縣。

[4]乣者：見於本書卷七二、九二、一三三。

[5]紇石烈志寧：女真人。本名撒曷輦。本書卷八七有傳。

[6]長濼：地名。一説即今内蒙古自治區奈曼旗境工程廟泡子（一名烏蘭浪泡）；一説爲在今吉林省乾安縣、農安縣之間。

[7]萬户：金太祖始對“材堪統衆”的軍官授以萬户官職，統領猛安謀克，隸於都統。海陵天德三年（1151）罷，後不復設。此處當指左翼都統。　襄：女真人。本名唵。本書卷九四有傳。

越九日，復追及賊于霿𩅦河。[1]左翼軍先與賊戰，克寧以騎二千追掩十五里，賊迫澗不得亟渡，殺傷甚衆。賊收軍返旆，大軍尚未至，克寧令軍士下馬射賊，賊遂引而南。

[1]霧霖河：河名。即今遼寧省開原市境内的馬鬃河。

是時，窩斡已再北，元帥謀衍利鹵掠，[1]駐師白濼。[2]世宗訝其持久，遣問之。謀衍曰："賊騎壯，我騎弱，此少駐所以完養馬力也。不然，非益萬騎不可勝。"克寧奮然而言曰："吾馬固不少，但帥不得人耳。其意常利虜掠，賊至則引避，賊去則緩隨之，故賊常得善牧，而我常拾其蹂踐之餘，此吾馬所以弱也。今誠能更置良帥，雖不益兵，可以有功。不然，騎雖十倍，未見其利也。"朝廷知其議，召還謀衍，以平章政事僕散忠義兼右副元帥。[3]

[1]鹵：同"擄"，亦作"虜"。

[2]白濼：地名。在今内蒙古自治區多倫縣西南。

[3]平章政事：爲宰相，掌丞天子，平章萬機。始設於天眷元年（1138）。從一品。　僕散忠義：女真人。本名烏者。本書卷八七有傳。　兼右副元帥："右副元帥"，原作"都元帥"，從中華點校本改。

師將發，賊聲言乞降。克寧曰："賊初困蹙，且無降意，所以揚言者，是欲緩吾師期也。不若攻其未備，賊若挫衄，則其降必速。如其不降，乘其怠而急擊之，可一戰而定也。"忠義以爲然，迺與克寧出中路，遂敗賊兵于羅不魯之地。[1]賊奔七渡河，[2]負險爲柵，克寧覘知賊柵之背其勢可上，乃潛師夜登，俯射之，大軍自下攻，賊潰，皆遁去。

[1]羅不魯：地名。據本書卷八七《僕散忠義傳》，此戰指裊嶺西陷泉之戰，故羅不魯爲地名。本書卷二四《地理志上》："有陷泉，國言曰落孛魯。"羅不魯爲落勃魯的同音異譯，即陷泉的女真語發音。陷泉，地名。一説在今内蒙古自治區巴林左旗境内，一説在今内蒙古自治區喀喇沁旗西南。

[2]七渡河：在今北京市懷柔區西南，流至牛欄山與潮白河合。

契丹平，克寧除太原尹。[1]未閲月，宋吴璘侵陝右，[2]元帥左都監徒單合喜乞益兵，[3]遣克寧佩金牌駐軍平凉。[4]詔合喜曰："朕遣克寧參議軍事，此其智勇足敵萬人，不必益軍也。"克寧至，下令安輯，未幾，民皆完聚。

[1]太原尹：府長官。正三品。太原即太原府，治所在今山西省太原市。

[2]吴璘：宋將名。字唐卿，少好騎射，積功至閤門宣贊舍人。紹興初，與兄玠在和尚原、仙人關合力擊敗金軍進犯，遷秦鳳路經略安撫使、知秦州。玠卒後之次年，節制陝西諸軍，敗金軍於扶風，使之不敢度隴。次年，收復秦州，紹興末爲四川宣撫使。完顔亮敗盟南侵，他督師轉戰漢中，收復秦鳳、熙河、永興三路所轄十六州軍，軍勢大振。因朝廷主和，受詔班師，新復州軍旋被金人所取。守蜀二十餘年，威名僅次於玠，封新安郡王。　陝右：即古地區名。陝西，指陝陌（今河南省陝縣）以西。

[3]元帥左都監：元帥府屬官。金於天會三年（1125）設元帥府，掌征討之事。設元帥左都監一員，位在都元帥、左右副元帥、元帥左右監軍之下。從三品。　徒單合喜：女真人。本書卷八七有傳。

[4]金牌：金代牌符的一種。金太祖時始製金牌、銀牌、木牌，

分賜給萬户、猛安、謀克等官佩帶，以示符信。

治兵伐宋，右丞相僕散忠義駐南京節制諸軍，左副元帥紇石烈志寧經略邊事，克寧改益都尹，[1]兼山東路兵馬都總管、行軍都統。[2]四年，元帥府欲遣左都監璋以兵四千由水路進，[3]詔曰："可付都統徒單習顯，仍益兵二千，擇良將副之。璋可經略山東。"於是，克寧出軍楚、泗之間，[4]與宋將魏勝相拒于楚州之十八里口。[5]魏勝取弊舟鑿其底，貫以大木，列植水中，别以船載巨石，貫以鐵鎖，沉之水底，以塞十八里口及淮渡舟路。[6]以步兵四萬人屯於淮渡南岸、運河之間。[7]克寧使斜卯和尚選善游者没水，[8]繫大繩植木上，數百人於岸上引繩曳一植木，皆拔出之，徹去沉船，進至淮口。宋兵來拒，隔水矢石俱發，斜卯和尚以竹編籬捍矢石，復拔去植木沉船，師遂入淮。與宋兵奪渡口，合戰數四，猛安長壽先行薄岸，[9]水淺，先率勁卒數人涉水登岸，敗其津口兵五百人，餘衆皆濟。宋兵四百餘自清河口來，[10]鎮國上將軍蒲察阿离合懣以步兵百人禦之。[11]克寧自與扎也銀术可五騎先行六七里與戰，[12]銀术可先登，奮擊敗之。宋大兵整陣來拒，克寧麾兵前戰，自旦至午，宋兵敗，踰運河爲陣，餘衆數千皆走入營中。克寧使以火箭射其營舍，盡焚，踰河撤橋，與其大軍相會。隔水射之，宋兵不能爲陣。猛安鈔兀以六十騎擊宋騎兵千餘，[13]不利，少却。克寧以猛安賽剌九十騎横擊之，[14]宋兵大敗。追至楚州，射殺魏勝，遂取楚州及淮陰縣。[15]是役也，賽剌功居多。是時，宋屢遣使請和，僕散忠義、紇石烈志寧約以世爲叔姪國，割還海、泗、唐、鄧四州。[16]宋人尚遷延有請，及克寧取楚州，宋人乃大懼，一一如約。

[1]益都尹：府長官。正三品。益都即益都府，治所在今山東省青州市。

[2]山東路兵馬都總管：諸總管府長官。掌統諸城隍兵馬甲仗，總判府事。正三品。金於山東東、西兩路皆設兵馬都總管，徒單克寧是時爲益都尹，則此處應是指山東東路兵馬都總管府。　行軍都統：軍官名。負責指揮本路部隊作戰。

[3]璋：女真人。完顔氏。本書卷六五有傳。

[4]楚：州名。治所在今江蘇省淮安市。　泗：州名。治所在今安徽省泗縣。

[5]魏勝：本書見於卷八七、九二。　十八里口：地名。一作十八里莊。當在今江蘇省淮安市境内。

[6]淮渡：當指淮河渡船之路，即河口南岸到運河之間。

[7]運河：此指淮南運河，亦稱江北運河。從淮水口折東北出無埽閘，繞江蘇省淮陰區西南經淮安市、寶應縣、高郵市至江都。本爲古之邗溝及隋煬帝所開故道。

[8]斜卯和尚：見於本書卷七、六一、九二。

[9]長壽：本書僅此一見。

[10]清河口：地名。在今山東省東平縣西。

[11]鎮國上將軍：武散官。爲從三品下階。　蒲察阿离合懣：本書僅此一見。

[12]扎也：女真語。也作“扎野”。《中國歷史大辭典》（遼夏金元史）：“金代軍事將領的勤雜服役人員，選勇敢及家庭富有者充任。”（上海辭書出版社 1986 年版）張博泉認爲，女真“扎也”是

由高級軍事將領選擇的，它没有成爲女真軍事編制系統中的一個編制官職名稱，而是賦予高級軍事將領的一種特定的官職名稱。後來“扎也”轉升，成爲國家官職中的軍政要職，因此“扎也”是入仕的一個階梯（張博泉《女真新論》，吉林文史出版社 1993 年版，第 252 頁）。　銀术可：本書共十一人同名銀术可。此人僅此一見。

[13]鈔兀：本書僅此一見。

[14]賽剌：本書共三人同名賽剌。此人僅此一見。

[15]淮陰縣：治所在今江蘇省淮陰區境。

[16]海：州名。治所在今江蘇省連雲港市舊海州。　鄧：州名。治所在今河南省鄧州市。

兵罷，改大名尹，[1]歷河間、東平尹，[2]召爲都點檢。[3]十一年，從丞相志寧北伐，還師。十一月皇太子生日，世宗置酒東宫，賜克寧金帶。明年遷樞密副使，[4]兼知大興府事，[5]改太子太保，[6]樞密副使如故。拜平章政事，封密國公。[7]

[1]大名尹：府長官。正三品。大名即大名府，治所在今河北省大名縣東。

[2]河間：此指河間尹，河間即河間府，治所在今河北省河間市。

[3]都點檢：即殿前都點檢，爲殿前都點檢司長官，兼侍衛親軍都指揮使。掌行從宿衛、關防門禁、督攝隊仗、總判司事。正三品。

[4]樞密副使：樞密院屬官。參掌武備機密之事。從二品。徒單克寧遷樞密副使的時間，此處承上文，“明年”當指大定十二年(1172)。但本書卷七《世宗紀中》繫此事於大定十四年四月。

[5]知大興府事：府官名。帶京朝官銜或試銜者爲府尹時稱知

府事，簡稱知府。本書卷七《世宗紀中》，大定十四年四月“以樞密副使徒單克寧兼大興尹”，而此稱“明年”，承上文“十一年”而應是十二年。二者不同。或其遷樞密副使在十二年，而以樞密副使兼大興尹則在十四年大興尹璋有罪除名之後。

[6]太子太保：東宫屬官，爲宫師府三師之一。正二品。

[7]密國公：封爵名。大定格，爲小國封號第二十二。

克寧女嫁爲瀋王永成妃，[1]得罪，克寧不悦，求致仕，不許，罷爲東京留守。明年，上將復相克寧，改南京留守，[2]兼河南統軍使。[3]遣使者諭之曰：“統軍使未嘗以留守兼之，此朕意也。可過京師入見。”克寧至京師，復拜平章政事，授世襲不扎土河猛安兼親管謀克。[4]世宗欲以制書親授克寧，主者不知上意，及克寧已受制，上謂克寧曰：“此制朕欲親授與卿，誤授之於外也。”又曰：“朕欲盡徙卿宗族在山東者，居之近地，卿族多，官田少，無以盡給之。”迺選其最親者徙之。

[1]瀋王：封爵名。大定格，《大金集禮》爲次國封號第八，本書《百官志》爲第七。　永成：女真人。本名鶴野，一名婁室。金世宗子。本書卷八五有傳。據本書卷八五《永成傳》，“大定七年，始封瀋王……十一年，進封豳”，卷九《章宗紀一》，大定二十九年（1189）閏五月“丙子，進……豳王永成吴王”。另據本書卷七《世宗紀中》，“皇子豳王妃徒單氏以姦，伏誅”是在大定十六年。故稱永成爲豳王，是。

[2]南京留守：南京留守司長官，例兼本府府尹、本路兵馬都總管。正三品。

[3]河南統軍使：統軍司長官。掌督領軍馬，鎮攝封陲，分營

衛、視察奸。正三品。

[4]不扎土河猛安：猛安名。不扎土爲河名。待考。

十九年拜右丞相，[1]徙封譚國公。[2]克寧辭曰："臣無功，不明國家大事，更内外重任，當自愧。乞歸田里，以盡餘年。"上曰："朕念衆人之功無出卿右者。卿慎重得大臣體，毋復多讓。"克寧出朝，上使徒單懷忠諭之曰：[3]"凡人醉時醒時處事不同，卿今日親賓慶會，可一飲，過今日可勿飲也。"克寧頓首謝曰："陛下念臣及此，臣之福也。"

[1]右丞相：爲宰相，掌丞天子，平章萬機。從一品。本書卷七《世宗紀中》記其拜右丞相係在大定二十年，與此不同。

[2]譚國公：封爵名。大定格，爲小國封號第十八。

[3]徒單懷忠：女真人。金世宗時爲近侍局使，金章宗泰和元年（1201）以右宣徽使爲賀宋生日使。後爲同判大睦親府事。

克寧爲相，持正守大體，至於簿書期會，不屑屑然也。世宗嘗曰："習顯在樞密，[1]未嘗有過舉。"謂克寧曰："宰相之職，[2]進賢爲上。"克寧謝曰："臣愚幸得備位宰輔，但不能明於知人，以此爲恨耳。"

[1]樞密：官署名。即樞密院，此所謂"在樞密"，乃指徒單克寧在樞密副使之任期間。

[2]宰相：金於尚書省設尚書令一員、左右丞相各一員、平章政事二員，皆爲宰相。

二十一年，左丞相守道爲尚書令，[1]克寧爲左丞相，徙封定國公，[2]懇求致仕。上曰："汝立功立事，迺登相位，朝廷是賴，年雖及，未可去也。"後三日，與守道奏事，俱跪而請曰："臣等齒髮皆衰，幸陛下賜以餘年。"上曰："上相坐而論道，不惟其官惟其人，豈可屢改易之邪?"頃之，克寧改樞密使，[3]而難其代。復以守道爲左丞相，虚尚書令位者數年，其重如此。未幾，以司徒兼樞密使。[4]二十二年，詔賜今名。二十三年，克寧復以年老爲請。上曰："卿昔在政府，勤勞夙夜，除卿樞密使亦可以優逸矣。朕念舊臣無幾人，萬一邊隅有警，選將帥，授方略，山川險要，兵道軍謀，舍卿誰可與共者？勉爲朕留！"克寧迺不敢復言。

[1]守道：女真人。完顏守道。本書卷八八有傳。　尚書令：尚書省長官。正一品。

[2]定國公：封爵名。大定格，爲小國封號第四。

[3]樞密使：樞密院長官。掌武備機密之事。從一品。

[4]司徒：三公之一。正一品。

二十四年，世宗幸上京，[1]皇太子守國，詔左丞相守道與克寧俱留中都輔太子。上謂克寧曰："朕巡省之後，萬一有事，卿必躬親之，毋忽細微，圖難於其易可也。"二十五年，左丞相守道賜宴北部，詔克寧行左丞相事。

[1]上京：京路名。治所在今黑龍江省阿城市白城。

是時，世宗自上京還，次天平山清暑，[1]皇太子薨於京師，諸王妃主入宫弔哭，奴婢從入者多，頗喧雜不嚴。克寧遣出之，身護宫門，嚴飭殿廷宫門禁衛如法，然後聽宗室外戚入臨，從者有數。謂東宫官屬曰："主上巡幸未還宫闕，太子不幸至于大故，汝等此時能以死報國乎？吾亦不敢愛吾生也。"辭色俱厲，聞者肅然敬憚。章宗時爲金源郡王，[2]哀毁過甚，克寧諫曰："哭泣，常禮也。郡王身居冢嗣，豈以常禮而忘宗社之重乎？"召太子侍讀完顔匡曰：[3]"爾侍太子日久，親臣也。郡王哀毁過甚，爾當固諫。謹視郡王，勿去左右。"世宗在天平山，皇太子訃至，哀慟者屢矣。聞克寧嚴飭宫衛，謹護皇孫，嘉其忠誠而愈重之。

[1]天平山：據本書卷二四《地理志上》，臨潢府"有天平山、好水川，行宫地也"，天平山在今内蒙古自治區扎魯特旗西北，疑即罕山。

[2]章宗：廟號。即完顔麻達葛，漢名璟。1190 年至 1208 年在位。　金源郡王：封爵名。爲封王郡號第一。

[3]太子侍讀：東宫屬官。本書《百官志》不載。待考。　完顔匡：女真人。本名撒速。本書卷九八有傳。

九月，世宗還京師。十一月，克寧表請立金源郡王爲皇太孫，以係天下之望。其略曰："今宣孝皇太子陵寢已畢，[1]東宫虚位，此社稷安危之事，陛下明聖超越前古，寧不察此，事貴果斷，不可緩也。緩之則起覬覦之心，來讒佞之言。讒佞之言起，雖欲無疑，得乎？兹事深可畏、大可慎，而不畏不慎，豈惟儲位久虚，而骨肉之禍，自此始矣。臣愚不避危身之罪，伏願亟立嫡孫金源郡王爲皇太孫，以釋天下之惑，塞覬覦之端，絶構禍之萌，則宗廟獲安，臣民蒙福。臣備位宰相，不敢不盡言，惟陛下裁察。”

[1]宣孝：金世宗第二子皇太子允恭的謚號。章宗時追謚爲體道弘仁英文睿德光孝皇帝。見本書卷一九《顯宗本紀》。

踰月，有詔起復皇孫金源郡王判大興尹，[1]封原王。[2]世宗諸子中趙王永中最長，[3]其母張玄徵女，[4]玄徵子汝弼爲尚書左丞。[5]二十六年，世宗出汝弼爲廣寧尹。[6]於是，左丞相守道致仕，遂以克寧爲太尉，[7]兼左丞相，原王爲右丞相，因使克寧輔導之。

[1]判大興尹：府官名。是時金章宗官階爲正一品，而府尹僅僅是正三品官，其官階高於官職，故稱判。

[2]原王：封爵名。大定格，《大金集禮》爲次國封號第十六，《金史·百官志》爲第十五。

[3]趙王：封爵名。大定格，爲大國封號第八。　永中：女真人。本名實魯剌，又名萬僧。本書卷八五有傳。

[4]張玄徵：渤海人。張汝弼之父。見於本書卷六二、八三及此。

[5]汝弼：渤海人。本書卷八三有傳。　尚書左丞：執政官。爲宰相之貳，佐治省事。正二品。

[6]廣寧：原作“廣平”，從中華點校本改。

[7]太尉：三公之一。正一品。

原王爲丞相方四日，世宗問之曰："汝治事幾日矣？"對曰："四日。""京尹與省事同乎？"對曰："不同。"上笑曰："京尹浩穰，尚書省總大體，所以不同也。"數日，復謂原王曰："宮中有四方地圖，汝可觀之，知遠近厄塞也。"

世宗與宰相論錢幣，上曰："中外皆患錢少，今京師積錢止五百萬貫，[1]除屯兵路分，其他郡縣錢可運至京師。"克寧曰："郡縣錢盡入京師，民間錢益少矣。若起運其半，其半變折輕賫，庶幾錢貨流布也。"上嘉納之。

[1]止五百萬貫："止"，原作"正"，據中華點校本改。

章宗雖封原王，爲丞相，克寧猶以未正太孫之位，屢請於世宗，世宗嘆曰："克寧，社稷之臣也。"十一月戊午，宰相入見于香閣，[1]既退，原王已出，克寧率宰臣屏左右奏立太孫，世宗許之。庚申，詔立原王右丞相爲皇太孫。

[1]香閣：宮殿名。在中都大興府宮城中。

明日，徒單公弼尚息國公主，[1]納幣，賜六品以上宴于慶和殿。[2]上謂諸王大臣曰："太尉忠實明達，漢之周勃也。"[3]稱嘆再三。克寧進酒，上舉觴爲之釂。有詔給太尉假三日。

[1]徒單公弼：女真人。本名習烈。本書卷一二〇有傳。　息國公主：公主封號。此指金世宗女。

[2]慶和殿：宮殿名。在中都大興府宮城中。

[3]周勃：見《史記》卷五七與《漢書》卷四〇。

明年正月，復求解機務。上曰："卿遽求去邪？豈朕用卿有未盡乎？或因喜怒用刑賞乎？其他宰相未有能如卿者，宜勉留以輔朕。卿若思念鄉土，可以一往，不必謝政事。三月一日朕之生辰，卿不必到，從容至暑月還京師相見。"四月，克寧還朝，入見上。上問曰："卿往鄉中，百姓皆安業否?"克寧曰："生業頗安，然初起移至彼，未能滋殖耳。"

未幾，以丞相監修國史。[1]上問史事，奏曰："臣聞古者人君不觀史，願陛下勿觀。"上曰："朕豈欲觀此?深知史事不詳，故問之耳。"

[1]監修國史：國史院長官。掌監修國史，例由首相兼任。位在同修國史、修國史之上。

初，瀘溝河決久不能塞，[1]加封安平侯，[2]久之，水復故道。上曰："鬼神雖不可窺測，即獲感應如此。"克寧奏曰："神之所佑者，正也，人事乖，則弗享矣。報應之來皆由人事。"上曰："卿言是也。"世宗頗信神仙浮圖之事，故克寧及之。

[1]瀘溝河：即今永定河。　决:原作"法",從中華點校本改。

[2]安平侯：封爵名。據本書卷二七《河渠志》，大定二十七年（1187）四月丙子“詔封盧溝水神爲安平侯”。

宋前主殂，宋主遣使進遺留物，上怪其禮物薄。克寧曰：“此非常貢，責之近於好利。”上曰：“卿言是也。”迺以其玉器五事、玻瓈器大小二十事及茶器刀劍等還之。

二十八年十一月癸丑，上幸克寧第。初，上欲以甲第賜克寧，克寧固辭，迺賜錢因其舊居宏大之。畢工，上臨幸，賜金器錦繡重綵，克寧亦有獻。上飲歡甚，解御衣以衣之。詔畫克寧像藏内府。

十二月乙亥，世宗不豫。甲申，克寧率宰執入問起居。[1]上曰：“朕疾殆矣。”謂克寧曰：“皇太孫年雖弱冠，生而明達，卿等竭力輔之。”又曰：“尚書省政務權聽于皇太孫。”克寧奏曰：“陛下幸上京時，宣孝太子守國，許除六品以下官，[2]今可權行也。”上曰：“五品以下亦何不可。”乙酉，詔皇太孫攝行政事，注授五品以下官。詔太孫與諸王大臣俱宿禁中。克寧奏曰：“皇太孫與諸王宜別嫌疑，正名分，宿止同處，禮有未安。”詔太孫居慶和殿東廡。丙戌，詔克寧以太尉兼尚書令，封延安郡王。[3]平章政事襄爲右丞相，右丞張汝霖爲平章政事。[4]戊子，詔克寧、襄、汝霖宿於内殿。

[1]宰執：指宰相與執政官。金於尚書省設尚書令一員、左右丞相各一員、平章政事二員，爲宰相。設左右丞各一員、參知政事二員，爲執政官。

［2］許除六品以下官：“許”，原作“詐”，從中華點校本改。

［3］延安郡王：封爵名。爲封王郡號第十。

［4］張汝霖：渤海人。本書卷八三有傳。

二十九年正月癸巳，世宗崩于福安殿。[1]是日，克寧等宣遺詔立皇太孫爲皇帝，是爲章宗。徙封爲東平郡王。[2]詔克寧朝朔望，朝日設坐殿上。克寧固辭，詔近臣勉諭。克寧涕泣謝曰：“憐憫老臣，幸免常朝，豈敢當坐禮。”其後，每朝必爲克寧設坐，克寧侍立益敬。即位詔文“凡除名開落官吏並量材録用”，張汝霖奏真盜枉法不可恕，克寧曰：“陛下初即位，行非常之典，贓吏誤沾恩宥其害小，國之大信不可失也。”章宗深然之。無何，進拜太傅，[3]兼尚書令，賜尚衣玉帶。乞致仕，不許。詔譯《諸葛孔明傳》賜之。[4]詔尚書省曰：“太傅年高，旬休外四日一居休，大事録之，細事不須親也。”賜金五百兩、銀五千兩、錢千萬、重綵二百端、絹二千匹。

［1］福安殿：宫殿名。在中都大興府宫城中。

［2］東平郡王：封爵名。爲封王郡號第八。

［3］太傅：三師之一。正一品。

［4］諸葛孔明傳：見《三國志》卷三五。

尚書省奏猛安謀克願試進士者聽之，上曰：“其應襲猛安謀克者學於太學可乎？”[1]克寧曰：“承平日久，今之猛安謀克其材武已不及前輩，萬一有警，使誰禦之？習辭藝，忘武備，於國弗便。”上曰：“太傅言是也。”章宗初即位，頗好辭章，而疆場方有事，故克寧言及之。

[1]太學：官署名。爲國子監下屬機構。設博士四員，正七品，助教四員，正八品。

明昌二年，[1]克寧屬疾，章宗往視之。克寧頓首謝曰：“臣無似，嘗蒙先帝任使，陛下即位，屬以上相，今臣老病，將先犬馬填溝壑，無以輔明主綏四方。陛下念臣駑怯，親枉車駕臨幸，死有餘罪矣。”是日，即榻前拜太師，[2]封淄王，加賜甚厚。[3]

[1]明昌二年：本書卷九《章宗紀一》作明昌元年（1190）十二月，“幸太傅徒單克寧第視疾”。與此異。

[2]太師：三師之一。正一品。

[3]淄王：封爵名。大定格，爲小國封號第十四。

是歲二月，[1]薨，遺表，其大概言：“人君往往重君子而反疏之，輕小人而終昵之。願陛下慎終如始，安不忘危。”而言不及私。詔有司護喪事，歸葬于萊州，謚曰忠烈。明昌五年，配享世宗廟廷，圖像衍慶宮。[2]大安元年，改配享章宗廟廷。

[1]是歲二月：本書卷九《章宗紀一》作“正月”。

[2]衍慶宮：宮殿名。在中都路大興府宮城中。宮名衍慶，殿名聖武，門名崇聖。爲金之原廟。

贊曰：徒單克寧可謂大臣矣，功高而身愈下，位盛而心愈勞。《經》曰“在上不驕，高而不危，制節謹度，滿而不溢”，[1]所以長守富貴。故曰忠信匪懈，不施其功，履盛滿而不忘，德之上也。孜孜勉勉，恪守職業，不居不可成，不事不可行，人主知之，次也。諫期必行，言期必聽，爲其事必有其功者，又其次也。

［1］經：指《孝經》，引文出自《孝經》的《諸侯章》。

金史　卷九三

列傳第三十一

顯宗諸子　琮　瓌　從彝　從憲　玠　章宗諸子　洪裕　洪靖　洪熙　洪衍　洪輝　忒鄰　衛紹王子　從恪　宣宗三子　莊獻太子　玄齡　守純　獨吉思忠　承裕　僕散揆　抹撚史扢搭　宗浩

顯宗孝懿皇后生章宗，[1]昭聖皇后生宣宗，[2]諸姬田氏生鄆王琮、[3]瀛王瓌、[4]霍王從彝，[5]劉氏生瀛王從憲，王氏生温王玠。[6]

[1]顯宗：世宗嫡長子。名完顏允恭，女真名胡土瓦。大定二年（1162）五月立爲皇太子，二十五年六月病卒，七月賜謚號宣孝太子，廟號顯宗。本書卷一九有傳。　孝懿皇后：女真人。姓徒單氏，海陵王的外甥女，顯宗正室夫人。大定四年十一月封爲皇太子妃，章宗即位尊爲皇太后，明昌二年（1191）卒，謚號孝懿。本書卷六四有傳。　章宗：廟號。完顏璟，女真名麻達葛。金代第六任皇帝。1189 年至 1208 年在位。

[2]昭聖皇后：劉氏，遼陽人。遼陽府（今遼寧省遼陽市）遼

金時期是渤海人的聚居地，自金初以來渤海大族與金皇室通婚，劉氏亦可能爲渤海人。本書卷六四有傳。　宣宗：廟號。完顏珣，女真名吾睹補。金代第八任皇帝。1213年至1223年在位。

[3]諸姬：顯宗的幾位側室夫人。田氏、劉氏、王氏當爲漢族或渤海族女子。　鄆王：封爵名。大定格，次國封號第二十一。

[4]瀛王：封爵名。大定格，次國封號第二十　瓌："瑰"的異體字。

[5]霍王：封爵名。明昌格，次國封號第二十二。

[6]温王：封爵名。大定格，次國封號第三十。

鄆王琮本名承慶，母田氏，其後封裕陵充華。[1]琮儀觀豐偉，機警清辯，性寬厚，好學。世宗選進士之有名行者納坦謀嘉教之，[2]女直小字及漢字皆通習。[3]及長，輕財好施，無愠色，善吟詠，不喜聞人過，至于騎射繪塑之藝，皆造精妙。大定十八年，[4]封道國公。[5]二十六年，加崇進。[6]章宗即位，遷開府儀同三司，[7]封鄆王。明昌元年，[8]授婆速路獲火羅合打世襲猛安，[9]留京師。[10]五年，薨。上輟朝，親臨奠于殯所。謚曰莊靖，改莊惠。

[1]裕陵：顯宗的陵號。　充華：田氏的封號。

[2]世宗：廟號。完顏雍，女真名烏禄。金朝第五任皇帝。1161年至1189年在位。　納坦謀嘉：女真人。大定二十六年（1186）被選入東宮教完顏琮和完顏瓌讀書，此時雖習進士業，尚未中舉。本書卷一〇四有傳。

[3]女直小字：金代女真有大、小兩種文字，金太祖天輔三年（1119）頒行的由女真人完顏希尹等創製的女真字，謂之大字。其

後熙宗又創製另一種女真字，謂之小字。兩種文字同時並行。

[4]大定：金世宗年號（1161—1189）。章宗即位後仍沿用一年。

[5]道國公：封爵名。大定格，小國封號第三位。

[6]崇進：文散官。從一品下階。

[7]開府儀同三司：文散官。從一品上階。

[8]明昌：金章宗年號（1190—1196）。

[9]婆速路獲火羅合打世襲猛安：女真族世襲爵位。受封者有領地民户，金初規定，猛安領有三千户。其後猛安領户數有所減少，亦在千户以上。　婆速路：地區級路名。又稱婆速府路，隸東京路，治所在今遼寧省丹東市九連城。　獲火羅合打：猛安名。合打，女真語，漢義爲“峰”。獲火羅峰無考（張博泉等《金史論稿》第一卷，吉林文史出版社 1986 年版，第 307 – 308 頁）。

[10]京師：中都，在今北京市。

瀛王瓌本名桓篤，鄆王琮之同母弟也。重厚寡言，内行修飭，工詩，精于騎射、書藝、女直大小字。大定二十二年，封崇國公。[1]二十六年，加崇進。章宗即位，遷開府儀同三司，封瀛王。明昌三年，薨。敕葬事所須皆從官給，命工部侍郎胥持國等典喪事。[2]比葬，帝三臨奠，哭之慟。謚曰文敬。其後帝謂輔臣曰：“王性忠孝，兄弟中最爲善人，故朕嘗令在左右。温王雖幼，[3]亦佳。不二旬俱逝，良可哀悼。”

[1]崇國公：封爵名。大定格，小國封號第三位。

[2]工部侍郎：工部屬官。佐尚書管理營造法式、工匠、屯田、山林川澤之禁、江河堤岸、道路橋梁之事。正四品。　胥持國：章

宗朝官至尚書右丞、樞密副使。本書卷一二九有傳。

[3]温王：即完顔玠。本卷有傳。

霍王從彝本名阿憐，母田氏早卒，温妃石抹氏養爲己子。[1]大定二十五年，封宿國公，[2]加崇進。二十六年，賜名瓚。[3]章宗即位，封沂王。[4]明昌元年，諭旨有司曰："豐、鄆、瀛、沂四王府各賜奴婢七百人。"[5]四年，詔追封故魯王永功爲趙王，[6]以從彝爲趙王後。[7]承安元年，[8]爲兵部尚書，[9]改封蔡。[10]四年，除祕書監。[11]泰和五年，[12]賜今名。[13]八年，封霍。貞祐二年，[14]薨。

[1]温妃石抹氏：契丹人。顯宗完顔允恭的側室。　温妃：后妃封號。海陵朝制定諸妃號，爲第十一位。

[2]宿國公：封爵名。大定格，小國封號第八位。

[3]瓚：世宗（其祖父）所賜的大名。按女真風俗，初生幼兒由父祖起幼名。成年之後父祖再次命名，即大名，有女真名，也有漢名。金朝女真貴族子弟的大名一般都是漢名。

[4]沂王：封爵名。大定格，次國封號第二十五位。

[5]豐：封爵名。大定格，次國封號第十八位。

[6]詔追封故魯王永功爲趙王：永功爲世宗子，卒於宣宗興定五年（1221），此時尚在世，顯然有誤。本書卷八五《世宗諸子傳》："世宗昭德皇后生顯宗、趙王孰輦、越王斜魯。……孰輦、斜魯皆早卒"。卷五九《宗室表》亦記世宗子孰輦爲章宗胞叔。中華點校本認爲孰輦雖已早卒，仍爲立後。此處"永功"應是"孰輦"。孰輦，女真人。世宗子，顯宗的同母弟，即從彝的叔父。　魯王：封爵名。大定格，大國封號第十二位。　趙王：封爵名。明

昌格，大國封號第八位。

[7]以從彝爲趙王後：女真族有收繼養子的習俗，趙王孰輦雖已死，仍過繼兄子從彝繼承家産，四時祭祀。

[8]承安：金章宗年號（1196—1200）。

[9]兵部尚書：兵部長官。主管兵籍、軍器、城隍、鎮戍、障塞以及驛鋪、車儀之事。正三品。

[10]蔡王：封爵名。明昌格，次國封號第二十三位。

[11]祕書監：秘書監（機構）長官。主管經籍圖書各種事務，並領著作局、筆硯局、書畫局、司天臺等機構。從三品。

[12]泰和：金章宗年號（1201—1208）。

[13]賜今名：從彝爲章宗所賜予的名字。

[14]貞祐：金宣宗年號（1213—1217）。

瀛王從憲本名吾里不，母劉氏，後封裕陵茂儀。[1]大定二十六年，賜名琦。[2]章宗即位，加開府儀同三司，封壽王。[3]承安元年，以郊祀恩進封英。[4]四年，改封瀛。泰和五年，更賜今名。[5]六年，授祕書監。八年，薨。

[1]茂儀：不見於本書《百官志》，蓋爲東宮妃號。

[2]琦：世宗賜與吾里不的大名。

[3]壽王：封爵名。大定格，次國封號第二十九位。

[4]郊祀：爲漢族王朝傳統的祭祀天地的重要禮儀制度。海陵天德年間，金朝始承宋制，方有郊祀之制。世宗時以先祖配享的郊祀禮儀始完備。　英王：封爵名。明昌格，次國封號第二十八位。

[5]瀛王：封爵名。明昌格，次國封號第二十四位。　賜今名：章宗賜琦名爲從憲。

從憲風儀秀峙，性寬厚，善騎射，待府僚以禮，[1]秩滿去者皆有賮。[2]帝尤愛重，[3]初以病聞，即臨問之，賜錢五百萬。還宫，詔府僚上其疾增損狀，仍勅門司夜一鼓即奏，比五更重言之。及薨，上哭之慟，爲輟朝臨奠者再。諭旨判大睦親府事宛王永升曰：[4]“瀛王家事，叔宜規畫。聞其二姬方孕，若生子，即以付之。”以右宣徽使移剌都護其喪葬，[5]斂以内庫之服，其餘所須，亦從官給。謚曰敦懿。

[1]府僚：指親王府的官員。

[2]賮（jìn）：以財物贈行者。

[3]帝：指章宗。

[4]判大睦親府事：大睦親府長官。大睦親府，原爲大宗正府，章宗泰和六年（1206年）爲避睿宗宗輔諱改稱之。此官皆以皇族中親近者充任，主管敦睦糾率宗室，欽奉皇命之事。從三品。　宛王：封爵名。大定格，大國封號第十九位。　永升：世宗子，爲從憲和章宗的父輩。本書卷八五有傳。

[5]右宣徽使：宣徽院屬官。佐掌宫廷禮儀及皇帝御膳之事。正三品。　移剌都：契丹人。其他事迹無考。

温王玠本名謀良虎，母王氏，後封裕陵婉儀。[1]玠幼穎秀，性温厚，好學。大定二十九年，章宗即位，加開府儀同三司，封温王。明昌三年，薨，年十一。訃聞，上爲輟朝，親臨奠哭之。謚曰悼敏。

[1]婉儀：后妃封號。不見於《百官志》，蓋爲東宫妃號。

章宗欽懷皇后生絳王洪裕,[1]資明夫人林氏生荊王洪靖,[2]諸姬生榮王洪熙、[3]英王洪衍、壽王洪輝。[4]元妃李氏生葛王忒鄰。[5]

[1]章宗欽懷皇后：女真人。姓蒲察氏，其先祖世代與皇室爲姻親，娶后尚主。本書卷六四有傳。　絳王：封爵名。明昌格，大國封號第十五位。

[2]資明夫人：后妃封號。正五品。　林氏：史無載，似爲漢族。　荊王：封爵名。明昌格，次國封號第二十六位。

[3]諸姬：指章宗的嬪妃。據本書卷六四《后妃傳》載，章宗嬪妃中有承御賈氏、范氏，其他人無考。　榮王：封爵名。明昌格，次國封號第二十七位。

[4]壽王：封爵名。明昌格，次國封號第二十九位。

[5]元妃李氏：漢人。名李師兒，出身宮籍監户（奴婢），章宗納爲妃，頗受寵倖。本書卷六四有傳。元妃，后妃封號，正一品。　葛王：封爵名。天眷格，小國封號第二十七位。本書卷五五《百官志一》在明昌格中次國封號第二十四"瀛"下小注："按金格，葛當在此。"在小國封號第二十七"蔣"下小注："《士民須知》云，舊爲葛。"

洪裕,[1]大定二十六年生。是時顯宗薨踰年，世宗深感，及聞皇曾孫生，喜甚，滿三月，宴于慶和殿,[2]賜曾孫金鼎，金香合，重綵二十端,[3]骨覩犀、[4]吐鶻、玉山子、[5]兔兒垂頭一副，名馬二匹。章宗進玉雙駝鎮紙、玉琵琶撥、玉鳳鈎、骨覩犀具佩刀、衣服一襲。世宗御酒歌歡，乙夜方罷。[6]二十八年十月丙寅，薨。明昌三年，追封絳王，賜名。[7]

［1］洪裕：女真名失載，無考。此名當爲卒後明昌三年（1192）章宗所賜之名。

［2］慶和殿：當爲中都宮城内大殿。但《地理志》記載中都諸殿中無慶和殿，中都大殿中有泰和殿，“泰和二年更名慶寧殿”。見本書卷二四《地理志上》。

［3］綵：彩色的絲織品。

［4］覩：“睹”的異體字。

［5］吐鶻：束帶名。吐鶻又作“兔鶻”。　玉山子：本書卷八二《蕭仲恭傳》：“海陵親爲書，以玉山子賜之。”

［6］乙夜：二更時候，約爲夜間十時。

［7］賜名：即章宗賜其名“洪裕”。

洪靖本名阿虎懶，明昌三年生。生而警秀，上所鍾愛。四年，薨。承安四年，追封荆王，賜名，[1]加開府儀同三司。

［1］賜名：章宗賜其名“洪靖”。

洪熙本名訛魯不，明昌三年生，未彌月薨。[1]承安四年，追封榮王，賜名，[2]加開府儀同三司。

［1］未彌月：下生未滿月。

［2］賜名：章宗賜其名“洪熙”。

洪衍本名撒改，明昌四年生，未幾薨。承安四年，追封英王，賜名，[1]加開府儀同三司。

[1]賜名：章宗賜其名“洪衍”。

洪輝本名訛論，承安二年五月生，彌月，封壽王。閏六月壬午，病急風，募能醫者加宣武將軍，[1]賜錢五百萬。甲申，疾愈，印《無量壽經》一萬卷報謝，[2]衍慶宫作普天大醮七日，[3]無奏刑名，仍禁屠宰。十月丁亥，薨，備禮葬。

[1]宣武將軍：武散官。從五品下階。

[2]《無量壽經》：佛經名。爲佛教浄土宗重要經典。

[3]衍慶宫：中都原廟的宫名。祭祀金太祖以來帝王與各朝功臣。　醮（jiào）：祭祀，亦指道教設壇祈禱。

忒鄰，泰和二年八月生。上久無皇嗣，祈禱于郊廟、[1]衍慶宫、亳州太清宫，[2]至是喜甚。彌月，將加封，三等國號無愜上意者，念世宗在位最久，年最高，初封葛王，遂封爲葛王。[3]十二月癸酉，生滿百日，放僧道度牒三千道，[4]設醮玄真觀，[5]宴于慶和殿。百官用天壽節禮儀，[6]進酒稱賀，三品以上進禮物。泰和三年，薨。

[1]郊廟：即禖宫，祭祀媒神的廟。

[2]亳州：治所在今安徽省亳州市。　太清宫：道教的廟宇。

[3]遂封爲葛王：世宗登基後，不再封授葛王。章宗以子相繼夭折，欲借世宗年高之福，封忒鄰以祈求長命百歲。

[4]度牒：官府發放給出家的僧人、道士的憑證。

[5]設醮：指道士設壇祈禱。　玄真觀：道教廟宇名。地點無考，似在中都或附近。

[6]天壽節：章宗的生日。章宗大定二十九年（1189）三月將此日定爲天壽節。

衛紹王六子，[1]大定二十六年，賜名猛安曰琚，按出曰瑄，按辰曰璪。

[1]衛紹王：封號。完顔永濟，本名興勝。金朝第七任皇帝，1209年至1213年在位。　六子：史書中所載祗有四人：從恪、琚、瑄、璪。

泰和七年，詔按辰出繼鄭王永蹈後，[1]詔曰："朕追惟鄭邸，誤蹈非彝，藁窆原野，[2]多歷歲年，怛然軫懷，[3]有不能已，乃詔追復王爵，[4]備禮改葬。今稽式古典，命汝爲鄭王後，守其祭祀。"

[1]鄭王永蹈：女真人。世宗子，章宗明昌四年（1193）以謀反罪賜死。本書卷八五有傳。　鄭王：封爵名。大定格，次國封號第二位。

[2]藁：同"槁"，乾枯。　窆（biǎn）：人死下葬時穿土下棺。即葬於荒野。

[3]軫懷：痛念。

[4]王爵：即鄭王。

大安元年，[1]封子六人爲王，從恪胙王，[2]有任王、鞏王，[3]餘弗傳。是歲，從恪爲左丞相。[4]二年八月，立從恪爲皇太子。至寧末，[5]胡沙虎殺衛王，[6]從恪兄弟皆廢居中都。[7]貞祐二年，[8]徙鄭州。[9]四年，徙居南京。[10]天興元年，[11]崔立以從恪爲梁王，[12]汴京破，[13]死焉。

[1]大安：金衛紹王年號（1209—1211）。

[2]從恪：女真人。女真名失載。　胙王：封爵名。明昌格，小國封號第二十三位。

[3]任王：封爵名。明昌格，小國封號第二十四位。衛紹王諸子中的一位。　鞏王：封爵名。明昌格，小國封號第二十六位。本書卷一四《宣宗紀上》、卷五七《百官志三》皆載爲鞏國公，即完顔按辰。

[4]左丞相：尚書省長官之一。實際掌握朝政的宰相。從一品。施國祁《金史詳校》謂左丞相的“左”，應作“右”。按是歲，僕散端由右丞相進爲左丞相，從恪於大安二年（1210）八月立爲太子，爲太子前不見載其爲左丞相。待考。

[5]至寧：衛紹王年號（1213）。

[6]胡沙虎：女真人。姓紇石烈，又名紇石烈執中。衛紹王末年爲權右副元帥，發動政變殺衛紹王立宣宗。本書卷一三二有傳。　衛王：即衛紹王，完顔永濟的封爵號。大定格，次國封號第三位。

[7]中都：都名。金海陵王貞元元年（1153）至金宣宗貞祐二年（1214）爲金朝的國都，治所在今北京市。

[8]貞祐：金宣宗年號（1213—1217）。

[9]鄭州：治所在今河南省鄭州市。

[10]南京：金宣宗貞祐三年（1215）以後爲金朝京師，治所在今河南省開封市。

[11]天興：金哀宗年號（1232—1234）。

[12]崔立：曾任安平都尉，京城西面元帥。時哀宗在歸德府，

崔立據南京政變，自封相任帥，立從恪爲梁王監國。本書卷一一五有傳。　梁王：封爵名。大國封號，天眷格第三位，大定格第二位。章宗明昌二年（1191）以“梁”爲昔有天下者之號，不宜封臣而改爲“邵”，崔立復用之。

[13]汴京：即南京。1234年蒙古軍攻占汴京。

贊曰：章宗晚年，繼嗣不立，遂屬意衛紹王。衛紹歷年不永，諸子凡禁錮二十餘年，鎬厲王諸子禁錮四十餘年，[1]長女鰥男皆不得婚嫁。天興初，方弛其禁，金亡祚後可知矣。

[1]鎬厲王：即鎬王完顏永忠，因其死後謚號“厲”，又稱鎬厲王。　鎬王：封爵名。大定格，大國封號第四位。　永忠：世宗子，章宗明昌五年（1194）因語言涉嫌逆反罪賜死，妻、子初遷置威州（今河北省井陘縣）。宣宗貞祐二年（1214）移置鄭州（今河南省鄭州市），前後監禁四十餘年。本書卷八五有傳。

莊獻太子名守忠，宣宗長子也。其母未詳，[1]説在《王后傳》。[2]胡沙虎既廢衛王，時上未至，即迎守忠入居東宫。貞祐元年閏九月甲申，立爲皇太子，詔曰：“朕以眇躬，嗣服景命，念祖宗之遺統，方夙夜以靡遑，將上以承九廟之靈，而下以係多方之望。皇太子守忠性秉温良，地居長嫡，以次第言之，則宜升儲嗣，以典禮質之，則足愜群情，其立爲皇太子。”十月己未，以鎮國上將軍、太子少保阿魯罕爲太子少師。[3]庚申，上遣諭曰：“朕宫中每事裁減，汝亦宜知時難，斟酌撙節也。”[4]又謂曰：“時方多艱，每事當從貶損，吾已放宫人百餘矣，東宮無用者亦宜出之。汝讀書人，必能知此也。”

［1］守忠母：姓氏無考，爲宣宗即位前所納的正妃，即帝位後尊爲皇后。

［2］王后傳：見本書卷六四《宣宗皇后王氏傳》。

［3］鎮國上將軍：武散官。從三品下階。　太子少保、太子少師：東宮屬官。掌保護東宮，導以德義。皆正三品。　阿魯罕：女真人。其他事迹無考。

［4］撙節：約束、節制。

二年四月，[1]宣宗遷汴，留守中京。[2]七月，[3]召至汴。三年正月，薨。上臨奠殯所凡四次。四月，葬迎朔門外五里，[4]謚莊獻。五月，立其子鏗爲皇太孫，[5]始二歲。十二月薨，四年正月，賜謚冲懷太孫。

［1］四月：局本作“五月”。本書卷一四《宣宗紀上》載，貞祐二年（1214）五月“上決意南遷，詔告國内”，“壬午，車駕發中都”。此處四月當爲五月。

［2］中京：中京爲金前期京號，海陵貞元元年（1153）改爲北京，在今内蒙古自治區寧城縣，此處中京當爲中都之誤。本書卷一四《宣宗紀上》：貞祐二年（1214）八月“皇太子至自中都。”

［3］七月：當爲八月。

［4］迎朔門：南京城門之一，似爲北門。此時中都正陷於金蒙戰火之中，不能歸葬祖陵，祇好臨時葬於此處。

［5］完顔鏗：無事迹可考。

玄齡，或曰莊獻太子母弟，早卒，未封爵。或曰麗妃史氏所生。[1]

[1]麗妃史氏：事迹不詳。　麗妃：后妃封號。貞祐以後有此封號。正一品。

荆王守純本名盤都，宣宗第二子也。母曰真妃龐氏。[1]貞祐元年，封濮王。[2]二年，爲殿前都點檢兼侍衛親軍都指揮使，[3]權都元帥。[4]上諭帥府曰："濮王年幼，公事殊未諳，卿等毋以朕子故不相規戒。凡見將校，令謙和接遇可也。"三年，爲樞密使。[5]四年，拜平章政事。[6]興定元年，授世襲東平府路三屯猛安。[7]三年，以知管差除令史梁瓛，[8]誤書轉運副使張正倫宣命，[9]奏乞治罪。上曰："令史有犯，宰臣自當治之，何必關朕耶？"是年三月，[10]進封英王。時監察御史程震言其不法，[11]宣宗切責，杖司馬及大奴尤不法者數人。[12]四年九月，守純欲發丞相高琪罪，[13]密召知案蒲鮮石魯剌、[14]令史蒲察胡魯、[15]員外郎王阿里謀之，[16]且屬令勿泄，而石魯剌、胡魯輒以告都事僕散奴失不，[17]奴失不白高琪。及高琪伏誅，守純劾三人者泄密事，奴失不處死，除名，[18]石魯剌、胡魯各杖七十，勒停。

[1]真妃龐氏：事迹見本書卷六四《宣宗明惠皇后傳》。本書卷五五《百官志一》，"按金格，貞祐后之制，貴妃下有真妃"。居第三位。正一品。

[2]濮王：封爵名。明昌格，小國封號第一位。

［3］殿前都點檢：殿前都點檢司長官。總領親軍，掌行從宿衛，關防門禁，督攝隊仗，總判司事。正三品。　侍衛親軍都指揮使：金制皆以殿前都點檢兼領，掌宫内宿衛、官防、門禁諸事。

［4］權都元帥：都元帥。總領全國軍隊，掌征伐之事。從一品。權：代理。本書卷一四《宣宗紀上》載，貞祐二年（1214）三月，濮王守純"權都元帥府事"。都元帥府事之職，《百官志》無載，當爲金末元帥府成爲常設機構之後所置官職，掌領元帥府軍務，並非軍隊統帥。從守純的年齡經歷與後文看，當是任權都元帥府事，而不是任權都元帥。

［5］樞密使：樞密院長官。掌領武備軍務機密之事。從一品。

［6］平章政事：尚書省屬官。宰相成員之一，丞相的副佐，掌丞天子，平章萬機。正員二人，從一品。

［7］世襲東平府路三屯猛安：世襲猛安爲女真貴族受封的世爵，受封者領有土地和人户。東平府路即山東西路，路治在東平府，治所在今山東省東平縣。三屯，河名。《皇明實録》作三土路，今吉林省輝發河南支流三統河。金占領中原後，三屯猛安自東北遷入山東（張博泉等《金史論稿》第一卷，吉林文史出版社1986年版，第527頁）。

［8］知管差除令史：尚書省吏員。無官品。　梁瓛：其他事迹不詳。

［9］轉運副使：轉運司屬官。協助掌理一路的稅賦錢穀、倉庫出納、度量權衡之制。正五品。　張正倫：哀宗朝官至户部侍郎、尚書右丞。

［10］三月：據本書卷一五《宣宗紀中》當爲閏三月。

［11］監察御史：御史臺屬官。掌糾察内外官員非違之事。正員十二人，正七品。　程震：本書卷一一〇有傳。

［12］司馬：親王府屬官。檢校親王府門禁，總理府事。從六品。　大奴：當指親王府内奴婢身分地位較高的人。

［13］四年九月，守純欲發丞相高琪罪：本書卷一〇六《朮虎

高琪傳》記此事曰："時興定三年十二月也。"繫年月與此異。　高琪：女真人。姓朮虎氏，時爲右丞相，宣宗朝權臣。本書卷一〇六有傳。

［14］知案：本書卷五二《選舉志》記有"刑房知案"，當爲尚書省吏員。　蒲鮮石魯剌：女真人。其他事迹無考。

［15］蒲察胡魯：女真人。其他事迹無考。

［16］員外郎：尚書省左、右司屬官。掌本司奏事，總察兵、刑、工三部受事付事。正六品。本書卷一〇六《朮虎高琪傳》記載其官爲右司員外郎。　王阿里：與蒲察咬住、蒲察合住共稱宣宗朝三賊。見本書卷一二九《蒲察合傳》。

［17］都事：尚書省左、右司屬官。掌本司受事付事。正員二人，正七品。　僕散奴失不：女真人。金興定四年（1220），夏人陷西寧州，坐誅。見本書卷一六《宣宗紀下》。

［18］奴失不處死除名：按本書卷一六《宣宗紀下》，興定四年（1220）九月"己酉，夏人陷西寧州，尚書省都事僕散奴失不坐誅"，然卷一〇六《朮虎高琪傳》稱奴失不"論死"，疑《宣宗紀》有誤。

元光二年三月壬子，[1]上戒諭守純曰："始吾以汝爲相者，庶幾相輔，不至爲人譏病耳。汝乃惟飲酒耽樂，公事漫不加省，何耶？吾常聞人言己過，雖自省無之，亦未敢容易去懷也。"又曰："吾所以責汝者，但以崇飲不事事之故，汝勿過慮，遂至奪權。今諸相皆老臣，每事與之商略，使無貽物議足矣。"[2]

［1］元光：金宣宗年號（1222—1223）。

［2］物議：衆人的議論。

是年十二月庚寅，宣宗病喉痺，[1]危篤，將夕，守純趣入侍。哀宗後至，[2]東華門已閉，[3]聞守純在宫，分遣樞密院官及東宫親衛軍總領移剌蒲阿集軍三萬餘屯東華門外。[4]部署定，扣門求見。都點檢駙馬都尉徒單合住奏中宫，[5]得旨，領符鑰開門。哀宗入，宰相把胡魯已遣人止丞相高汝礪，[6]不聽入宫，以護衛四人監守純於近侍局。[7]是夕，宣宗崩。明日，哀宗即位。

[1]痺：又作“痹”，指風、寒、濕所引起的麻木病狀。

[2]哀宗：廟號。即完顔寧甲速，漢名初爲守禮，後改爲守緒。1224年至1234年在位。

[3]東華門：南京皇城内後宫門。

[4]樞密院：官署名。掌全國軍備的最高機構。其時哀宗完顔守緒以太子任樞密使，主樞密院事。　東宫親衛軍總領：東宫屬官。《百官志》無載，本書僅一見。東宫親衛軍，其他均衹稱親衛軍，見於金後期，爲皇帝的親兵。本書卷一一二《移剌蒲阿傳》記載其官爲“親衛軍總領，佩金符”，此處似有誤。　移剌蒲阿：契丹人。因爲此次助哀宗而受重用，“自是軍國大計多從決之”。哀宗朝曾任權樞密副使、權參知政事，與合達行省於閿鄉。哀宗天興元年（1232），三峰山之戰兵敗，爲元兵所俘，被殺。本書卷一一二有傳。

[5]駙馬都尉：娶當朝公主者，多授予此官，無具體職掌。正四品。　徒單合住：女真人。其他事迹無考。

[6]把胡魯：女真人。時任平章政事。本書卷一〇八有傳。　丞相高汝礪：時任右丞相，因左丞相缺員，高汝礪實爲首席丞相。哀宗正大元年（1224）三月卒。本書卷一〇七有傳。

[7]近侍局：官署名。殿前都點檢司下設機構。掌管轉進奏帖之事，設於宫城之内。

正大元年正月，[1]進封荆王，罷平章政事，判睦親府，[2]封真妃龐氏爲荆國太妃。[3]三月，或告守純謀不軌，下獄推問。慈聖宮皇太后有言於帝，[4]由是獲免，語在《皇后傳》。守純三子，長曰訛可，[5]封肅國公，[6]天興元年三月進封曹王，[7]出質於軍前。次曰某，封戴王。[8]次曰孛德，[9]封鞏王。[10]

[1]正大：哀宗年號（1224—1231）。

[2]判睦親府：大睦親府長官，即判大睦親府事。掌敦睦糾率宗屬欽奉王命。此爲守純罷相後的官職。見本書卷一七《哀宗紀上》。

[3]荆國太妃：后妃封號。《百官志》不載，品階不詳。

[4]慈聖宮皇太后：即宣宗明惠皇后王氏，哀宗之母。本書卷六四有傳。

[5]訛可：女真人。其他事迹無考。

[6]肅國公：金封爵國號中無“肅”，小國封號作蕭。明昌格，小國封號第二十八位。然《歸潛志》卷一一《録大梁事》謂正大九年（1232）三月“朝議封皇兄荆王守純子肅國公某爲曹王”，與此合。

[7]曹王：封爵名。明昌格，大國封號第二十位。蒙古軍進兵汴京（今河南省開封市），遣使至金諭降，哀宗以訛可爲人質送至元軍前，欲議和，爲此加封王號較高。

[8]戴王：封爵名。明昌格，小國封號第二十五位。

[9]孛德：女真人。無事迹可考。

[10]鞏王：封爵名。明昌格，小國封號第二十六位。

天興初，守純府第産肉芝一株，高五寸許，色紅鮮可愛，既而枝葉津流，濡地成血，臭不可聞，鏟去復生者再。夜則房榻間群狐號鳴，秉燭逐捕則失所在。未幾，詔可出質，哀宗遷歸德。[1]明年正月，崔立亂。四月癸巳，守純及諸宗室皆死青城。[2]

[1]歸德：府名。治所在今河南省商丘市。

[2]青城：地名。《三朝北盟彙編》卷六五，靖康元年（1126）十一月三十日"粘罕、斡離不以兵至京城（汴京）"，"斡離不屯劉家寺，粘罕屯青城"。卷七一，十二月二日"癸亥，駕（宋帝）在青城，奉表於金人"。説明青城在汴京城附近，即今河南省開封市近郊之地。

贊曰：《詩》云[1]"天難忱斯，不易維王，天位殷適，使不挾四方"。信哉。守忠立爲太子，未幾而薨，其子鏗立，又薨，哀宗復乏嗣，豈非天乎。正大間，國勢日蹙，本支殆盡，[2]哀宗尚且踈忌骨肉，非明惠之賢，[3]荆王幾不能免，豈"宗子維城"之道哉。

[1]詩：書名。《詩經》，句出《詩・大雅・大明》。

[2]本支殆盡：指哀宗無嗣子。

[3]明惠：即哀宗母慈聖宫皇太后。

獨吉思忠本名千家奴。[1]明昌六年，爲行省都事，[2]累遷同簽樞密院事。[3]承安三年，除興平軍節度使，[4]改西北路招討使。[5]

[1]獨吉思忠：據本書卷一〇《章宗紀二》明昌六年“行省都事獨吉永中來報捷”。知其原名爲獨吉永忠，後爲避衛紹王之諱改名爲思忠。

[2]行省都事：行省屬官。行省是章宗明昌五年（1194）以來因國家臨時的軍、政事務涉及數路，而設置的臨時機構，金蒙開戰以後漸變爲路級機構之上的常設機構。行省都事職掌當與中央尚書省都事相同，提控架閣庫。其官品無載。

[3]同簽樞密院事：樞密院屬官。爲樞密使的副佐之一，佐掌武備機密之事。正四品。

[4]興平軍節度使：州軍官。掌鎮撫諸軍防禦之事，總判本鎮軍政事務。從三品。　興平軍：設於平州，治所在今河北省盧龍縣。

[5]西北路招討使：招討司長官。掌招懷降附，征討判逃之事。正三品。　西北路：隸屬西京路的地區級路名。治所在今内蒙古自治區錫林郭勒盟正藍旗境内。

初，大定間修築西北屯戍，西自坦舌，東至胡烈么，[1]幾六百里。中間堡障，工役促迫，雖有墻隍，無女墻副堤。思忠增繕，用工七十五萬，止用屯戍軍卒，役不及民。上嘉其勞，賜詔獎諭曰：“直乾之維，搤邊之要，正資守備，以靖翰藩，垣壘弗完，營屯未固。卿督兹事役，唯用戍兵，民不知勞，時非淹久，已臻休畢，仍底工堅。賴爾忠勤，辦兹心畫，有嘉乃力，式副予懷。”賜銀五百兩、重幣十端。入爲簽樞密院事，[2]轉吏部尚書，[3]拜參知政事。[4]

[1]西自坦舌，東至胡烈么：指金界壕在西北路境内的一段。

胡烈么，本書卷一一《章宗紀三》記載爲胡烈公，卷九四《完顔襄傳》有“胡疋紇”。中華點校本認爲胡烈么、胡烈公、胡疋紇均爲胡烈紇，在今内蒙古自治區正藍旗以北一帶。

[2]簽樞密院事：樞密院屬官。樞密使副佐之一，佐掌武備機密之事。正三品。

[3]吏部尚書：吏部長官。掌文武選授、勛封、考課、出給制誥之政。正三品。

[4]参知政事：尚書省屬官。爲執政官，宰相的副佐，佐治尚書省事。正員二人，從三品。

泰和五年，宋渝盟有端，平章政事僕散揆宣撫河南。[1]揆奏宋人懦弱，韓侂胄用事，[2]請遣使詰問。上召大臣議。左丞相崇浩曰：[3]“宋久敗之國，必不敢動。”思忠曰：“宋雖羈栖江表，未嘗一日忘中國，但力不足耳。”其後，果如思忠策。六年四月，上召大臣議伐宋事，大臣猶言無足慮者。或曰：“鼠竊狗盜，非用兵也。”思忠執前議曰：“不早爲之所，彼將誤也。”上深然之。

[1]僕散揆：女真人。章宗朝官至平章政事、左副元帥。本卷有傳。

[2]韓侂胄：宋寧宗朝太師、平章軍國事，時掌朝政，嘗決策伐金。《宋史》卷四七四有傳。

[3]左丞相崇浩：左丞相，尚書省屬官。海陵王確立一省制以後，爲最有實權的宰相。從一品。崇浩，即宗浩，女真人。姓完顔氏，宗室出身。本書卷一〇〇《宗端脩傳》云：“章宗避睿宗諱上一字，凡太祖諸子皆加‘山’爲‘崇’。”章宗朝，宗浩改爲崇浩，

官至樞密使、右丞相。本卷有傳。

七年正月，元帥左監軍紇石烈執中圍楚州，[1]久不能下，宰臣奏請命大臣節制其軍，及益兵攻之。思忠請行。上曰："以執政將兵攻一小州，克之亦不武。"乃用唐宰相宣慰諸軍故事，[2]以思忠充淮南宣慰使，[3]持空名宣勑賞立功者。[4]詔大臣宿于祕書監，各具奏帖以聞。明日，詔百官集議于廣仁殿，[5]問對者久之。既而宋人來請和，議遂寢。

[1]元帥左監軍：元帥府屬官。掌征伐之事。正三品。　楚州：南宋州名。治所在今江蘇省淮安市。

[2]唐：朝代名（618—907）。

[3]宣慰使：使職名。此後金朝凡有大灾害、饑饉、戰事，往往臨時以省、臺長官爲宣慰使，秉承皇帝的旨意督辦軍、政事務，或安撫地方。

[4]宣勑：爲朝廷任命官吏的誥命。

[5]廣仁殿：當爲中都皇城内大殿名。

頃之，進拜尚書右丞。[1]大安初，拜平章政事。三年，與參知政事承裕將兵屯邊，方繕完烏沙堡，[2]思忠等不設備，大元前兵奄至，取烏月營，[3]思忠不能守，乃退兵，思忠坐解職。[4]衛紹王命參知政事承裕行省，既而敗績于會河堡云。[5]

[1]尚書右丞：尚書省屬官。爲執政官，輔佐宰相治理尚書省政務。正二品。

[2]烏沙堡：地名。在今河北省張北縣西北舊興和西。

[3]烏月營：地名。在今山西省大同市東北，内蒙古自治區興和縣附近。

[4]思忠坐解職：據本卷《承裕傳》載大安三年（1211），"拜參知政事，與平章政事獨吉思忠行省戍邊"。可知原思忠亦爲行省長官。

[5]會河堡：地名。在會河川附近，即今河北省宣化縣西北。

承裕本名胡沙，頗讀孫、吴書，[1]以宗室子充符寶祗候。[2]除中都左警巡副使，[3]通括户籍，百姓稱其平。遷殿中侍御史，[4]改右警巡使、[5]彰德軍節度副使、[6]刑部員外郎，[7]轉本部郎中。[8]歷會州、惠州刺史，[9]遷同知臨潢府事，[10]改東北路招討副使。[11]以病免，起爲西南招討副使。[12]

[1]孫、吴：即孫武、吴起。孫武，春秋時齊國人，名武，仕吴國爲將。吴起，戰國時衛國人，後仕魏國爲將。二人都以善用兵著稱，後世多以孫吴並稱。

[2]符寶祗候：殿前都點檢司屬吏。舊名牌印祗候，世宗大定二年（1162）改爲符寶祗候，多以宗室子入仕之初任此職，出職授從七品。符寶祗候正員人數《金史》記載不同，卷五六《百官志二》記載四人，但卷五三《選舉志三》記載爲十二人，或爲金朝前後期符寶祗候的人數有增減變化。

[3]中都左警巡副使：中都警巡院屬官。掌巡警之事。從七品。

[4]殿中侍御史：御史臺屬官。每遇朝對立於龍墀之下，專劾朝者儀矩，凡百官告假事具奏目呈進。正員二人，正七品。

[5]右警巡使：即中都右警巡使，中都警巡院長官之一。掌平理獄訟，警察所部，總判院事。正六品。

［6］彰德軍節度副使：州軍官。爲節度使副佐。從五品。彰德軍設於彰德府，治所在今河南省安陽市。

［7］刑部員外郎：刑部屬官。正員二人。一員掌律令格式、審定刑名、追徵給沒等事；另一員掌監户、官户、良賤訴訟、官吏改正、功賞捕亡等事。從六品。

［8］本部郎中：即刑部郎中，刑部屬官。佐掌律令、刑名、赦詔、徵沒、官吏改正，以及宫、監户（官奴婢口）、良賤身份訴訟、功賞捕亡等諸種事務。從五品。

［9］會州：治所在今甘肅省靖遠縣以南苦井嶺一帶。　惠州：本書《地理志》無此州名，但在大定府、惠和縣條下載“皇統三年以遼惠州、惠和縣置”，又卷一二《章宗紀四》泰和四年（1204）六月“罷惠、川、高三州”。這表明章宗時還有惠州，從地望上看當屬北京路統轄。遼代惠州治所在今内蒙古自治區赤峰市敖漢旗之南。　刺史：刺史州長官。掌宣風導俗，肅清所部，總判州事。正五品。

［10］同知臨潢府事：爲府佐貳，掌通判府事。從四品。臨潢府爲臨潢府路的治所，在今内蒙古自治區赤峰市巴林左旗（林東鎮）遼舊城址。

［11］東北路招討副使：招討司屬官。佐掌招懷降附、征討叛離之事。正員二人，從四品。　東北路招討司：隸屬於臨潢府路，治所在今吉林省洮南市一帶。

［12］西南路招討司：隸屬西京路，治所在今内蒙古自治區呼和浩特市之西。大定八年（1168）以後遷至今山西省應縣。

泰和六年，伐宋，遷陝西路統軍副使，[1] 俄改通遠軍節度使、[2] 陝西兵馬都統副使，[3] 與秦州防禦使完顔璘屯成紀界。[4] 宋吴曦兵五萬由保岔、姑蘇等谷襲秦州，[5] 承裕、璘以騎兵千餘人擊走之，追奔四十里，凡六戰，宋兵大敗，斬首四千餘級。詔承裕曰："昔乃祖乃父，戮力戎旅，汝年尚少，善於其職，故命汝與完顏璘同行出界。昔汝自言得兵三萬足以辦事，今以石抹仲温、术虎高琪及青宜可與汝軍相合，[6]計可六萬，斯亦足以辦矣。仲温、高琪兵道險阻，汝兵道甚易也。自秦州至仙人關纔四百里耳，[7]從長計畫，以副朕意。"詔完顏璘曰："汝向在北邊，以幹勇見稱，頃以過失，逮問有司。近知與宋人奮戰，故特赦免，仍充副統，如能佐承裕立功業，朕於官賞，豈復吝惜。聞汝臨事頗黠，若復自速罪，且不赦汝矣。"

[1]陝西路統軍副使：統軍司屬官。佐督領軍馬，鎮守邊陲。正四品。　陝西路統軍司：置於京兆府，治所在今陝西省西安市。

[2]通遠軍：州軍名。設於鞏州，治所在今甘肅省隴西縣。

[3]陝西兵馬都統副使：即陝西路統軍副使。本書卷一二《章宗紀》：泰和六年（1206）四月，"升諸道統軍司爲兵馬都統府"。

[4]秦州防禦使完顏璘：本書卷九八《完顏綱傳》所記完顏璘職務與此同，卷一二《章宗紀四》泰和六年（1206）十月則稱其爲"隴州防禦使"。與此異。秦州防禦使，州長官。掌一州軍政事務。從四品。秦州治所在今甘肅省天水市。完顏璘，女真人。事迹主要見於本傳。　成紀：縣名，治所與秦州同。

[5]吴曦：宋人。時爲宋朝四川宣撫副使，知興州，兼陝西、河東招撫使，後降金。《宋史》卷四七五有傳。　保岔谷、姑蘇谷：皆地名。當位於金宋邊界地區，今甘肅省境内嶓塚山中的谷名。

[6]石抹仲温：契丹人。時任知臨洮府事。本書卷一〇三有傳。青宜可：羌人。歸附金朝的羌人酋長，又曰"吐番之種也"。見本書卷九八《完顏綱傳》。

[7]仙人關：地名。當在甘肅省南部。

宋吴璘使其將馮興、楊雄、李珪以步騎八千入赤谷，[1]承裕、璘及河州防禦使蒲察秉鉉逆擊破之。[2]宋步兵保西山，[3]騎兵走赤谷。承裕遣部將唐括按荅海率騎二百馳擊宋步兵，[4]甲士蒙括挺身先入乘之，[5]宋步兵大潰，追奔至皂郊城，[6]斬二千餘級。猛安把添奴追宋騎兵，[7]殺千餘人，斬楊雄、李珪于陣，[8]馮興僅以身免。承裕進兵克成州。[9]

[1]馮興、楊雄、李珪：宋人。馮興與楊雄其他事迹無考，李珪爲吴曦的親信。　赤谷：地名。在今甘肅省天水市南。

[2]河州：治所在今甘肅省臨夏市之東北。　蒲察秉鉉：女真人。曾任同知平涼府事，駐守鳳翔諸隘。

[3]西山：地名。當在赤谷附近。

[4]唐括按荅海：女真人。其他事迹無考。

[5]蒙括：女真人。又作蒙葛，其他事迹無考。

[6]皂郊城：地名。又稱皂郊堡，在今甘肅省天水市南。

[7]猛安：軍事長官猛安統兵千人左右，又稱千夫長。　把添奴：女真人。其他事迹無考。

[8]斬楊雄、李珪于陣：《宋史》卷四七五《吴曦傳》記載，吴曦叛宋降金受封爲蜀王。宋寧宗開禧三年（1207），部將楊巨源等人殺吴曦，“賊黨……李珪……等皆誅之”。由此可知記載有誤，李珪並非死於金宋戰場。

[9]成州：南宋州名。治所在今甘肅省成縣。

八年，罷兵，遷河南東路統軍使，[1]兼知歸德府事，[2]俄改知臨潢府事。賜金帶、重幣十端、銀百五十兩。大安初，召爲御史中丞。[3]三年，拜參知政事，與平章政事獨吉思忠行省戍邊。烏沙堡之役不爲備，失利，朝廷獨坐思忠，詔承裕主兵事。

[1]河南東路統軍使：統軍司長官。掌督領軍馬，鎮守邊陲，分營衛，視察奸。正三品。本書《地理志》記載南京路（河南路）不分東西，《百官志》記載，統軍司條下衹有河南統軍司，亦不分東、西路。但在提舉圉牧所條下有河南東路、河南西路。從承裕同時兼任知歸德府事，可知河南東路統軍司設在歸德府，治所在今河南省商丘市。本書有關河南東、西路統軍司的記載都集中在章宗泰和年間，亦有可能金朝衹在泰和年間河南統軍司分東、西路。

[2]兼知歸德府事：知府事一職，本書《百官志》不載，世宗大定年間始設，官品高於同知，或低於府尹。章宗朝及以後，不授府尹，以知府事代之。掌宣風導俗，肅清所部，總判府事。官品或與府尹同，正三品。

[3]御史中丞：御史臺屬官。御史大夫的副佐，佐掌糾察朝儀，彈糾官邪，勘鞫官府公事，審理内外刑獄理斷不當之事。從三品。

八月，大元大兵至野狐嶺，[1]承裕喪氣，不敢拒戰，退至宣平。[2]縣中土豪請以土兵爲前鋒，以行省兵爲聲援，承裕畏怯不敢用，但問此去宣德間道而已。[3]土豪嗤之曰："溪澗曲折，我輩諳知之。行省不知用地利力戰，但謀走耳，今敗矣。"其夜，承裕率兵南行，大元兵踵擊之。明日，至會河川，[4]承裕兵大潰。承裕僅脱身，走入宣德。大元游兵入居庸關，[5]中都戒嚴。識者謂金之亡決於是役。衛紹王猶薄其罪，除名而已。

[1]野狐嶺：地名。今河北省萬全縣之北。

[2]宣平：地名。承安二年（1197）以大新鎮置，以北邊用兵嘗駐此地，今河北省懷安縣以東安家堡一帶。

[3]宣德：縣名。宣德州治所在地，今河北省宣化縣。

[4]會河川：河名。當爲宣化縣西北的南洋河支流。

[5]居庸關：地名。在今北京市昌平縣西北雲台。

崇慶元年，[1]起爲陝西安撫使。[2]至寧元年，遷元帥右監軍，[3]兼咸平府路兵馬都總管，[4]與契丹留可戰，[5]敗績。改同判大睦親府事、[6]遼東宣撫使。[7]貞祐初，改臨海軍節度使，[8]卒。

[1]崇慶：衛紹王年號（1212—1213）。

[2]陝西安撫使：安撫司長官。泰和六年（1206）置陝西路宣撫使，節制陝西右監軍、右都監兵馬公事。八年改爲安撫使，職掌不變。從一品。

[3]元帥右監軍：元帥府屬官。掌征伐之事。正三品。

[4]咸平府路兵馬都總管：路長官。掌管一路軍政事務。正三品。咸平府路治所在今遼寧省開原市。

[5]留可：契丹人。按《元史》卷一四九《耶律留哥傳》，"金人遣胡沙帥軍六十萬，號百萬，來攻留哥……横衝胡沙軍，大敗之。""留可"當爲"留哥"之誤。留哥，姓耶律，又名移刺留哥。衛紹王崇慶元年（1212）起兵反金，次年被推爲遼王，建元天統，臣附蒙古。《元史》卷一四九有傳。

[6]同判大睦親府事：大睦親府屬官。佐掌敦睦糾率宗室，欽奉皇命之事。從二品。

[7]遼東宣撫使：宣撫司長官。節制遼東兵馬公事。從一品。

遼東宣撫司治所在東京遼陽府，今遼寧省遼陽市。

[8]臨海軍：州軍名。治錦州，在今遼寧省錦州市。

贊曰：曹劌有言：[1]“一鼓作氣，再而衰，三而竭。”夫兵以氣爲主，會河堡之役，獨吉思忠、承裕沮喪不可復振，金之亡國，兆於此焉。

[1]曹劌有言：語出自《左傳·莊公十年》。

僕散揆本名臨喜，其先上京人，[1]左丞相兼都元帥沂國武莊公忠義之子也。[2]少以世胄，選爲近侍奉御。[3]大定十五年，尚韓國大長公主，[4]擢器物局副使，[5]特授臨潢府路赫沙阿世襲猛安。[6]歷近侍局副使、[7]尚衣局使、[8]拱衛直副都指揮使，[9]爲殿前左衛將軍。[10]罷職，[11]世宗諭之曰：“以汝宣獻皇后之親，[12]故令尚主，置之宿衛，謂當以忠孝自勵。日者乃與外人竊議，汝腹中事，朕不能測，其罷歸田里。”尋起爲灤州刺史，[13]改蠡州，[14]入爲兵部侍郎、[15]大理卿、[16]刑部尚書。[17]

[1]上京：金朝前期京師，治所在今黑龍江省哈爾濱市阿城區。

[2]都元帥：元帥府長官。總領全國軍隊，掌征伐之事。從一品。　沂國武莊公：僕散忠義被封爲沂國公，大定格，次國封號第二十五位。武莊，謚號。　忠義：即僕散忠義，女真人。世宗朝左丞相。本書卷八七有傳。

[3]近侍奉御：近侍局屬官。又稱奉御，原名入殿小底，大定十二年（1172）更名爲奉御。正員十六人，出職爲從七品。

[4]韓國大長公主：金朝皇姑稱大長公主，揆所尚爲世宗女。

除此傳之外，卷八五《永蹈傳》、卷一〇二《僕散安貞傳》皆作韓國公主，當以韓國公主爲是。　韓國公主：世宗女，鄭王永蹈之妹。

［5］器物局副使：器物局屬官。佐提點掌管進御器械、鞍轡諸物之事。從六品。

［6］臨潢府路赫沙阿世襲猛安：女真貴族世爵，受封者領有土地和人户。　臨潢府路：治所在今内蒙古自治區巴林左旗。　赫沙阿：地名。即赫沙河，又曰轄沙河，在今内蒙古自治區境内西拉木倫河以北，是巴林左旗以南的一條河（張博泉等《金史論稿》第一卷，吉林文史出版社 1986 年版，第 311 – 312 頁）。日本學者三上次男認爲，可能是與察罕木倫河匯合而注入西拉木倫河的廓勒廓勒甸果勒（三上次男《金代女真研究》，黑龍江人民出版社 1984 年版，第 492 頁）。

［7］近侍局副使：近侍局屬官。掌侍從、轉進奏摺之事。從六品。

［8］尚衣局使：尚衣局屬官。掌御用衣服、冠帶等事。從五品。

［9］拱衛直副都指揮使：拱衛直使司屬官。掌儀衛之事。從五品。

［10］殿前左衛將軍：殿前都點檢司屬官。掌宫禁、宿衛、警嚴之事，並總領護衛。官品無載。

［11］罷職：僕散揆與右丞相烏古論元忠嘗宴飲私自議論朝政，被罷官。見本書卷七三《宗道傳》。

［12］宣獻皇后：太祖側室夫人，姓僕散氏，世宗祖母。金太宗天會十三年（1135）追册爲德妃，世宗大定元年（1161）追謚爲宣獻皇后。她又是僕散揆父親僕散忠義的姑媽。

［13］灤州：治所在今河北省灤縣。

［14］蠡州：治所在今河北省蠡縣。

［15］兵部侍郎：兵部屬官。佐掌兵籍、軍器、城隍、鎮戍、厩牧、鋪驛、車輅、儀仗、郡邑圖志、險阻、障塞、遠方歸化之事。

正四品。

[16]大理卿：大理寺長官。掌理斷天下奏案，詳審疑獄。正四品。

[17]刑部尚書：刑部長官。總掌律令、刑名、赦詔、懲没、官吏改正，以及宫、監户（官奴婢口）、良賤身份訴訟、功賞捕亡等諸種事務。正三品。

章宗即位，出爲泰定軍節度使，[1]改知臨洮府事。[2]以政蹟聞。升河南路統軍使。陝西提刑司舉揆[3]"剛直明斷，獄無冤滯。禁戢家人，[4]百姓莫識其面。積石、洮二州舊寇皆遁，[5]商旅得通"。於是，進官一階，仍詔褒諭。

[1]泰定軍：州軍名。舊名泰寧軍，大定九年（1169）更此名。治兖州，在今山東省兖州市。

[2]臨洮府：臨洮府路路治所在地，治所在今甘肅省臨洮縣。

[3]陝西提刑司：地方監察機構。掌審察刑獄，察舉官吏，舉廉能，劾不法，糾正官邪，勸農桑。陝西提刑司治於平凉府，今甘肅省平凉市。

[4]禁戢：約束、收斂。

[5]積石、洮州：積石州治所在今青海省循化撒拉族自治縣。洮州治所在今甘肅省臨潭縣。

明昌四年，鄭王永蹈謀逆，[1]事覺，揆坐嘗私品藻諸王，獨稱永蹈性善，静不好事，[2]乃免死，除名。未幾，復五品階，起爲同知崇義軍節度使事。[3]以戰功遷西北路副招討，進官七階，賜金馬盂一、銀二百兩、重綵一十端。復以戰功升西南路招討使兼天德軍節度使，[4]賜金五十兩、重綵一十端。復出禦邊，嘗轉戰出塞七百里，至赤胡覩地而還。[5]優詔褒諭，遷一官，仍許其子安貞尚邢國長公主，[6]且許揆入謝，禮成，歸鎮。

[1]永蹈謀逆：世宗子永蹈與妹澤國公主長樂圖謀奪取皇位，事覺，永蹈與妃、子及妹長樂皆被賜自盡而死。

[2]静不好事：原作"静好事"，語義不通。中華點校本改爲"静不好事"。今從之。

[3]崇義軍：州軍名。治義州，在今遼寧省義縣。

[4]天德軍：州軍名。設於豐州，亦爲西南路招討司所在地，治所在今内蒙古自治區呼和浩特市東。

[5]赤胡睹：地名。當在北部草原地帶，具體不詳。

[6]僕散安貞：女真人。本名阿海，蔭補入仕。宣宗朝官至左副元帥兼樞密使，後以謀反罪被誅。本書卷一〇二有傳。　邢國長公主：公主封號。金以皇帝姊妹爲長公主，具體事迹不詳。

會韓國大長公主薨，[1]揆來赴，上諭之曰："北邊之事，非卿不能辦。"乃賜戰馬二，即日遣還。揆沿徼築壘穿塹，[2]連亘九百里，營栅相望，烽候相應，人得恣田牧，北邊遂寧。復以手詔褒諭，且欲大用，以知興中府事紇石烈子仁代之，[3]勅盡以方略授子仁。既入，拜參知政事，改授中都路胡土愛割蠻世襲猛安。[4]進拜尚書右丞。尋出經略邊事，還拜平章政事，封濟國公。[5]

[1]韓國大長公主：大長公主爲皇帝的姑母。時爲章宗朝，僕散揆所尚世宗女韓國公主，爲章宗的姑母，故稱大長公主。

[2]沿徼築壘穿塹：指在金朝州縣的北部邊緣地區，修築一條防禦草原游牧民族的長城，又稱界壕。

[3]興中府：治所在今遼寧省朝陽市。　紇石烈子仁：女真人。章宗朝官至右副元帥、樞密使。

[4]中都路胡土愛割蠻世襲猛安：女真貴族世爵，受封者領有土地和人户。胡土愛割蠻又作胡土靄哥蠻，即卷二四《地理志上》上京路會寧府條下的"忽土皚葛蠻"。位於今吉林省松原市拉林河西石碑崴子地方（張博泉等《金史論稿》第一卷，第318頁）。其後遷至中都路，具體位置無考。

[5]濟國公：封爵名。大定格，小國封號第二位。本書卷五五《百官志一》，明昌格作"遂"，其下小注曰"舊曰濟"。

泰和五年，宋人渝盟，以揆爲宣撫河南軍民使。[1]上諭之曰："朕即位以來，任宰相未有如卿之久者，若非君臣道合，一體同心，何以及此。先丞相亦嘗總師南邊，[2]効力先朝，今復委卿，諒無過舉。朕非好大喜功，務要寧静内外。宋人屈服，無復可議，若怙不改，可整兵渡淮，掃蕩江左，以繼爾先公之功。"即以尚厩名馬、[3]玉束帶、内府重綵及御藥賜之。揆至汴，蒐練將士，軍聲大振。會天壽節，特遣其子安貞賜宴，且命持白玉杯以飲揆，及上秋獵所親獲鹿尾舌爲賜。宋人服罪，即罷宣撫使，召揆還。

[1]宣撫河南軍民使：即河南宣撫使，一般爲臨時任命的官職。

[2]先丞相：指其父世宗朝左丞相兼都元帥僕散忠義。

[3]尚厩：尚厩局，殿前都點檢司屬下機構，專掌御馬調習牧養之事。

六年春，宋人復數路來侵，取泗州，[1]取靈璧，[2]圍壽春。[3]命揆爲右副元帥以討之。[4]揆至軍前，集諸將校告以朝廷弔伐之意，分遣將士禦敵。復取臨淮、[5]蘄縣，[6]而符離、[7]壽春之圍亦解去。敵屢敗衂，悉遁出境。上即遣提點近侍局烏古論慶壽持手詔勞問征討事宜，[8]仍賜玉具劍一、玉荷蓮盞一、金器一百兩、重綵一十端。尋復以詔褒諭，賜玉鞍勒馬二及玉具佩刀、内府重綵、御藥，以旌其功。

[1]泗州：治所在今江蘇省盱眙縣北，淮河北岸。

[2]靈璧：縣名。治所在今安徽省靈璧縣。

[3]壽春：南宋縣名。治所在今安徽省壽縣。

[4]命揆爲右副元帥以討之：本書卷一二《章宗紀四》，泰和六年（1206）五月"戊子，平章政事蒲散揆兼左副元帥"。七年二月"戊辰，平章政事兼左副元帥僕散揆薨於軍"。施國祁《金史詳校》卷八，"'右'當作'左'"。右副元帥，元帥府屬官，居左副元帥之下，掌統帥軍隊。正二品。

[5]臨淮：縣名。治所在今江蘇省洪澤湖北畔龍集附近。

[6]蘄縣：治所在今安徽省蘄縣集一帶。

[7]符離：縣名。宿州治所所在地，今安徽省宿州市。

[8]提點近侍局：近侍局屬官。掌侍從，承勅令，轉進奏帖。正五品。世宗朝開始參政，有時還被派出體察地方政務。本書卷一〇一《烏古論慶壽傳》載，章宗泰和四年（1204），烏古論慶壽遷提點近侍局，"是時，議開通州漕河，詔慶壽按察"。　烏古論慶壽：女真人。宣宗朝官至右副元帥、樞密使。本書卷一〇一有傳。

宋人既敗退，上欲進討，乃召揆赴闕，戒以師期，宴于慶和殿，親諭之曰："朕以趙擴背盟，[1]侵我疆埸，命卿措畫。曾未期月，諸處累報大捷。振我國威，挫彼賊鋒，皆卿之力，朕不能忘。"是日寵錫甚厚，特收其次子寧壽爲奉御，[2]乃密授以成算，俾還軍。

[1]趙擴：即南宋寧宗，1195年至1224年在位。
[2]僕散寧壽：女真人。其他事迹不詳。

十一月，揆總大軍南伐，[1]分兵爲九路進。揆以行省兵三萬出潁、壽，[2]至淮，宋人旅拒于水南。揆密遣人測淮水，惟八疊灘可涉，[3]即遣奥屯驤揚兵下蔡，[4]聲言欲渡。宋帥何汝礪、姚公佐悉鋭師屯花靨以備。[5]揆乃遣右翼都統完顔賽不、[6]先鋒都統納蘭邦烈潛渡八疊，[7]駐南岸。揆麾大軍直壓其陣。敵不虞我卒至，皆潰走，自相蹂踐，死于水者不可勝計。進奪潁口，[8]下安豐軍，[9]遂攻合肥，[10]取滁州，[11]盡獲其軍實。上遣使諭之曰："前得卿奏，先鋒已奪潁口，偏師又下安豐，斬馘之數，各以萬計。近又西帥奏捷，棗陽、光化既爲我有，[12]樊城、鄧城亦自潰散。[13]又聞隨州闔城歸順，[14]山東之衆久圍楚州，隴右之師剋期出界。[15]卿提大兵攻合肥，趙擴聞之，料已破膽，失其神守。度彼之計，乞和爲上。昔嘗畫三事付卿，以今事勢計之，徑渡長江，亦其時矣。淮南既爲我有，際江爲界，理所宜然。如使趙擴奉表稱臣，歲增貢幣，縛送賊魁，還所俘掠，一如所諭，亦可罷兵。卿宜廣爲渡江之勢，使彼有必死之憂，從其所請而縱之，僅得餘息偷生，豈敢復萌他慮。卿於此時，經營江北，勞倈安集，除其虐政橫賦，以良吏撫字疲民，以精兵分守要害，雖未係趙擴之頸，而朕前所畫三事，上功已成矣。前入見時，已嘗議定，今復諄諄者，欲決卿成功爾。機會難遇，卿其勉之。"

[1]十一月，揆總大軍南伐：本書卷一二《章宗紀四》，泰和六年（1206），"冬十月戊申朔，平章政事蒲散揆督諸道兵伐宋"。中華點校本認爲此處應爲"十月"。

[2]潁、壽：州名。潁州治所在今安徽省阜陽市，壽州治所在今安徽省鳳臺縣。

[3]八疊灘：淮河某地段，無考。

[4]奥屯驤：女真人。本書卷一〇三有傳。　下蔡：縣名。壽州的治所，在今安徽省阜陽市。

[5]何汝礪：宋人。其他事迹不詳。　姚公佐：宋人。其他事迹不詳。　花靨：鎮名。在今安徽省壽縣北，淮河南岸。

[6]完顔賽不：女真人。始祖函普弟保活里的後裔。本書卷一一三有傳。

[7]先鋒都統：軍官名。掌統兵作戰。官品不詳。　納蘭邦烈：女真人。其他事迹無考。

[8]潁口：地名。當在壽州西北，花靨鎮東南處某地。

[9]安豐軍：宋州軍名。治所在今安徽省壽縣

[10]合肥：南宋縣名。廬州州治所在地，今安徽省合肥市。

[11]滁州：南宋州名。治所在今安徽省滁州市。

[12]棗陽、光化：南宋州軍名。棗陽軍治所在今湖北省棗陽市，治所在光化軍治所在今湖北省丹江口市。

[13]樊城、鄧城：宋地名。樊城在今湖北省襄樊市，鄧城在今

湖北省襄樊市北。

[14]隨州：南宋州名。治所在今湖北省隨州市。

[15]隴右：地名。指隴山以西，黄河以東地。

既而，宋帥丘崈果奉書乞和，[1]揆以前五事諭而遣之。復進軍圍和州，[2]敵以騎萬五千駐六合，[3]揆偵知之，即以右翼掩擊，斬首八千級，進屯于瓦梁河以控真、揚諸路之衝。[4]乃整列軍騎，畢張旗幟，沿江上下，皆金兵焉。於是江表震恐。宋真州兵數萬保河橋，[5]復遣統軍紇石烈子仁往攻之，分軍涉淺，潛出敵後。敵見之大驚，不戰而潰，斬首二萬餘級，生擒其帥劉侹、常思敬、蕭從德、莫子容，[6]皆宋驍將也。遂下真州。宋復遣陳璧來告和，揆以乞辭未誠，徒欲緩師，卻之。宋人既喪敗，不獲請成，乃決巨勝、成公、雷塘渚積水以爲阻，[7]盡焚其廬舍儲積，過江遁去。

[1]丘崈：宋人。崈，"崇"的古字。時爲宋寧宗朝簽書樞密院，督視江、淮軍馬。《宋史》卷三九八有傳。

[2]和州：南宋州名。治所在今安徽省和縣。

[3]六合：南宋縣名。治所在今江蘇省六和縣。

[4]瓦梁河：河名。在今江蘇省六合縣西。　真、揚：南宋州名。真州治所在今江蘇省儀征市，揚州治所在今江蘇省揚州市。

[5]河橋：地名。無考。

[6]劉侹、常思敬、蕭從德、莫子容：南宋人。其他事迹不詳。

[7]巨勝、成公、雷塘：渚名。具體地點不詳。

揆以方春地濕，不可久留，且欲休養士馬，遂振旅而還。次下蔡，遇疾。詔遣宣徽使李仁惠及其子寧壽引太醫診視，[1]仍遣中使撫問。[2]泰和七年二月，薨。訃聞，上哀悼之，輟朝，遣使迎喪，殯于都城之北。百官會弔，車駕臨奠哭之，賻銀一千五百兩、[3]重幣五十端、絹五百疋，其葬祭物皆從官給。謚曰武肅。

[1]宣徽使：宣徽院屬官。金宣徽使分左、右，本書卷一〇一《承暉傳》，"厚賂元妃兄左宣徽使李仁惠"。可知其官爲左宣徽使。李仁惠：原名爲李喜兒，仁惠爲章宗賜名。章宗元妃李師兒兄，因李師兒受寵而被擢爲顯近，勢傾朝廷。

[2]中使：皇帝派出的使臣。

[3]賻銀：助喪事的銀兩。

揆體剛内和，與物無忤，臨民有惠政。其爲將也，軍門鎮静，賞罰必行。初渡淮，即命徹去浮梁。所至皆因粮于敵，無饋運之勞。未嘗輕用士卒，而與之同甘苦，人亦樂爲之用。故南征北伐，爲一名將云。

抹撚史扢搭，臨潢路人也。其先以功授世襲謀克。[1]史扢搭幼襲爵，守邊有勞。泰和六年，南鄙用兵，[2]授同知蔡州防禦使事。[3]

[1]世襲謀克：女真地方行政設置及長官的名稱。謀克相當於縣，長官爲世襲職，掌撫輯軍户，訓練武藝，按察所部，勸課農桑，平理獄訟，捕除盜賊，禁止游惰。從五品。

[2]南鄙：指金宋邊界地區。

[3]蔡州：治所在今河南省汝南縣。

五月，宋將李爽圍壽州，[1]田俊邁陷蘄縣，[2]平章政事僕散揆謂諸將曰："符離、彭城，[3]齊魯之蔽，[4]符離不守，是無彭城，彭城陷則齊魯危矣。"乃遣安國軍節度副使納蘭邦烈與史扢搭以精騎三千戍宿州。[5]俊邁果率步騎二萬來襲，邦烈、史扢搭逆擊，大破之。邦烈中流矢。郭倬、李汝翼以衆五萬繼至，[6]遂圍城，攻之甚力，城中叢射，敵不能逼。會淫雨潦溢，敵露處勞倦，邦烈遣騎二百潛出敵後突擊之。敵亂，史扢搭率騎蹂之，殺傷數千人。敵復聞援軍將至，遂夜遁。邦烈、史扢搭躡其後，黎明合擊，大破之，獲田俊邁。十月，揆以行省兵三萬出潁、壽，史扢搭爲驍騎將、中軍副統，[7]克安豊軍，戰霍丘、花靨，[8]功居多。十二月，從攻和州，中流矢卒。

[1]李爽：宋人。其他事迹不詳。

[2]田俊邁：宋人。其他事迹不詳。

[3]彭城：縣名。徐州治所所在地，今江蘇省徐州市。

[4]齊魯：指今山東一帶地區。

[5]安國軍：州軍名。設在邢州，治所在今河北省邢臺市。宿州：治所在今安徽省宿州市。

[6]郭倬、李汝翼：宋人。其他事迹不詳。

[7]驍騎將、中軍副統：軍官名。驍騎爲親軍，本書卷四四《兵志》，海陵正隆五年（1160）"罷親軍司，以所掌付大興府，置左右驍騎，所謂從駕軍也，置都副指揮使隸點檢司"。世宗大定中定親軍驍騎諸格。中軍副統，非驍騎軍長官，而是此次與宋交戰軍隊的中軍統帥的副佐。

[8]霍丘：宋縣名。治所在今安徽省霍邱縣。

史扢搭形不過中人，而拳勇善鬭，所用槍長二丈，軍中號爲“長槍副統”。又工用手箭，箭長不盈握，每用百數，散置鎧中，遇敵抽箭，以鞭揮之，或以指鉗取飛擲，數矢齊發，無不中，敵以爲神。其箭皆以智創，雖子弟亦不能傳其法。在北部守厭山營，[1]敵尤畏之，不敢近。及死，將士皆惋惜之。

[1]厭山營：地名。具體不詳。

内族宗浩字師孟，[1]本名老，昭祖四世孫，[2]太保兼都元帥漢國公昂之子也。[3]貞元中，[4]爲海陵庶人入殿小底。[5]世宗即位遼陽，[6]昂遣宗浩馳賀。世宗見之喜，命充符寶祗候。大定二年冬，昂以都元帥置幕山東，宗浩領萬户從行，[7]仍授山東東路兵馬都總管判官。[8]丁父憂，起復，承襲因閔斡魯渾猛安，[9]授河南府判官。[10]以母喪解，服闋，授同知陝州防禦使事。[11]察廉能第一等，進官一階，升同知彰化軍節度使事，[12]累遷同簽樞密院事，改曷蘇館節度使。[13]

[1]内族：即宗族出身。本書卷五九《宗室表》：“大定以前稱‘宗室’，明昌以後避睿宗諱稱‘内族’。其實一而已，書名不書氏，其制如此。”

[2]昭祖：完顔石魯，金皇室的祖先，生女真完顔氏部落聯盟的初創者。見本書卷一《世紀》。

[3]昂：女真人。宗室出身，完顔氏，世宗朝都元帥。本書卷

八四有傳。　漢國公：封爵名。大定格，大國封號第六位。章宗明昌二年（1191）以漢唐之類爲昔有天下者之號，不宜封臣，漢國公改爲益王。

［4］貞元：金海陵王年號（1153—1156）。

［5］海陵庶人：即海陵王完顔亮。金朝第四任皇帝，世宗大定二年（1162）“降封爲海陵郡王”，大定二十年“詔降爲海陵庶人”。本書卷五有紀。　入殿小底：近侍局屬吏，即入寢殿小底，以宗室外戚子弟充任，正員十六人，出職爲從七品。大定十二年改稱奉御。

［6］遼陽：府名。即東京治所，在今遼寧省遼陽市。海陵正隆六年（1161）十月，趁海陵統軍伐宋之際，世宗於東京遼陽即帝位。

［7］萬户：軍官名。《金虜圖經》記載：“每一萬户所轄十千户。”千户即猛安，統領軍士千人，萬户爲統領數千人至萬人的軍隊將領。

［8］山東東路：治益都府，今山東省青州市。　兵馬都總管判官：路府屬官。掌紀綱總理府内事務，分判兵案之事。從五品。

［9］因閔斡魯渾猛安：女真貴族世爵，受封者領有土地和人户。因閔斡魯渾，地名。因閔，即移里閔，今吉林省境内飲馬河；斡魯渾，河名。今伊通河。此猛安是從上京路隆州（今吉林省農安縣）遷至山東東路（張博泉等《金史論稿》第一卷，第325頁）。

［10］河南府判官：又稱府判，總掌紀綱衆務，分判吏、户、禮案事，專掌通檢推排簿籍。從六品。　河南府治所在今河南省洛陽市。

［11］陜州：治所在今河南省三門峽市附近。

［12］彰化軍：州軍名。設於涇州，治所在今甘肅省涇川縣。

［13］曷蘇館：地區級路名。本書卷二四《地理志上》繫於上京路下，從其所處地理位置看當隸屬東京路。金初設都孛菫、都統司最晚於海陵天德年間已設節度使，或改制時改隸東京路。治所在

今遼寧省蓋州市東南。

世宗謂宰臣曰：“宗浩有才幹，可及者無幾。”二十三年，徵爲大理卿，踰年授山東路統軍使，[1]兼知益都府事。陛辭，世宗諭之曰：“卿年尚少，以卿近屬，有治迹，故以此授卿，宜體朕意。”因賜金帶遣之。二十六年，爲賜宋主趙眘生日使。[2]還，授刑部尚書，俄拜參知政事。

[1]山東路統軍使：即《百官志》所載益都統軍司長官。掌督領軍馬，鎮守封陲，分營衛、視察奸。正三品。統軍司治所在益都府。

[2]宋主趙眘：即宋孝宗，1163 年至 1189 年在位。趙眘，《宋史》卷三三《孝宗紀一》曰載“諱眘”。眘，爲古“慎”字。　生日使：臨時官職，被時人視爲既榮譽又收入頗豐的肥差。

章宗即位，出爲北京留守，[1]三轉同判大睦親府事。北方有警，命宗浩佩金虎符駐泰州便宜從事。[2]朝廷發上京等路軍萬人以戍。宗浩以粮儲未備，且度敵未敢動，遂分其軍就食隆、肇間。[3]是冬，果無警。

[1]北京留守：京官與路官。同時任本府尹兼本路兵馬都總管，掌管一路軍政事務。正三品。　北京：即金前期的中京大定府，海陵貞元元年（1153）更名爲北京，治所在今內蒙古自治區寧城縣境內。

[2]虎符：統兵符。章宗承安元年（1196）始定制，主符者有統兵權。　泰州：治所在今吉林省洮南市城四家子古城。

［3］隆、肇：州名。隆州治所在今吉林省農安縣。肇州治所在今黑龍江省肇源縣。

北部廣吉剌者尤桀驁，[1]屢脅諸部入塞。宗浩請乘其春暮馬弱擊之。時阻轐亦叛，[2]内族襄行省事于北京，詔議其事。襄以謂若攻破廣吉剌，則阻轐無東顧憂，不若留之，以牽其勢。宗浩奏："國家以堂堂之勢，不能掃滅小部，顧欲藉彼爲捍乎？臣請先破廣吉剌，然後提兵北滅阻轐。"章再上，從之。詔諭宗浩曰："將征北部，固卿之誠，更宜加意，毋致後悔。"宗浩覘知合底忻與婆速火等相結，[3]廣吉剌之勢必分，彼既畏我見討，而復掣肘仇敵，則理必求降，可呼致也。因遣主簿撒領軍二百爲先鋒，[4]戒之曰："若廣吉剌降，可就徵其兵以圖合底忻，仍偵餘部所在，速使來報，大軍當進，與汝擊破之必矣。"合底忻者，與山只昆皆北方别部，[5]恃强中立，無所羈屬，往來阻轐、廣吉剌間，連歲擾邊，皆二部爲之也。撒入敵境，廣吉剌果降，遂徵其兵萬四千騎，馳報以待。

［1］廣吉剌：西北方游牧部族的名稱，又作翁吉剌、宏吉剌、弘吉剌。《元朝秘史》稱爲帖兒格翁吉剌。《元史·特薛禪傳》："初弘吉剌氏族居於苦烈兒温都兒斤，迭烈木兒，也里古納河之地。"居地分兩處，一是喀爾喀河流域；一是額爾古納河以東、根河以北的三河地區（張博泉等《東北歷代疆域史》，吉林人民出版社 1981 年版，第 191 頁）。

［2］阻轐：又作阻卜，或曰韃靼，遼代對北方游牧民族的泛稱。金代北方草原游牧民族已經形成幾個大的部族，對於今蒙古國境内

的色楞格河下游的蔑兒乞部、土拉河和鄂爾渾河流域的克烈部、内蒙古自治區呼倫貝爾市呼倫湖與貝爾湖一帶的塔塔兒部以及俄羅斯境内的斯克斜魯山、烏拉果勒河一帶的游牧民族仍稱阻韉（張博泉等《東北歷代疆域史》，第213頁）。又有學者認爲，塔塔爾部分布在内蒙古自治區呼倫貝爾市南部至錫林郭勒盟北部（干志耿、孫秀仁《黑龍江古代民族史綱》，黑龍江人民出版社2015年版，第292頁）。金前期阻韉臣服於金朝。

[3]覘（chān）：窺視。　合底忻：北方游牧部族之一。分布於今内蒙古自治區呼倫貝爾市伊敏河與輝河流域（干志耿、孫秀仁《黑龍江古代民族史綱》，第292頁）。　婆速火：部族名。廣吉剌的別部。

[4]主簿：縣官。縣令的副佐。正九品。　撒：人名。姓氏不詳。其他事迹無考。

[5]山只昆：北方游牧部族之一。分布在今内蒙古自治區呼倫貝爾市地區。

宗浩北進，命人齎三十日粮，報撒會于移米河共擊敵，[1]而所遣人誤入婆速火部，由是東軍失期。宗浩前軍至忒里葛山，[2]遇山只昆所統石魯、渾灘兩部，[3]擊走之，斬首千二百級，俘生口車畜甚衆。進至呼歇水，[4]敵勢大蹙，於是合底忻部長白古帶、山只昆部長胡必剌及婆速火所遣和火者皆乞降。[5]宗浩承詔，諭而釋之。胡必剌因言，所部迪列土近在移米河不肯偕降，[6]乞討之。乃移軍趨移米，與迪列土遇，擊之，斬首三百級，赴水死者十四五，獲牛羊萬二千，車帳稱是。合底忻等恐大軍至，西渡移米，棄輜重遁去。撒與廣吉剌部長忒里虎追躡及之，[7]於窊里不水縱擊大破之。[8]婆速火九部斬首、溺水死者四千五百餘人，獲駝馬牛羊不可勝計。軍還，婆速火乞内屬，并請置吏。上優詔褒諭，遷光禄大夫，[9]以所獲馬六千置牧以處之。明年，宴賜東北部，[10]尋拜樞密使，封榮國公。[11]

[1]移米河：今内蒙古自治區呼倫貝爾市額爾古納河上游伊敏河。

[2]忒里葛山：具體不詳。

[3]石魯、渾灘：草原游牧民族部落名。分布在今内蒙古自治區呼倫貝爾市南部。

[4]呼歇水：今内蒙古自治區呼倫貝爾市輝河。

[5]白古帶、胡必剌、和火者：皆人名。其他事迹不詳。

[6]迪列土：人名。其他事迹不詳。

[7]廣吉利部長忒里虎：廣吉利部，應爲廣吉剌部之誤。忒里虎：人名。其他事迹不詳。

[8]窊里不水：河名。當在蒙古草原東部，具體不詳。

[9]光禄大夫：文散官。從二品上階。

[10]宴賜東北部：金朝不允許北方草原游牧民族入塞詣闕朝貢，朝貢活動通常在邊地界壕處進行。本書卷九六《李愈傳》，明昌二年（1191）章宗“命五年一宴賜，人以爲便”。此爲宴賜蒙古草原東北部游牧民族的朝貢者。

[11]榮國公：即榮王。

初，朝廷置東北路招討司泰州，去境三百里，每敵入，比出兵追襲，敵已遁去。至是，宗浩奏徙之金山，[1]以據要害，設副招討二員，分置左右，由是敵不敢犯。

[1]金山：吉林省白城市西北大興安嶺。

會中都、山東、河北屯駐軍人地土不贍，官田多爲民所冒占，命宗浩行省事，詣諸道括籍，凡得地三十餘萬頃。還，坐以倡女自隨，爲憲司所糾，出知真定府事。[1]徙西京留守，[2]復爲樞密使，進拜尚書右丞相，超授崇進。時徼北邊不寧，議築壕壘以備守戍，廷臣多異同。平章政事張萬公力言其不可，[3]宗浩獨謂便，乃命宗浩行省事，以督其役。功畢，上賜詔褒賚甚厚。

[1]真定府：河北西路路治所在地，治所在今河北省正定縣。

[2]西京：治所在今山西省大同市。

[3]張萬公：金章宗明昌二年（1191）拜參知政事入相，時任平章政事，封壽國公。本書卷九五有傳。

撒里部長陁括里入塞，[1]宗浩以兵追躡，與僕散揆軍合擊之，殺獲甚衆，敵遁去。詔徵還，入見，優詔獎諭，躐遷儀同三司，[2]賜玉束帶一、金器百兩、重幣二十端，進拜左丞相。

[1]撒里部：爲北方草原游牧民族的部落，具體不詳。　陁括里：人名。其他事迹不詳。

[2]躐遷：越級提升。

宋人畔盟，王師南伐，會平章政事揆病，乃命宗浩兼都元帥往督進討。宗浩馳至汴，大張兵勢，親赴襄陽巡師而還。[1]宋人大懼，乃命知樞密院事張巖以書乞和。[2]宗浩以辭旨未順却之，仍諭以稱臣、割地、縛送元謀姦臣等事。巖復遣方信孺齎其主趙擴誓藁來，[3]且言擴併發三使，將賀天壽節及通謝，仍報其祖母謝氏殂，[4]致書于都元帥宗浩曰：

[1]襄陽：宋府名。治所在今湖北省襄樊市。

[2]張巖：宋人。字肖翁，阿附丞相韓侂胄，主張對金開戰。宋寧宗開禧二年（1206）任知樞密院事。三年，任督視江、淮軍馬。《宋史》卷三九六有傳。

[3]方信孺：宋人。字孚若。以有膽識被舉薦出使金國議和，宋寧宗開禧三年（1207）假朝奉郎、樞密院檢詳文字，充樞密院參謀官，持督帥張巖書通問於金朝元帥府。前後共三次使金。《宋史》卷三九五有傳。

[4]謝氏：宋人。慈佑太皇太后，宋寧宗嘉泰三年（1203）崩。《宋史》卷二四三有傳。

方信孺還，遠貽報翰及所承鈞旨，仰見以生靈休息爲重，曲示包容矜軫之意。[1]聞命踴躍，私竊自喜，即具奏聞，備述大金皇帝天覆地載之仁，與都元帥海涵春育之德。旋奉上旨，亟遣信使通謝宸庭，仍先令信孺再詣行省，以請定議。區區之愚，實恃高明，必蒙洞照，重布本末，幸垂聽焉。

[1]矜軫：深切顧念和憐憫。

兵端之開，雖本朝失于輕信，然痛罪姦臣之蔽欺，亦不爲不早。自去歲五月，編竄鄧友龍，[1]六月又誅蘇師旦等，[2]是時大國尚未嘗一出兵也，本朝即捐已得之泗州，諸軍屯于境外者盡令徹戍而南，悔艾之誠，于兹可見。惟是名分之諭，今昔事殊，本朝皇帝本無佳兵之意，況關繫至重，又豈臣子之所敢言？

[1]鄧友龍：宋人。南宋寧宗朝侍御史，以主張對金用兵受重用，晋升御史中丞、兩淮宣諭使，開禧二年（1206）因出師無功被罷職，奪三官。

[2]蘇師旦：宋人。南宋寧宗朝安遠軍節度使，領閤門事，主張對金開戰。《宋史》卷三八《寧宗紀二》記載，開禧二年（1206）六月“蘇師旦罷”，七月“奪蘇師旦三官，衡州居住，仍籍其家”，此時並未被斬首，但已失去韓侂胄的信任。三年十一月，方信孺使金前夕蘇師旦被斬首。

江外之地，恃爲屏蔽，儻如來諭，何以爲國？大朝所當念察。至于首事人鄧友龍等誤國之罪，固無所逃，若使執縛以送，是本朝不得自致其罰于臣下。所有歲幣，前書已增大定所減之數，[1]此在上國初何足以爲重輕，特欲藉手以見謝過之實。儻上國諒此至情，物之多寡，必不深計。矧惟兵興以來，[2]連歲創殘，賦入屢蠲，若又重取于民，豈基元元無窮之困，竊計大朝亦必有所不忍也。於通謝禮幣之外，別致微誠，庶幾以此易彼。

[1]增大定所減之數：熙宗時金宋皇統和議，又稱紹興和議，

规定宋向金納歲幣額爲銀、絹二十五萬兩、匹。世宗朝金宋大定和議，又稱隆興和議，歲幣減爲二十萬兩、匹。至此時歲幣又增加五萬兩、匹。

[2]矧惟：亦、又。

其歸投之人，皆雀鼠偷生，一時竄匿，往往不知存亡，本朝既無所用，豈以去來爲意。當隆興時，[1]固有大朝名族貴將南來者，洎和議之定，亦嘗約各不取索，况兹瑣瑣，誠何足云。儻大朝必欲追求，尚容拘刷。至如泗州等處驅掠人，悉當護送歸業。

[1]隆興：宋孝宗年號（1163—1164）。

夫締新好者不念舊惡，成大功者不較小利。欲望力賜開陳，捐棄前過，闊略他事，玉帛交馳，歡好如初，海内寧謐，長無軍兵之事。功烈昭宣，德澤洋溢，鼎彝所紀，方册所載，垂之萬世，豈有既乎。重惟大金皇帝誕節將臨，[1]禮當修賀，兼之本國多故，又言合遣人使，接續津發，已具公移，企望取接。伏冀鑒其至再至三有加無已之誠，亟踐請盟之諾，即底于成，感戴恩德，永永無極。誓書副本慮往復遷延，就以録呈。

[1]誕節：即天壽節，金章宗的生日。

初，信孺之來，自以和議遂成，輒自稱通謝使所參議官。[1]大定中，宋人乞和，以王抃爲通問使所參議官，[2]信孺援以爲例。宗浩怒其輕妄，囚之以聞。朝廷亦以其爲行人而不能孚兩國之情，[3]將留之，遣使問宗浩。宗浩曰："今信孺事既未集，自知還必得罪，拘之適使他日有以藉口。不若數其恌易，[4]而釋遣之使歸，自窮無辭以白其國人，則擴、侂胄必擇謹厚者來矣。"於是遣之。而復張巖書曰：

[1]通謝使所參議官：宋官名。爲臨時官職。

[2]王抃：宋人。宋孝宗隆興二年（1164），王抃使金，官名爲奉使金國通問國信所參議官。

[3]行人：即兩國間的使臣。　孚：爲人所信服。

[4]恌易：輕薄，簡慢。

方信孺重以書來，詳味其辭，於請和之意雖若婉遜，而所畫之事猶未悉從，惟言當還泗州等驅掠而已。至於責貢幣，則欲以舊數爲增，追叛亡，則欲以橫恩爲例，而稱臣、割地、縛送姦臣三事，則並飾虛說，弗肯如約。豈以爲朝廷過求有不可從，將度德量力足以背城借一，與我軍角一日勝負者哉？既不能彊，又不能弱，不深思熟慮以計將來之利害，徒以不情之語，形于尺牘而勤郵傳，何也？

兵者凶器，佳之不祥，然聖人不得已而用之，故三皇、五帝所不能免。[1]夫豈不以生靈爲念，蓋犯順負義有不可恕者。乃者彼國犯盟，[2]侵我疆埸，帥府奉命征討，雖未及出師，姑以逐處戍兵隨宜捍禦，所向摧破，莫之敢當，執俘折馘不可勝計，餘衆震慴靡然奔潰。是以所侵疆土，旋即底平，爰及泗州亦不勞而復。今乃自謂捐其已得，斂軍徹戍，以爲悔過之効，是豈誠實之言！據陝西宣撫司申報，[3]今夏宋人犯邊者十餘次，並爲我軍擊退，梟斬捕獲，蓋以億計。夫以悔艾罪咎，移書往來丐和之間，乃暗遣賊徒突我守圍，[4]冀乘其不虞，以徼倖毫末，然則所爲來請和者，理安在哉！

[1]三皇、五帝：三皇，《白虎通義》作伏羲、神農、燧人（或祝融）；五帝，《史記·五帝紀》爲黄帝、顓頊、帝嚳、堯、舜。

[2]犯盟：指章宗泰和五年（1205）宋朝發兵伐金，破壞隆興金宋和議。

[3]陝西宣撫司：章宗泰和六年（1206）置陝西宣撫司，節制陝西元帥府兵馬。時金宋交戰，掌對宋戰争諸事務。治所當在京兆府，即今陝西省西安市。

[4]突我守圍："圍"，中華點校本以文義改爲"圉"，是。

其言名分之諭，今昔事殊者，蓋與大定之事固殊矣。本朝之於宋國，恩深德厚，莫可殫述，皇統謝章可概見也。[1]至于世宗皇帝俯就和好，三十年間恩澤之渥，夫豈可忘。江表舊臣于我，大定之初，以失在正隆，致南服不定，故特施大惠，易爲姪國，以鎮撫之。今以小犯大，曲在於彼，既以絶大定之好，則復舊稱臣，於理爲宜。若爲非臣子所敢言，在皇統時何故敢言而今獨不敢，是又誠然乎哉！又謂江外之地將爲屏蔽，割之則無以爲國。夫藩籬之固，當守信義，如不務此，雖長江之險，亦不可恃，區區兩淮之地，何足屏蔽而爲國哉！昔江左六朝之時，淮南屢嘗屬中國矣。至後周顯德間，[2]南唐李景獻廬、舒、蘄、黄，[3]畫江爲界，是亦皆能爲國。既有如此故實，則割地之事，亦奚不可！

[1]皇統謝章：即金熙宗皇統元年（1141）金宋議和時，南宋朝廷的國書。

[2]顯德：後周世宗柴榮的年號（955—959）。

[3]南唐：朝代名（937—975）。　李景：局本作“李璟”。南唐元宗，943 年至 960 年在位。　廬、舒、蘄、黄：南唐州名。廬州，即廬州，治所在今安徽省合肥市。舒州，治所在今安徽省安慶市西的潛山縣。蘄州，治所在今湖北省蘄春縣。黄州，治所在今湖北省黄州市。

自我師出疆，所下州軍縣鎮已爲我有，未下者即當割而獻之。今方信孺齎到誓書，乃云疆界並依大國皇統、彼之隆興年已畫爲定，[1]若是則既不言割彼之地，又翻欲得我之已有者，豈理也哉！又來書云通謝禮幣之外，別備錢一百萬貫，折金銀各三萬兩，專以塞再增幣之責，又云歲幣添五萬兩疋，其言無可准。况和議未定，輒前具載約，擬爲誓書，又直報通謝等三番人使，其自專如是，豈協禮體。此方信孺以求成自任，臆度上國，謂如此徑往，則事必可集，輕瀆誑紿，理不可容。

[1]疆界：金熙宗皇統元年（1141），即南宋高宗紹興十一年，金宋立盟書，《宋史》卷二九《高宗紀六》，“約以淮水中流劃疆，割唐、鄧二州界之”。世宗大定年間隆興和議，再次確定皇統疆界。

尋具奏聞，欽奉聖訓：“昔宣、靖之際，[1]棄信背盟，我師問罪，嘗割三鎮以乞和。[2]今既無故興兵，蔑棄信誓，雖盡獻江、淮之地，猶不足以自贖。況彼國嘗自言，叔父姪子與君臣父子略不相遠，[3]如能依應稱臣，[4]即許以江、淮之間取中爲界。如欲世爲子國，即當盡割淮南，直以大江爲界。陝西邊面並以大軍已占爲定據。元謀姦臣必使縛送，緣彼懇欲自致其罰，可令函首以獻。外歲幣雖添五萬兩、疋，止是復皇統舊額而已，[5]安得爲增？可令更添五萬兩、疋，以表悔謝之實。向汴陽乞和時，[6]嘗進賞軍之物，金五百萬兩、銀五千萬、表段裹絹各一百萬、牛馬騾各一萬、駝一千、書五監。今即江表一隅之地，與昔不同，特加矜憫，止令量輸銀一千萬兩以充犒軍之用。方信孺言語反覆不足取信，如李大性、朱致知、李璧、吴琯輩似乎忠實，[7]可遣詣軍前稟議。據方信孺詭詐之罪，過於胡昉，[8]然自古兵交，使人容在其間，姑放令回報。”

伏遇主上聖德寬裕光大，天覆地容，包荒宥罪，其可不欽承以仰副仁恩之厚！儻猶有所稽違，則和好之事，勿復冀也。夫宋國之安危存亡，將繫于此，更期審慮，無貽後悔！

[1]宣、靖：宣，即宣和，北宋徽宗的年號（1119—1125）。靖，即靖康，北宋欽宗的年號（1126—1127）。

[2]割三鎮：金太宗天會四年（1126）初，金宗望軍攻至汴京城下，宋徽宗乞割太原、中山、河間三鎮議和（參見《大金弔伐録》卷一《回書誓文及差康王少宰出質》）。

[3]叔父姪子與君臣父子略不相遠：熙宗皇統和議時，金宋兩國稱君臣之國；世宗大定議和時，金宋兩國稱叔侄之國。

[4]如能依應稱臣："應"，南監本、北監本、殿本、局本作"舊"。

[5]皇統舊額：即指皇統議和時，規定宋向金納歲幣額，爲銀、絹二十五萬兩、匹。

[6]汴陽乞和：指北宋末年金軍兵臨汴京城下，宋向金乞和。北宋汴京又稱汴梁、汴州，中華點校本認爲汴陽當爲上述名稱之誤。

[7]李大性、朱致和、李璧、吴琯：南宋寧宗朝官員。李大性，户部尚書，主張不宜輕易對金用兵，受韓侂胄的排擠，出任知平江府事。《宋史》卷三九五有傳。李璧，《宋史》作李壁，參知政事，雖主張不宜輕易舉兵，但不敢忤韓侂胄，韓侂胄被誅後，他亦被削官三秩。《宋史》卷三九八有傳。朱致和與吴琯，事迹無考。

[8]胡昉：宋人。宋孝宗隆興元年（1163），即金世宗大定三年，胡昉爲使金通問國信所審議官至金朝談判兩朝議和之事，由於胡昉堅持不接受金朝要求宋朝割讓海、泗、唐、鄧四州的條件，被金朝扣留，明年二月纔放歸宋朝。

泰和七年九月，薨于汴。其後宋人竟請以叔爲伯，增歲幣，[1]備犒軍銀，函姦臣韓侂胄、蘇師旦首以獻而乞盟焉。[2]訃聞，上震悼，輟朝，命其子宿直將軍天下奴奔赴喪所，[3]仍命葬畢持繪像至都，將親臨奠。以南京副留守張巖叟爲勑祭兼發引使，[4]莒州刺史女奚列孛葛速爲勑葬使，[5]仍摘軍前武士及旗鼓笛角各五十人，外隨行親屬官員親軍送至葬所，賻贈甚厚。謚曰通敏。

[1]增歲幣、備犒軍銀：宋接受宗浩提出的條件，歲幣增爲銀、絹三十萬兩、疋，犒軍銀一千萬兩。

[2]乞盟：《宋史》卷三九《寧宗紀三》宋寧宗嘉定元年（1208）三月己丑："議以韓侂胄函首易淮、陝侵地。辛卯，詔梟侂胄首於兩淮。"將韓、蘇兩人首級獻於金，兩朝再次議和。

[3]宿直將軍：殿前都點檢司屬官。總領親軍，掌管宮坊門禁、宿衛之事。正員八人。金章宗大定二十九年（1189）爲十人，後又增爲十一人。從五品。　天下奴：女真人。完顔氏，宗浩之子。其他事迹無考。

[4]副留守：京府官。同時任本府少尹，兼本路兵馬副總管。從四品。　勑祭兼發引使：皇親國戚大貴族官僚去世時，皇帝親自任命的掌管喪事的官吏，爲臨時官職。　張巖叟：曾任南京副留守。金章宗時官至刑部侍郎、兼夔王傅，太常卿兼國子祭酒。本書卷九七有傳。

[5]莒州：治所在今山東省莒縣。　勑葬使：與勑祭使同爲皇帝任命的臨時官職，掌管下葬之事。　女奚列孛葛速：女真人。其他事迹不詳。

贊曰：金自宗弼渡江而還，[1]既而畫淮爲界。[2]厥後海陵咈衆舉兵，[3]國用虚耗，上下離心，内難先作。故世宗之初，章宗之末，有事于南，皆非得已，而詳問之使每先發焉。侂胄狂謀誤國，動非其時，取敗宜也。揆、宗浩雖師出輒捷，而行成之使，不拒其來。儀幣書辭，抑揚增損之際，有可藉口，即許其平矣。函首之事，宋人亦欲因是以自除其禍耳。雖然，揆、宗浩常勝之家，史扢搭驍勇之將，三人相繼而死，和議亦成，天意蓋已休息南北之人歟？

[1]宗弼：女真人。完顔氏，本名斡啜，又作兀术，亦作斡出，或作晃斡出，金太祖子。本書卷七七有傳。金太宗天會七年（1129）完顔宗弼率金軍渡過長江追擊宋高宗，十二月攻克杭州，八年還師。

[2]畫淮爲界：指金熙宗皇統元年（1141），金宋以淮水中游爲界。

[3]海陵咈衆舉兵：正隆六年（1161）海陵親自將全國三十二總管兵伐宋。

金史　卷九四

列傳第三十二

夾谷清臣　内族襄　夾谷衡　完顏安國　瑶里孛迭

夾谷清臣本名阿不沙，胡里改路桓篤人也。[1]姿狀雄偉，善騎射。皇統八年，[2]襲祖駮達猛安。[3]大定元年，[4]聞世宗即位，[5]率本部軍六千赴中都會之，[6]以功遷照武大將軍。[7]從右副元帥紇石烈志寧爲管押萬户，[8]接應左都監完顏思敬，[9]逐窩斡餘黨，[10]敗之柔遠，[11]至抹拔里達悉獲之。[12]賊平，遷鎮國上將軍，[13]知潁順軍事。[14]

[1]胡里改路：地區級路名。隸屬於上京路，治所在今黑龍江省依蘭縣。　桓篤：山名。即本書《地理志》上京路之完都魯山，張博泉《金史論稿》謂今黑龍江省境内完達山。《中國歷史地圖集》謂今俄羅斯伯力以北之萬丹山。

[2]皇統：金熙宗年號（1141—1149）。

[3]駮達猛安：女真地方行政建置及長官的名稱。世襲職。猛安相當於防禦州，平時爲行政長官，下轄謀克，掌修理軍務，訓練

武藝，勸課農桑，防捍不虞，禦制盗賊。戰時猛安謀克户壯者爲兵，長官率領征戰，戰争結束後，返回原居地。具有政治、軍事、生産多種職責。從四品。疑駁達本是水名，在桓篤山附近，音與裴德里相近，可能是完達山附近的裴德里河，駁達猛安在此地。

[4]大定：金世宗年號（1161—1189）。章宗即位後仍沿用一年。

[5]世宗：廟號。本名完顔烏禄，漢名雍。金朝第五任皇帝。

[6]中都：都名。金海陵王貞元元年（1153）至金宣宗貞祐二年（1214）爲金朝的國都，治所在今北京市。

[7]昭武大將軍：武散官。從四品上階。

[8]右副元帥：都元帥府主要長官之一。掌征討之事。正二品。紇石烈志寧：女真人。自五代祖以來，其家與皇室世代爲姻親，世宗朝官至右丞相。本書卷八七有傳。　管押萬户：軍官名。當爲戰時數千人兵團的指揮官。

[9]左都監：元帥府屬官。統率軍隊作戰的高級將領。從三品。完顔思敬：女真人。初名思恭，後因避顯宗完顔允恭諱改名。本書卷七〇有傳。

[10]窩斡：契丹人。姓移剌。本書卷一三三有傳。

[11]柔遠：縣名。金大定十年（1170）置於燕子城，初隸宣德州，後隸撫州，治所在今河北省張北縣。

[12]抹拔里達：地名。當在北部地方，具體不詳。

[13]鎮國上將軍：武散官。從三品下階。

[14]知潁順軍事：州軍官。通判節度使事，兼州事者仍帶同知管内觀察使。正五品。潁順軍，國初爲陽翟縣，劉齊政權時升爲潁順軍，世宗大定二十二年（1182）升爲州，仍名潁順，二十四年更名爲鈞州。治所在今河南省禹州市。

會宋兵二萬襲陷汝州，[1]殺刺史烏古孫麻發及漢軍二千。[2]河南統軍宗尹遣萬户孛术魯定方與清臣等領騎兵四千往擊之。[3]宋人棄城遁，遂復汝州。三年五月，從志寧復取宿州，[4]宋將李世輔大敗遁去，[5]志寧復遣清臣等以兵追襲，又敗之。捷聞，授宿州防禦使。[6]

[1]宋：南宋，朝代名（1127—1279）。　汝州：治所在今河南省汝南縣。

[2]刺史：州長官。掌一州財政訴訟、宣導風俗等各種政務，獨不領兵。正五品。　烏古孫麻發：女真人。又作烏古孫麻潑，其他事迹無考。

[3]河南統軍：即河南統軍使，統軍司長官。督領轄境内軍馬，鎮守邊陲。正三品。河南統軍司治於南京開封府，今河南省開封市。　宗尹：原作“宗正”，局本作“宗尹”。按本書卷六《世宗紀上》，大定二年（1162）九月癸亥“河南統軍使宗尹復取汝州”。卷七三《宗尹傳》亦記此事。中華點校本據改。從之。宗尹本名阿里罕，完顔氏，宗室出身，世宗大定年間官至樞密副使、平章政事。本書卷七三有傳。　萬户：軍官名。《金虜圖經》記載，“每一萬户所轄十千户”。千户即猛安，統領軍士千人。萬户當爲統領數千人軍隊的將領。　孛术魯定方：女真人。本名爲阿海，以驍勇聞名，其後在與宋作戰中爲人所害。本書卷八六有傳。

[4]宿州：治所在今安徽省宿州市。

[5]李世輔：宋人。原爲金知同州，後歸降宋，賜名李顯忠，時任淮西制置使、京畿等處招討使、寧國軍節度使兼淮西招撫使。《宋史》卷三六七有傳。

[6]防禦使：州長官。掌一州軍政事務。從四品。

移博州，[1]改西北路招討都監，[2]遷烏古十壘部族節度使。[3]十二年，授右副都點檢，遷左副都點檢，[4]出爲陝西路統軍使,[5]兼知京兆府事。[6]朝辭，賜以金帶厩馬，仍諭之曰："卿典禁兵，日侍左右，勤勞久矣，故以是授卿，宜益思勉。"二十六年，改西京留守。[7]閲三歲，遷樞密副使。[8]

[1]博州：治所在今山東省聊城市。

[2]西北路招討都監：招討司屬官。《百官志》無載，本書卷八一《耶律懷義傳》："其子神都斡爲西北路招討都監，迎侍之官。"官品無考。　西北路：隸屬西京路的地區級路名，治所在今内蒙古自治區錫林郭勒盟正藍旗境内。

[3]烏古十壘部族節度使：部族官名。統制本部，鎮撫諸軍，掌理轄區内軍政事務。從三品。烏古十壘部，部族名。本書卷七三《完顏守能傳》有"烏古里石壘部族節度副使"。烏古十壘即烏古里石壘。本書卷二四《地理志上》西京路部族節度使條下，有烏古里部族節度使、石壘部族節度使，可知此部當爲兩部合并後之稱。當在今内蒙古自治區的中、東部，具體不詳。

[4]左、右副都點檢：殿前都點檢司屬官。都點檢副佐，均兼任侍衛親軍副都指揮使，右副都點檢又掌宫掖及行從。皆爲從三品。

[5]陝西路統軍司：駐地在京兆路京兆府，今陝西省西安市。

[6]知京兆府事：知府事，本書《百官志》不載。世宗大定年間始設，官品高於同知，或低於府尹。章宗朝及以後，不授府尹，以知府事代之，掌宣風導俗，肅清所部，總判府事。官品或與府尹同，正三品。

[7]西京留守：金代以留守領本府尹兼本路兵馬都總管，掌管一路軍政事務。正三品。西京治所在今山西省大同市。

[8]樞密副使：樞密院屬官。副佐樞密使掌國家武備機密之事。從二品。

明昌元年，[1]初議出師，以本職充東北路兵馬都統制使，[2]既而詔止之。俄以其女爲昭儀，[3]眷倚益重。二年，拜尚書左丞。[4]頃之，進平章政事，[5]封芮國公，[6]賜同本朝人。四年，遷右丞相，[7]監修國史。

[1]明昌：金章宗年號（1190—1196）。

[2]東北路兵馬都統制使：本書《百官志》無載，當爲招討司的屬官。督領軍馬，鎮守邊陲。東北路，地區級路，隸屬於臨潢府路，治所在今吉林省洮南市一帶。

[3]昭儀：后妃封號。正二品。

[4]尚書左丞：尚書省屬官。爲執政官，宰相的副貳，佐治尚書省事。正二品。

[5]平章政事：尚書省屬官。宰相成員之一，丞相的副佐，掌丞天子，平章萬機。正員二人，從一品。

[6]芮國公：封爵名。明昌格，小國封號第三十位。

[7]右丞相：尚書省屬官。海陵正隆官制確立一省制後，是國家最高的輔弼大臣之一。從一品。

時議簽軍戍邊，上問："漢人與夏人孰勇？"[1]清臣曰："漢人勇。"上曰："昔元昊擾邊，[2]宋終不能制，何也？"清臣曰："宋馭軍法不可得知，今西南路人殊勝彼也。"[3]未幾，遷崇進，[4]改封戴。[5]一日，上謂宰臣曰："人有以《八陣圖》來上者，[6]其圖果何如？朕嘗觀宋白所集《武經》，[7]然其載攻守之法亦多難行。"清臣曰："兵書皆定法，難以應變。本朝行兵之術，惟用正奇二軍，臨敵制變，以正爲奇，以奇爲正，故無往不克。”上曰：“自古用兵亦不出奇正二法耳。且學古兵法如學奕棋，未能自得於心，而欲用舊陣勢以接敵，亦以踈矣。”

[1]夏人：即西夏人。

[2]元昊：西夏國王。1031年至1048年在位。

[3]西南路：隸屬西京路的地區級路，治所在今内蒙古自治區呼和浩特市西，大定八年（1168）遷到山西省應縣。

[4]崇進：文散官。從一品下階。

[5]戴：封爵名。明昌格，小國封號第二十五位。

[6]八陣圖：古代作戰時的一種戰鬥隊形及兵力部署圖。《三國志·蜀志·諸葛亮傳》，“推衍兵法，作八陣圖”。此不知所獻爲何人作。

[7]宋白：宋人。《宋史》卷四三九有傳。

尋上表丐閒，不許。固請，乃賜告省親，諭之曰：“聞卿母老，欲令歸省，故特給假五十日，馳驛以往，至彼可爲一月留也。”五年二月，上御凝和殿，[1]清臣省覲還，謁上。上問：“卿母健否？其壽幾何？相别幾年矣？”清臣對曰：“臣母年八十三矣，别十年，幸頗强健。”上曰：“何不來此？”曰：“急於家務，故不欲離耳。”上曰：“老人多如是，所謂‘血氣既衰，戒之在得’也。”復謂清臣：“胡里改路風俗何如？”對曰：“視舊則稍知禮貌，而勇勁不及矣。”因言西南、西北等路軍人，[2]其閑習弓矢，亦非復曩時。

[1]凝和殿：當爲中都皇宫内的大殿，《金史·地理志》無載。

[2]西南、西北等路：指西京路下屬的西南路和西北路。西南路治所在今山西省應縣，西北路治所在今内蒙古自治區錫林郭勒盟正藍旗境内。

六年，遷儀同三司，[1]進拜左丞相，[2]改封密。[3]受命出師，行尚書省事於臨潢府。[4]清臣遣人偵知虚實，以輕騎八千，令宣徽使移剌敏爲都統，[5]左衛將軍充、[6]招討使完顏安國爲左右翼，[7]分領前隊，自選精兵一萬以當後隊。進至合勒河，[8]前隊敏等於栲栳濼攻營十四，[9]下之，回迎大軍，屬部斜出掩其所獲羊馬資物以歸。[10]清臣遣人責其賧罰，北阻轐由此叛去，[11]大侵掠。上遣責清臣，命右丞相襄代之。[12]承安五年，[13]降授横海軍節度使兼滄州管内觀察使。[14]

[1]儀同三司：即開府儀同三司。文散官。從一品上階。

[2]左丞相：尚書省屬官。金中後期爲掌握國家軍政大權的宰相，從一品。

[3]密：封爵名。明昌格，小國封號第二十二位。

[4]行尚書省事：行省長官。多由宰執擔任，皇帝委以軍、政全權。行尚書省，簡稱行省，金後期因臨時軍、政事務涉及數路而設置的臨時機構。　臨潢府：治所在今内蒙古自治區赤峰市巴林左旗林東鎮遼舊城址。

[5]宣徽使：宣徽院長官。佐掌宫廷禮儀及皇帝御膳之事。正三品。金代宣徽使分左、右，本書卷一〇《章宗紀二》，明昌五年(1194) 十一月“庚子，以右宣徽使移剌敏等爲賀宋正旦使”。可知移剌敏所任爲右宣徽使。　移剌敏：契丹人。章宗明昌五年二月，曾以右宣徽使之職視察北邊營屯，經劃防禦之事。

［6］左衛將軍：當爲殿前左衛將軍，殿前都點檢司屬官。總領護衛，掌從行、宿衛、宫禁之事。本卷《完顔襄傳》作右衛將軍。　充：女真人。即完顔充。章宗朝曾任陝西五路兵馬都統使、元帥右監軍。

［7］招討使：招討司長官。掌招懷降附，征討叛逃。正三品。據本卷本傳記載，安國時爲西北路招討使，兼威遠軍節度使。　完顔安國：女真人。章宗朝官至樞密副使。本書卷九四有傳。

［8］合勒河：當在北京路境内，即今内蒙古自治區寧城縣以西。

［9］栲栳濼：地名。本書卷八七《僕散忠義傳》記載金軍在北京路圍剿契丹窩斡起義軍時，"高忠建敗奚於栲栳山"。栲栳濼當在栲栳山附近，亦在北京路境内，今内蒙古自治區赤峰市以西至遼寧省西部地區。

［10］斜出：人名。其他事迹不詳。

［11］北阻轐：又作北术孛、北阻卜，又曰韃靼，遼代對北方游牧民族的泛稱。金代北方草原游牧民族已經形成幾個大的部族，對於今蒙古國境内的色楞格河下游的蔑兒乞部、土拉河和鄂爾渾河流域的克烈部、内蒙古自治區呼倫貝爾市呼倫湖與貝爾湖一帶的塔塔兒部以及俄羅斯境内的斯克斜魯山、烏拉果勒河一帶的游牧民族仍稱阻轐人（張博泉等《東北歷代疆域史》，吉林人民出版社 1981 年版，第 213 頁）。又有學者認爲，金代阻轐分布在内蒙古自治區呼倫貝爾市南部至錫林郭勒盟北部（干志耿、孫秀仁《黑龍江古代民族史綱》，黑龍江人民出版社 2015 年版，第 292 頁）。金前期阻轐臣附於金朝。

［12］襄：女真人。完顔氏，宗室出身，章宗朝著名的將相。本卷有傳。

［13］承安：金章宗年號（1196—1200）。

［14］横海軍節度使兼滄州管内觀察使：州軍官。節度使掌領本鎮兵馬之事，兼本州管内觀察使事，即總管一州軍政事務。從三品。横海軍置於滄州，治所在今河北省滄州市東南。

初，上諭宰臣曰："清臣舊有勞效，罪狀未甚明，若降授，應須告致仕耳。"初擬知廣寧府，[1]上曰："姑與滄州。"既而又曰："與則與之，第恐有人言也。"尋復致仕。泰和二年薨，[2]年七十。子么查剌襲猛安。[3]初議征討，清臣主其事，既而領軍出征，雖屢獲捷而貪小利，遂致北邊不寧者數歲，天下尤之。

[1]廣寧府：治所在今遼寧省北寧市。

[2]泰和：金章宗年號（1201—1208）。

[3]夾谷么查剌：女真人。其他事迹無考。　襲猛安：即襲其父、祖的駮達猛安封爵、人户和領地。猛安相當於防禦州。

丞相襄本名喚，[1]昭祖五世孫也。[2]祖什古迺從太祖平遼，[3]以功授上京世襲猛安，[4]歷東京留守。[5]父阿魯帶，[6]皇統初北伐有功，拜參知政事。[7]

[1]丞相：指左丞相。

[2]昭祖：廟號。完顔石魯，金皇室的祖先，生女真完顔氏部落聯盟的初創者。熙宗天會十四年（1136）追謚成襄皇帝。見本書卷一《世紀》。

[3]完顔什古迺：女真人。昭祖曾孫，本書卷五九作什古。太祖：廟號。女真本名完顔阿骨打，漢名旻。金朝開國皇帝。見本書卷二《太祖紀》。　遼：朝代名（907—1125）。

[4]上京：金朝前期都城，治所在今黑龍江省阿城市白城。

[5]東京：治所在今遼寧省遼陽市。

[6]完顔阿魯帶：女真人。其他事迹無考。

[7]参知政事：尚書省屬官。爲執政官，宰相的副佐，佐治尚書省事。正員二人。從二品。

襄幼有志節，善騎射，多勇略，年十八襲世爵。[1]大定初，契丹叛，從左副元帥謀衍以本部兵討賊，[2]戰于肇州之長濼。[3]襄先登鏖擊，足中流矢，裹創以戰，氣愈厲，七戰皆勝。謀衍握其手曰："今日之捷，皆公力也。"賊走渡霿鬆河，[4]追及之，所駐地多草，賊乘風縱火，襄亦縱火，立空地以俟，戰十餘合，賊益困。襄謂謀衍曰："今不乘此平殄，後將有悔。"謀衍然之。襄率衆搏戰。大敗之，俘獲萬計。會朝廷遣平章政事僕散忠義代謀衍將，[5]襄復從忠義追賊至裊嶺西之陷泉，[6]及之，率右翼身先奮擊，賊大潰，人馬相蹂而死，陷泉幾平。賊酋窩斡僅與數十騎遁去，卒就擒，論功爲第一。有司擬淄州刺史，[7]詔特授亳州防禦使，[8]時年二十三。

[1]世爵：即襲其父、祖上京世襲猛安。

[2]謀衍：女真人。完顔婁室之子，世宗朝官至右副元帥，改任北京、東京留守。本書卷七二有傳。　左副元帥：都元帥府主要長官之一，居都元帥之下。正二品。

[3]肇州：治所在今黑龍江省肇源縣。　長濼：濼名。在今吉林省乾安縣與農安縣之間。

[4]霿（méng）鬆河：今遼寧省開原市馬鬃河。

[5]僕散忠義：女真人。世宗朝官至左丞相、都元帥。本書卷八七有傳。

[6]裊嶺：山名。在今河北省圍場縣境内。　陷泉：在今内蒙古自治區赤峰市巴林左旗境内。

[7]淄州：治所在今山東省淄博市西南。

[8]亳州：治所在今安徽省亳州市。

宋人犯南鄙，襄爲潁、壽都統，[1]率甲士二千人渡潁水，[2]敗敵兵五千，復潁州，生擒宋帥楊思。[3]次濠州，[4]宋將郭太尉退保横澗山，[5]襄攻之，伏弩射中其膝，督攻愈急，拔之，獲郭太尉。既而趨滁州，[6]襄爲先鋒，將至清流關得宋偵者，[7]知敵欲三道夜出，掩我不備。左副元帥紇石烈志寧問計。襄曰："今兵少地隘，儻不得關，敵至，我無所據，必先取之。"曰："我與若孰往？"襄曰："元帥國家大臣，詎宜輕動？襄當爲公往取。"志寧韙之。[8]襄率騎二千，分二道，一由衝路，自以千兵間道潛登。既近，敵始覺。襄攻克之，據其關，志寧履行戰地，顧謂曰："克敵於不可勝之地，真天下英傑也。"及宋乞盟，班師，召爲拱衛直都指揮使，[9]改殿前右衛將軍，轉左衛，出爲東北路招討都監，遷速頻路節度使，[10]移曷懶路兵馬都總管。[11]

[1]潁、壽：州名。潁州治所在今安徽省阜陽市，壽州治所在今安徽省鳳臺縣。

[2]潁水：今安徽省境内的潁河。

[3]楊思：宋人。其他事迹不詳。

[4]濠州：南宋州名。治所在今安徽省鳳陽縣西。

[5]郭太尉：宋人。其他事迹不詳。　横澗山：當在今安徽省鳳陽縣一帶。

[6]滁州：南宋州名。治所在今安徽省滁州市。

[7]清流關：當在今安徽省滁州市一帶。

[8]韙（wěi）：是，對。

[9]拱衛直都指揮使：宣徽院下屬拱衛直使司屬官。掌總統本直、儀衛之事。從四品。

[10]速頻路節度使：地區級路官。路下所轄爲女真猛安謀克，掌鎮撫軍隊防禦之事，總判本路軍政事務。從三品。　速頻路：爲上京路屬下地區級路，相當於州，治所在今俄羅斯烏蘇里斯克。

[11]曷懶路兵馬都總管：地區級路官。總管一路軍政事務。從三品。曷懶路隸屬於上京路，路下所轄爲女真猛安謀克，治所在今朝鮮的吉州。

左丞相志寧疾甚，世宗臨問之，志寧薦襄“智勇兼濟，有經世才，他人莫及，異時任用，殆勝于臣”。即召授殿前左副都點檢。爲宋生日使，[1]宋方祈免親接國書，襄至，宋人屢來議，皆折之，迄成禮而還。授陝西路統軍使，賜之尚服、廄馬、鞍勒、佩刀。改河南統軍使。[2]

[1]宋生日使：臨時官職，被時人視爲既有榮譽又收入頗豐的肥差。

[2]河南統軍使：本書卷四四《兵志》，“河南、陝西、山東路統軍司”。此處脱“路”字，或爲習慣用法。

入爲吏部尚書，[1]轉都點檢，[2]賜錢千萬。世宗謂宰執曰：“襄爲人甚蘊藉，非直日，亦入宫規畫諸事，事有所付乃退，其公勤如此。若襄之才豈多得哉！”擢御史大夫，[3]踰月，拜尚書右丞，[4]諭之曰：“卿在河南經制邊事，甚有統紀，及在吏部，至爲點檢，尤奉公守法，朕甚嘉之。近長憲臺，[5]亦以剛直聞，是用委以政機，其益勉之！”未幾，進拜左丞。襄在外任，治有異効，至是朝廷以褒賞廉吏詔天下，列其名以示奬厲。二十三年，進拜平章政事，封蕭國公。[6]

[1]吏部尚書：吏部長官。掌文武選授、勳封、考課、出給制誥之政。正三品。

[2]都點檢：即殿前都點檢，殿前都點檢司長官。掌行從宿衛，關防門禁，督攝隊仗，總判司事。正三品。

[3]御史大夫：御史臺長官。掌糾察、彈劾百官，復審内外刑獄所屬理斷不當案件。從二品。

[4]尚書右丞：尚書省執政官。輔佐宰相治理尚書省政務。正二品。

[5]憲臺：即御史臺。中央監察機構。

[6]蕭國公：封爵名。小國封號，大定格第二十八位。

世宗以金源郡王世嫡皇孫，[1]將加王爵，詔擇國號。襄曰：“爲天下大計，必先正其本，原者本也，請封原。”[2]從之。故事，諸部族節度使及其僚屬多用乣人，[3]而頗有私縱不法者，議改用諸色人。[4]襄曰：“北邊雖無事，恒須經略之，若杜此門，其後有勞績何以處之？請如舊。”他日，議及古有監軍之事。襄曰：“漢、唐初無監軍，[5]將得專任，故戰必勝，攻必克。及叔世始以内臣監其軍，[6]動爲所制，故多敗而少功。若將得其人，監軍誠不必置。”並嘉納之。詔受北部進貢。[7]使還，世宗問邊事，具圖以進，因上羈縻屬部、[8]鎮服大石之策，[9]詔悉行之。進拜右丞相，徙封戴。[10]

[1]金源郡王：封爵名。郡王封號第一位。　皇孫：完顔璟，即章宗。

[2]原：封爵名。大定格，次國封號第十五位。

[3]乣人：指契丹、烏古等北方游牧部族人。

[4]諸色人：指羌、回紇等金朝西部與西北部的邊疆民族。

[5]監軍：唐以前一般爲臨時差遣的官職。唐後期於征討的軍隊中，以宦官爲監軍，與統兵官分庭抗禮。

[6]叔世：衰亂的年代。　内臣：即宦官。

[7]北部：指北方草原游牧部族。

[8]羈縻屬部：以羈縻制統轄諸部，即不改變當地民族的社會組織，以其酋長爲首領，代表朝廷統治當地部落或部族。

[9]大石：耶律大石，契丹人。遼朝皇族，遼保大四年（1124）率兵脱離遼廷向西北遷去，自立爲王，1131 年登帝位，號曰“天佑皇帝”，其後在中亞建立政權，史稱西遼。1143 年大石病死。

[10]戴：封爵名。大定格，小國封號第二十五位。

世宗不豫，與太尉徒單克寧、[1]平章政事張汝霖宿内殿，[2]同受顧命。章宗初即政，議罷僧道奴婢。太尉克寧奏曰：“此蓋成俗日久，若遽更之，於人情不安。陛下如惡其數多，宜嚴立格法，以防濫度，則自少矣。”襄曰：“出家之人安用僕隸？乞不問從初如何所得，悉放爲良。若寺觀物力元係奴婢之數推定者，[3]並合除免。”詔從襄言。由是二税户多爲良者。[4]

[1]太尉：三公之首，正一品。　徒單克寧：女真人。本名習顯，世宗朝官至左丞相、樞密使、太尉。爲章宗初年的輔弼大臣之一，官至太傅、尚書令。本書卷九二有傳。

[2]張汝霖：渤海族人。尚書令張浩之子，世宗朝官至平章政事。本書卷八三有傳。

[3]物力：指物力錢，金朝徵收的資産税。

[4]二税户：指原寺院役屬的農户。遼時爲農奴身份，金時抑爲奴隸。

明昌元年，同知棣州防禦使賡上封事，[1]歷詆宰執。太傅克寧奏，[2]賡所言襄預知之。於是詔賡還本猛安，[3]而襄出知平陽府事。[4]移知鳳翔，[5]歷西京留守，召授同判大睦親府事，[6]進樞密使，[7]復拜右丞相，改封任。[8]

[1]棣州：治所在今山東省惠民縣。

[2]太傅：三師之第二位。師範一人，儀刑四海。正一品。

[3]還本猛安：即將其免官，令其回其家族所屬的女真人行政設置猛安。

[4]平陽府：治所在今山西省臨汾市。

[5]鳳翔：府名。鳳翔路的路治，治所在今陜西省鳳翔縣。

[6]同判大睦親府事：大睦親府屬官。佐掌敦睦糾率宗屬欽奉王命。從二品。

[7]樞密使：樞密院長官。掌領國家武備軍務機密之事。從一品。

[8]任：封爵名。明昌格，小國封號第二十四位。

時左丞相夾谷清臣北禦邊，[1]措畫乖方，屬邊事急，命襄代將其衆，佩金牌，便宜從事。臨宴慰遣，賜以貂裘、安山、細鎧及戰馬二。時胡疋糺亦叛，[2]嘯聚北京、臨潢之間。[3]襄至，遣人招之，即降，遂屯臨潢。頃之，出師大鹽濼，[4]復遣右衛將軍完顔充進軍斡魯速城，[5]欲屯守，俟隙進兵。繪圖以聞，議者異同，即召面論，厚賜遣還。

[1]夾谷清臣：女真人。本名阿不沙，章宗朝官至左丞相。本卷有傳。

[2]胡疋糺：部族名。本書卷二四《地理志上》西京條下九糺名稱中有胡都糺，或許胡疋糺即胡都糺，在今内蒙古自治區中、東部地區。

[3]北京：北京治於大定府，治所在今内蒙古自治區寧城縣。

[4]大鹽濼：泊名。今内蒙古自治區錫林郭勒盟境内額吉諾爾。

[5]斡魯速城：地名。當在西北邊地，不能確指。

未幾，遣西北路招討使完顔安國等趨多泉子。[1]密詔進討，乃命支軍出東道，襄由西道。而東軍至龍駒河爲阻轐所圍，[2]三日不得出，求援甚急，或請俟諸軍集乃發。襄曰："我軍被圍數日，馳救之猶恐不及，豈可後時？"即鳴鼓夜發。或請先遣人報圍中，使知援至。襄曰："所遣者儻爲敵得，使知我兵寡而粮在後，則吾事敗矣。"乃益疾馳。遲明，距敵近，衆請少憩。襄曰："吾所以乘夜疾馳者，欲掩其不備爾。緩則不及。"嚮晨壓敵，突擊之，圍中將士亦鼓譟出，大戰，獲輿帳牛羊。衆皆奔斡里札河。[3]遣安國追躡之。衆散走，會大雨，凍死者十八九，降其部長，遂勒勳九峰石壁。[4]捷聞，上遣使厚賜以勞之，別詔許便宜賞賚士卒。九月，赴闕，拜左丞相，監修國史，封常山郡王。[5]宴慶和殿，[6]上親舉酒飲，解所服玉具佩刀以賜，俾即服之。

[1]多泉子：地名。或在大鹽濼之北。

[2]龍駒河：蒙古國境内克魯倫河。

[3]斡里札河：當在蒙古國温都爾汗附近。

[4]勒勳九峰石壁：在今蒙古國温都爾汗以南六十公里的巴彦呼塔格蘇木一座石山的半山腰，1986年蒙古學者發現了明昌七年(1196)六月金軍留下的完顔襄記功石刻。

[5]常山郡王：封爵名。郡王封號第五位。

[6]慶和殿：當爲中都宫城内大殿名。本書卷二四《地理志上》記載中，衹有太和殿“太和二年更名慶寧殿”，無慶和殿之名。

十月，阻轐復叛，襄出屯北京，會群牧契丹德壽、陁鎖等據信州叛，[1]僞建元曰身聖，衆號數十萬，遠近震駭。襄閑暇如平日，人心乃安。初，襄之出鎮也，至石門鎮，[2]密謂僚屬曰："北部犯塞奚足慮。第恐姦人乘隙而動。北京近地軍少，當預爲之備。"即遣官發上京等軍六千，至是果得其用。臨潢總管烏古論道遠、咸平總管蒲察守純分道進討，[3]擒德壽等送京師。

[1]群牧：即群牧使，群牧司長官。掌檢校群牧所牲畜牧養繁殖之事。從四品。　德壽：契丹人。其他事迹無考。　陁鎖：契丹人。其他事迹無考。　信州：治所在今吉林省公主嶺市西北秦家古城。

[2]石門鎮：地名。本書卷二四《地理志上》中都路薊州遵化縣條記載，“鎮一，石門”。位於今河北省遵化縣與天津市薊縣之間。

[3]臨潢總管：即臨潢府路兵馬都總管。掌一路軍政事務。正三品。　烏古論道遠：女真人。其他事迹不詳。　咸平總管：即咸平路兵馬都總管。咸平路治所在今遼寧省開原市老城。　蒲察守純：女真人。其他事迹不詳。

契丹之亂，廷臣議罷郊祀，[1]又欲改用正月上辛，[2]上遣使問之，對曰：“郊爲重禮，且先期詔天下，又藩國已報表賀，今若中罷，何以副四方傾望之意？若改用正月上辛，乃祈穀之禮，非郊見上帝之本意也。大禮不可輕廢，請决行之，臣乞於祀前滅賊。”既而賊破，果如所料。郊禮成，進封南陽郡王。[3]始討契丹，自龍虎衛上將軍、[4]節度使以下許承制授之。襄以爲賞罰之柄非人臣所預，不敢奉詔。賊平，請委近臣諭旨將士，使知上恩。乃遣李仁惠持宣三十、[5]勑百五十，視功給之。

[1]郊祀：爲漢族王朝傳統的祭祀天地的重要禮儀制度。海陵天德年間，金朝始承宋制，有郊祀之制，世宗時以先祖配享的郊祀禮儀始完備。

[2]上辛：指農曆每月上旬的辛日。《史記·樂書》：“漢家常以正月上辛祠太一甘泉。”

[3]南陽郡王：封爵名。郡王封號第四位。

[4]龍虎衛上將軍：武散官。正三品上階。

[5]李仁惠：原名李喜兒，仁惠爲章宗所賜名。爲章宗元妃之兄，因李妃受寵而被擢爲顯近，勢傾朝廷。

方德壽之叛，諸糺亦剽略爲民患，襄慮其與之合，乃移諸糺居之近京地，撫慰之。或曰："糺人與北俗無異，今置内地，或生變奈何？"襄笑曰："糺雖雜類，亦我之邊民，若撫以恩，焉能無感？我在此，必不敢動。"後果無患。尋詔參知政事裔代領其軍。[1]入見，賜錢五千萬。明年，以内艱免。翌日，起復視事。時議以契丹户之驅奴尚衆，[2]乞盡鬻以散其黨，襄以爲非便，奏請量存口數，餘悉官贖爲良，上納之。

[1]裔：女真人。完顔氏，宗室出身，歷任彰化軍節度使、大名府事等職。

[2]驅奴：有學者認爲是農奴，亦有學者認爲是奴隸。

北部復叛，裔戰失律，復命襄爲左副元帥莅師，尋拜樞密使兼平章政事，屯北京。民方艱食，乃減價出糶倉粟以濟之。或以兵食方闕爲言，襄曰："烏有民足而兵不足者？"卒行之，民皆悦服。時議北討，襄奏遣同判大睦親府事宗浩出軍泰州，[1]又請左丞衡於撫州行樞密院，[2]出軍西北路以邀阻轐，而自帥兵出臨潢。上從其策，賜内庫物即軍中用之。其後斜出部族詣撫州降，上專使問襄，襄以爲受之便。賜寶劍，詔度宜窮討。乃令士自賫粮以省輓運，進屯於沔移剌烈、烏滿掃等山以逼之。[3]因請就用步卒穿壕築障，起臨潢左界北京路以爲阻塞。言者多異同，詔問方略。襄曰："今兹之費雖百萬貫，然功一成則邊防固而戍兵可減半，歲省三百萬貫，且寬民轉輸之力，實爲永利。"詔可。襄親督視之，軍民並役，又募飢民以傭即事，五旬而畢。於是西北、西南路亦治塞如所請。無何，泰州軍與敵接戰，宗浩督其後，殺獲過半，諸部相率送款，襄納之。自是北陲遂定。

［1］宗浩：女真人。章宗朝官至樞密使、右丞相。本書卷九三有傳。　泰州：治所在今吉林省洮南市以東。

［2］左丞：尚書省屬官。執政官，爲宰相的副佐，佐治尚書省政務。正二品。　衡：女真人。姓夾谷。時爲承安二年（1197）八月，但本卷《夾谷衡傳》記載，衡爲左丞"行省於撫州"之事繫於明昌六年（1195），承安二年"出爲上京留守，尋改樞密副使，行院規劃邊事"。此次行院當在撫州。應以樞密院官員開行院，故此事當以《夾谷衡傳》爲准。　撫州：治所在今河北省張北縣。　行樞密院：官署名。樞密院在地方的臨時機構。章宗承安元年因對西北部族用兵，首開於撫州。宣宗以後遍布全國，多設於軍事要地。

［3］汚移剌烈、烏滿掃：山名。當在西北邊地一帶，具體不詳。

襄還臨潢，減屯兵四萬、馬二萬疋。上以信符召還，遣近臣迎勞于途。既至，復撫問于第，入獻邊機十事，皆爲施行，仍厚賜之，復拜左丞相。初，襄至自軍，上諭宰臣曰："樞密使襄築立邊堡完固。古來立一城一邑，尚有賞賚，即欲拜三公，[1]三公非賞功官，如左丞相亦非賞功者，雖然可特授之。"遣左司郎中阿勒根阿海降詔褒諭。[2]四年正月，進拜司空，[3]領左丞相如故。

[1]三公：爲榮譽職，太尉、司徒、司空各一員。論道經邦，燮理陰陽。皆正一品。

[2]左司郎中：尚書省左司屬官。熙宗初年爲左司侍郎，天眷三年（1140）更爲郎中，掌吏、户、禮三部受事付事兼帶修起居注官。正三品。　阿勒根阿海：女真人。其他事迹無考。

[3]司空：三公之一，輔弼君王之職。正一品。

襄重厚寡言，務以鎮静守法。每掾有所稟，[1]必問曰："諸相云何？"掾對某相如是，某相如是。襄曰："從某議。"其事無有異者。識者謂襄誠得相體。時上頗更定制度，初置提刑司，[2]又議設清閑職位，如宋朝宫觀使，[3]以待年高致仕之官。襄言："年老致仕，朝廷養以俸廩，恩禮至渥。老不爲退，復有省會之法，所以抑貪冒，長廉節。若擬别設，恐涉于濫。"又言："省事不如省官，今提刑官吏，多無益於治，徒亂有司事。議者以謂斯乃外臺，不宜罷。臣恐混淆之辭，徒煩聖聽。且憲臺所掌者察官吏非違，正下民冤枉，亦無提點刑獄、舉薦之權。若已設難以遽更，其采訪廉能不宜隸本司，宜令監察御史歲終體究，[4]仍不時選官廉訪。"上皆聽納。俄乞致仕，不許。

[1]掾：古代對屬官的通稱。

[2]提刑司：地方監察機構。掌審察刑獄，察舉官吏，舉廉能，劾不法，糾正官邪，勸農桑。

[3]宋朝宫觀使：祠禄官。大臣罷職以後，令領宫觀以示佚禮，没有職務衹是拿俸禄而已。

[4]監察御史：御史臺屬官。掌糾察内外官員非違之事。正員

十二人，正七品。

時方旱，命有司祈雨，襄及平章政事張萬公、[1]參政僕散揆等上表待罪。[2]上召翰林學士党懷英草罪己詔，[3]仍慰諭襄等視事。泰和元年春，承命馳禱于亳州太清宮及后土方嶽。[4]以其世封遠，特改授河間府路筭术海猛安。[5]明年，皇子生，襄復自請報謝。既祀嵩嶽，[6]還次芝田之府店，[7]遂以疾薨，年六十三。訃聞，輟朝，遣使祭于路，葬禮依太師淄王克寧。[8]謚曰武昭。命張行簡銘其碑。[9]

[1]張萬公：章宗朝官至平章政事，封壽國公。本書卷九五有傳。

[2]僕散揆：女真人。本名臨喜，其家族與皇室世爲婚姻，本人尚韓國大長公主，章宗朝官至平章政事、左副元帥。本書卷九三有傳。

[3]翰林學士：翰林學士院屬官。掌制撰詞命、應奉文字之事。正三品。　党懷英：章宗朝官至翰林學士承旨。本書卷一二五有傳。

[4]亳州太清宫：位於亳州（今安徽省亳州市）的皇室常去的道教廟宇。　后土方嶽：王朝禮儀。后土，即社稷。海陵貞元元年（1153）建社稷壇於上京，世宗大定七年（1167）又建壇於中都。方嶽，四方之嶽。金代東嶽泰山，南嶽衡山，西嶽華山，北嶽恒山，中嶽嵩山。在京師有嶽、鎮、海、瀆廟。

[5]河間府路筭术海猛安：女真世爵名。河間府路即河北東路，因路治在河間府，故名之，治所在今河北省河間市。筭术海又作筭注海、筭主海，確切地點不詳。日本學者三上次男認爲，可能和河

北西路的山春猛安同出自一地，當爲上京路女真内地的地名（三上次男《金代女真研究》，黑龍江人民出版社 1984 年版，第 504 頁）。

[6]祀嵩嶽：祭祀禮儀。嵩山爲中嶽，即今河南省境内嵩山。

[7]芝田之府店：芝田，縣名。治所在今河南省鞏縣南。府店爲芝田縣境内某地。

[8]太師：三師之首。總領紀綱，儀刑端揆。正一品。 淄王：封爵名。明昌格，小國封號第十四位。 克寧：女真人。即徒單克寧。本書卷九二有傳。

[9]張行簡：大定十九年（1179）進士第一。本書卷一〇六有傳。

襄明敏，才武過人，上親待之厚，故所至有功。其駐軍臨潢也，有以僞書遺西京留守徒單鎰，[1]欲構以罪。書聞，上以書還畀襄，其明信如此。既而果獲爲僞書者。在政府二十年，明練故事，簡重能斷，器局尤寬大，待掾吏盡禮，用人各得所長，爲當世名將相。大安間，[2]配享章宗廟庭。

[1]徒單鎰：女真人。策論進士，章宗朝官至平章政事，衛紹王朝官至右丞相，宣宗朝官至左丞相。本書卷九七有傳。

[2]大安：金衛紹王年號（1209—1211）。

夾谷衡本名阿里不，山東西路三土猛安益打把謀克人也。[1]大定十三年，創設女直進士舉，[2]衡中第四人，補東平府教授。[3]調范陽簿，[4]選充國史院編脩官，[5]改應奉翰林文字。[6]世宗嘗謂宰臣曰："女直進士中才傑之士蓋亦難得，如徒單鎰、夾谷衡、尼厖古鑑皆有用材也。"[7]遷修起居注。[8]章宗立，爲侍御史，[9]轉右司員外郎，[10]敷奏稱旨，升左司郎中。明昌二年，擢御史中丞，[11]未幾，拜參知政事。三年八月，以病，表乞致仕，詔撫慰不許。

[1]山東西路三土猛安益打把謀克：女真社會行政建置名。謀克相當於縣，山東西路路治在今山東省東平縣。三土猛安即"三屯猛安"，三屯爲河名，今吉林省輝發河南支流三統河。益打把爲地名，在今何地不詳。此謀克是從東北遷入山東。

[2]女真進士：又稱策論進士。世宗大定十三年（1173）首次開科取士，免鄉試、府試，止赴會試、御試。大定二十年定制，以策、詩試三場，策用女真大字，詩用女真小字，每場策一道。

[3]東平府教授：府學官名。本書卷五一《選舉志一》，大定十三年"諸路設女直府學，擬以新進士充教授，以教士民子弟之願學者"。據此可知，所任爲東平府女真字學校的教授。東平府爲山東西路路治，治所在今山東省東平縣。

[4]范陽簿：縣主簿。爲縣令的副佐。正九品。范陽縣治所在今河北省涿州市。

[5]國史院編脩官：國史院屬官。正員八人，女真人和漢人各四員。正八品。

[6]應奉翰林文字：翰林學士院屬官。分掌詞命文字。從七品。

[7]尼厖古鑒：女真人。本書卷九五有傳。

[8]修起居注：記注院屬官。記録皇帝言行之事，以他官兼之。

[9]侍御史：御史臺屬官。掌奏事，判臺事。正員二人，從五品。

[10]右司員外郎：尚書省右司屬官。掌本司奏事，總察兵、刑、工三部受事付事，兼帶修注官。正六品。

[11]御史中丞：御史臺屬官。爲御史大夫的副佐，佐掌糾察朝

儀，彈劾官邪，審刑獄不當之事。從三品。

衡久在告，承詔始出，上見其羸瘠，復賜告一月。四年，詔賜今名，諭之曰："朕選大臣，俾參機務，必資謀畫，協贊治平。其或得失晦而未形，利害膠而未決，正須識見純直，方能去取合公。比來議事之臣，鮮有一定之論，蓋以内無所守，故臨事而惑，致有中失，朕將何賴？卿忠實公方，審其是則執而不回，見其非則去而能果，度其事勢，有若權衡。汝之所長，衡實似之，可賜名'衡'。古者命名將以責實，汝先有實，可謂稱名，行之克終，乃副朕意。"

參知政事胥持國言區種法。[1]衡曰："若苟有利，古已行之，且用功多而所種少，復恐荒廢土田，徒勞民，無益也。"進尚書右丞。舊制，久歷隨朝職任者，得奉使江表。衡未使而拜執政，[2]特賜錢六千貫。六年，遷尚書左丞，尋出行省于撫州。洎還入朝，聞父憂去，上亟召回，起復本職。

[1]胥持國：經童出身，官至右丞。本書卷一二九有傳。
[2]執政：指參知政事，爲尚書省執政官，佐治省事。從二品。

承安二年，出爲上京留守，尋改樞密副使，行院規畫邊事。[1]三年，以修完封界，賜詔褒諭。四年正月，就拜平章政事，封英國公。[2]薨，年五十一。上聞之惻然，爲輟朝，命官致祭，賻贈有加。遣使勅葬，謚曰貞獻。

[1]行院：即行樞密院，樞密院在地方的臨時機構。

[2]英國公：封爵名。明昌格，次國封號第二十八位。

完顔安國字正臣，本名閤母。其先占籍上京，世有戰功。祖斜婆，[1]授西南路世襲合札謀克。[2]

[1]斜婆：女真人。完顔氏。其他事迹無考。

[2]世襲合札謀克：軍官名。本書卷四四《兵志》禁軍之制條記載："禁軍之制，本於合札謀克。合札者，言親軍也。以近親所領，故以名焉。"海陵王時謂之侍衛親軍，隸屬於侍衛親軍司。

安國沉雄有謀畫，尤善騎射。正隆元年，[1]從軍爲謀克，[2]常以少擊衆。大定中，爲常山簿，[3]轉虹縣令。[4]會王府新建，選充虞王府掾。[5]再遷儀鸞局副使。[6]明昌元年，改本局使。[7]會大石部長有乞修歲貢者，朝廷許其請，詔安國往使之。至則率衆遠迓至帳，望闕羅拜。執禮無惰容。

[1]正隆：金海陵王年號（1156—1161）。

[2]謀克：軍官名。本書卷四四《兵志》載，"謀克者百夫長也"，即統領百人的下級軍官。

[3]常山：當爲縣名。然《金史·地理志》無此縣名。北宋有常山郡鎮州成德軍節度置於真定府（今河北省正定縣）。

[4]虹縣令：縣長官。掌按察所部，勸課農桑，平理獄訟，捕除盜賊，宣導風化，兼管常平倉及通檢推排簿籍等事。正七品。虹縣治所在今安徽省泗縣。

[5]虞王府掾：親王府官吏。虞王，封爵名。大定格，次國封號第十位。這裏虞王指完顔永升，世宗子，世宗朝升吏部尚書。本書卷八五有傳。

[6]儀鸞局副使：宣徽院儀鸞局屬官。佐提點掌殿庭鋪設、帳幕、香燭等事。從六品。

[7]本局使：即儀鸞局使，宣徽院儀鸞局長官。從五品。

時北阻轐迫近塞垣，鄰部欲立功以誇雄上國，議邀安國俱行討之。安國以未奉詔爲辭。强之，不可。或以危言怵之，安國曰："大丈夫豈以生死易節。暴骨邊庭，不猶愈於病死牖下。"衆壯其言，饋贐如禮。既還，以奉使稱旨，升武衛軍都指揮使。[1]出爲東北路副招討，[2]未赴，改西北路副招討。

[1]武衛軍都指揮使：武衛軍都指揮司長官。掌防衛都城，警捕盗賊。從三品。從安國資歷看似乎不應任此高官，疑記載有誤。

[2]副招討：招討司屬官。佐招討使統領駐守邊疆的軍隊，招懷降附，征討携離。正員二人，從四品。

六年，左丞相夾谷清臣用兵，以安國爲先鋒都統。適臨潢、泰州屬部叛，安國先討定之，以功遷本路招討使，兼威遠軍節度使。[1]承安元年，大鹽濼之戰，殺獲甚衆，詔賜金幣。既而右丞相襄總大軍進，安國爲兩路都統，[2]大捷於多泉子。襄遣安國追敵，僉言粮道不繼，不可行也。安國曰："人得一羊可食十餘日，不如驅羊以襲之便。"遂從其計。安國統所部萬人疾驅以薄之，降其部長。捷聞，進官四級，遷左翼都統。[3]

[1]威遠軍：州軍名。設於桓州，治所在今內蒙古自治區錫林郭勒盟正藍旗。

[2]都統：軍官名。統兵官。

[3]左翼都統：軍官名。爲較高級的統兵官。

承安二年，以營邊堡功，召簽樞密院事。[1]賜虎符還邊，得以便宜從事。時並塞諸部降，諭使輸貢如初。進拜樞密副使。泰和元年，特授世襲西南路延晏河猛安，[2]兼合札謀克。帝幸慶寧宫，[3]命安國嚴飭邊備。奏西南路邊戍私竄者乞招誘以安人心，上是其言。三年，以疾致仕，封道國公。[4]四年，起復前職，卒。上聞之，輟朝。勅有司葬以執政禮，贈特進。[5]

[1]簽樞密院事：樞密院屬官。佐掌國家軍務機密之事。正三品。

[2]世襲西南路延晏河猛安：女真貴族世襲爵，受封人有領地、封户。西南路爲西京路下屬地區級路，路治在今內蒙古自治區呼和浩特市東。延晏河，不詳，以安國之先占籍上京，當爲上京路境内一河名。

[3]慶寧宫：金行宫名。在今河北省赤城縣西南龍關一帶地方。

[4]道國公：封爵名。明昌格，小國封號第三位。

[5]特進：文散官。從一品中下階。

安國在軍旅幾十五年，號令嚴明，指麾卒伍如左右手。又善伺知敵人虛實及山川險易，戰必身先士卒，故所向輒克。諸部入貢，安國能一一呼其祖先弟姪名字以戒諭之，諸部皆震悚，甚爲鄰國所畏服。

瑶里孛迭，北京路窟白猛安陀羅山謀克人也。[1]以軍功歷海濱令，[2]遷徐王府掾，[3]以稱職，再任御史臺。[4]察廉，升同知震武軍節度使事。[5]明昌初，爲唐州刺史，[6]尋授西北路招討副使。未幾，改東北路。六年正月，北邊有警，聚兵圍慶州急，[7]孛迭率本路軍往救，敵解去，州竟無患。

[1]北京路窟白猛安陀羅山謀克：女真地方行政建置名。北京路治所在今内蒙古自治區寧城縣境内，窟白猛安陀羅山謀克地理位置無考。

[2]海濱：縣名。治所在今遼寧省興城市南境。

[3]徐王：封爵名。大定格，次國封號第十一位。此指世宗子完顔永蹈，大定十一年（1171）封王。本書卷八五有傳。

[4]御史臺：官署名。中央監察機構。糾察彈劾内外百官善惡，凡内外刑獄所屬理斷不當，有陳述者付臺治之。這裏指出任御史臺官員。

[5]同知震武軍節度使事：州軍官。通判節度使事。正五品。震武軍，地方設置名，設於代州，治所在今山西省代縣。

[6]唐州：治所在今河南省唐河縣。

[7]慶州：治所在今内蒙古自治區林西縣北慶州故城白塔子鎮。

承安元年，丞相襄北伐，孛迭爲先鋒副統，進軍至龍駒河，受圍，會襄引大軍至，得解。後授鎮寧軍節度使，[1]以六群牧人叛，[2]改寧昌軍。[3]孛迭爲都統，領步騎萬次懿州，[4]敵數萬來逆戰，兵勢甚張，孛迭親陷陣，奮力鏖擊却之，身中二創，捷聞，遷一官。

[1]鎮寧軍：州軍名。設於廣寧府，治所在今遼寧省北寧市。

[2]群牧：即群牧所。金代官營牧場，設在北部草原地區，主要分布在今呼和浩特市以東，大興安嶺以西地區。

[3]寧昌軍：州軍名。設於懿州，治所在今遼寧省彰武縣西。

[4]懿州：治所在今遼寧省彰武縣西。

承安二年，乣軍千餘出没剽掠錦、懿間，[1]孛迭追敗之，復獲所掠，悉還本户。三年，從同判大睦親府事宗浩爲左翼都統，戰移密河，[2]勝；戰骨堡子西，[3]殺獲甚衆。五年，授知廣寧府事，俄改東北路招討使。以捍邊有功，賜詔褒諭，三遷爲崇義軍節度使。[4]泰和六年，卒。訃聞，遣官致祭，賜銀五百兩，贈金紫光禄大夫。[5]

[1]乣軍：金代由契丹等北方游牧部族人所組成的軍隊，爲金朝分番守北邊。　錦：州名。治所在今遼寧省錦州市。

[2]移密河：即内蒙古自治區呼倫貝爾市的伊敏河。

[3]骨堡子：地名。當在内蒙古自治區呼倫貝爾市額爾古納河上游伊敏河附近。

[4]崇義軍：州軍名。設於義州，治所在今遼寧縣義縣。

[5]金紫光禄大夫：文散官。正二品上階。

孛迭勇决善戰，自幼以軍功顯，任兵鎮十餘年，所向克捷，凡再遷官，賜金幣，甚爲上倚注云。

贊曰：《易·師》之初六："師出以律，否臧凶。"蓋初爲師之始，出師之道，當慎其始。清臣首議出師，遽以貪小利敗。襄雖賢，竭力而後勝其任。衡、安國、孛迭之功又亞於襄者也。然而，兵連禍結，以終金世。故兵無常勝，制勝在勢。勢制兵者强，兵制勢者亡。迹襄之開築壕塹以自固，其猶元魏、北齊之長城歟？[1]金之勢可知矣。勢屈而兵勝，亡國之道也。金以兵始，亦以兵終。嗚呼！用兵之始，可不慎歟，可不慎歟！

[1]元魏、北齊：南北朝時期國名。即北魏（386—534）和北齊（550—577）。

金史　卷九五

列傳第三十三

移剌履　張萬公　蒲察通　粘割斡特剌　程輝　劉瑋
董師中　王蔚[1]　馬惠迪　馬琪　楊伯通　尼厖古鑑[2]

[1]王蔚：局本作“王尉”，傳文作“王蔚”，今據改。
[2]尼厖古鑑：“厖”，原作“龐”，據傳文改。

移剌履字履道，遼東丹王突欲七世孫也。[1]父聿魯，[2]早亡。聿魯之族兄興平軍節度使德元無子，[3]以履爲後。方五歲，晚卧廡下，見微雲往來天際，忽謂乳母曰：“此所謂‘卧看青天行白雲’者耶?”德元聞之，驚曰：“是子當以文學名世。”及長，博學多藝，善屬文。初舉進士，惡搜檢煩瑣，去之。廕補爲承奉班祗候、[4]國史院書寫。[5]

[1]東丹王突欲：遼太祖耶律阿保機的長子，又曰耶律倍。公元926年遼滅渤海國，於其地置東丹國，册皇太子突欲爲東丹王，也稱“人皇王”。遼太宗耶律德光即位後，突欲遭到排擠、監視，於930年被迫投奔後唐，後唐賜突欲姓東丹，名曰慕華，後又改賜

姓李，名贊華。936年死於後唐。《遼史》卷九七有傳。

［2］聿魯：契丹人。即移剌聿魯，其他事迹無考。

［3］興平軍節度使：州軍官。掌鎮撫諸軍防禦之事，總判本鎮軍政事務。從三品。興平軍，州軍名。設於平州，治所在今河北省盧龍縣。　德元：契丹人。即移剌德元，其他事迹無考。

［4］廕補：指子孫依據先人官爵大小而得到的封官補闕，是金朝官員入仕的途徑之一。熙宗天眷年間，一品至八品皆不限所蔭之人。海陵貞元二年（1154），定蔭敘法，一品至七品皆限以數，削八品用蔭之制。詳見本書卷五二《選舉志二》。　承奉班祗候：宣徽院閤門承奉班屬吏，本書《百官志》無載。

［5］國史院書寫：國史院下級官員，又稱檢閱官。正員十人，女真族和漢族各五人。從九品。

世宗方興儒術，[1]詔譯經史，擢國史院編修官，[2]兼筆硯直長。[3]一日，世宗召問曰："朕比讀《貞觀政要》，[4]見魏徵嘉謀忠節，[5]良可稱歎。近世何故無如徵者？"履曰："忠嘉之士，何代無之，但上之人用與不用耳。"世宗曰："卿不見劉仲晦、張汝霖耶，[6]朕超用二人者，以嘗居諫職，屢有忠言故也。安得謂之不用，第人材難得耳。"履曰："臣未聞其諫也。且海陵杜塞言路，[7]天下緘口，習以成風。願陛下懲艾前事，開諫諍之門，天下幸甚。"

［1］世宗：廟號。即完顏烏禄，漢名雍。金朝第五任皇帝，1161年至1189年在位。

［2］國史院編修官：國史院屬官。正員八人，女真人和漢人各四人。正八品。

[3]筆硯直長：秘書監下屬筆硯局長官。掌御用筆墨硯等事。正員二人，正八品。

[4]《貞觀政要》：書名。唐吴兢撰，十卷四十篇。分類編輯唐太宗與魏徵、房玄齡、杜如晦等大臣的問答，大臣的諍議、勸諫以及治政方策等。

[5]魏徵：唐人。唐太宗朝任諫議大夫、秘書監、侍中、封鄭國公。《新唐書》卷九七有傳。

[6]劉仲晦：本書卷七八有《劉仲誨傳》，晦，當爲“誨”之誤。　張汝霖：渤海族人。世宗朝官至平章政事，章宗初年爲輔弼大臣之一。本書卷八三有傳。

[7]海陵：封號。即完顏迪古迺，漢名亮。金朝第四任皇帝，1149 年至 1161 年在位。

初議以時務策設女直進士科，[1]禮部以所學不同，[2]未可概稱進士，詔履定其事，乃上議曰：“進士之科，起于隋大業中，[3]始試以策。唐初因之，[4]高宗時雜以箴銘賦詩，[5]至文宗始專用賦。[6]且進士之初，本專試策，今女直諸生以試策稱進士，又何疑焉。”世宗大悦，事遂施行。十五年，授應奉翰林文字，[7]兼前職，俄遷修撰。[8]二十年，詔提控衍慶宫畫功臣像，[9]過期，降應奉。[10]踰年，復爲修撰，轉尚書禮部員外郎。[11]

[1]女直進士科：世宗大定十三年（1173）開設，每場策一道，免鄉試、府試，止赴會試、御試。大定二十年定制，以策、詩試三場，策用女真大字，詩用女真小字。

[2]禮部：官署名。掌管禮樂、祭祀、學校、貢舉、册命等事務。

[3]大業：隋煬帝年號（605—618）。

[4]唐：朝代名（618—907）

[5]高宗：廟號。唐朝第三任皇帝李治。650年至689年在位。

[6]文宗：廟號。唐朝第十七任皇帝李昂。827年至840年在位。

[7]應奉翰林文字：翰林學士院屬官。掌詞命文字，分判院事。不限員，從七品。

[8]修撰：翰林學士院屬官。不限員，從六品。

[9]衍慶宮：中都原廟的宫名。祭祀金太祖以來帝王與各朝功臣。

[10]應奉：指應奉翰林文字。

[11]禮部員外郎：禮部屬官。佐掌禮樂、祭祀、學校、貢舉諸事。從六品。

章宗爲金源郡王，[1]喜讀《春秋左氏傳》，[2]聞履博洽，召質所疑。履曰："左氏多權詐，駁而不純。《尚書》《孟子》皆聖賢純全之道，[3]願留意焉。"王嘉納之。二十六年，進本部郎中，兼同修國史、翰林修撰，[4]表進宋司馬光《古文孝經指解》曰：[5]"臣竊觀近世，皆以兵刑財賦爲急，而光獨以此進其君。有天下者，取其辭施諸宇内，則元元受賜。"俄以疾，乞補外，世宗曰："履多病，可與便州。"[6]遂授薊州刺史。[7]無幾，召爲翰林待制，[8]同修國史。明年，擢尚書禮部侍郎，[9]兼翰林直學士。[10]

[1]章宗：廟號。即完顔麻達葛，漢名璟。1189年至1208年在位。　金源郡王：封爵名。郡王封號之首位。

[2]《春秋左氏傳》：又稱《左傳》，春秋時左丘明所撰。

[3]《尚書》：相傳爲孔子所編。　《孟子》：戰國人孟軻及其弟子所著，一説爲孟軻弟子的記録。

[4]本部郎中：即禮部郎中，禮部屬官。從五品。　同修國史：國史院屬官。正員二人，女真人和漢人各一員，官品無載。

[5]司馬光：北宋哲宗朝官至尚書左僕射，兼門下侍郎。著《資治通鑑》《司馬文正公集》等。《宋史》卷三三六有傳。

[6]便州：意爲近便事簡的州。

[7]薊州刺史：州長官。掌一州財政訴訟、宣導風俗等各種政務，獨不領兵。正五品。　薊州：治所在今天津市薊縣。

[8]翰林待制：翰林學士院屬官。不限員，正五品。

[9]禮部侍郎：禮部屬官。正四品。

[10]翰林直學士：翰林學士院屬官。佐掌制撰詞命。不限員，從四品。

世宗崩，遺詔移梓宮壽安宮。[1]章宗詔百官議，皆謂當如遺詔，履獨曰："非禮也。天子七月而葬，同軌畢至。其可使萬國之臣朝大行於離宫乎？"[2]上曰："朕日夜思之，捨正殿而奠於别宫，情有所不忍，且於禮未安。"遂殯於大安殿。[3]二十九年三月，進禮部尚書，[4]兼翰林直學士，賜大定三年孟崇獻牓下進士及第。[5]七月，拜參知政事，[6]提控刊修《遼史》。明昌元年，[7]進尚書右丞。[8]

[1]壽安宮：中都城北離宮内宮名。

[2]大行：皇帝死的諱稱。

[3]大安殿：中都宮城前殿之名。

[4]禮部尚書：禮部長官。正三品。

[5]大定：世宗年號（1161—1189）。章宗即位後仍沿用一年。孟崇獻：又作孟宗獻，當年鄉試、府試、省試、廷試皆第一，號稱"孟四元"。

[6]參知政事：尚書省屬官。爲執政官，宰相的副佐，佐治尚書省事。正員二人，從二品。

[7]明昌：金章宗年號（1190—1196）。

[8]尚書右丞：尚書省屬官。爲執政官，輔佐宰相治理尚書省政務。正二品。

初，河溢曹州，[1]帝問曰："《春秋》二百四十二年，[2]不言河決，何也？"履曰："《春秋》止是魯史，[3]所以鮮及他國事。"二年六月，薨，年六十一。是日，履所生也。謚曰文獻。

[1]曹州：治所在今山東省菏澤市。

[2]《春秋》：書名。相傳孔子據魯國史修訂而成。

[3]魯：春秋時期的諸侯國。

履秀峙通悟，精曆筭書繪事。先是，舊《大明曆》舛誤，[1]履上《乙未曆》，[2]以金受命于乙未也，世服其善。初，德元未有子，以履爲後，既而生子震，[3]德元歿，盡推家貲與之。其自禮部兼直學士爲執政，乃舉前代光院故事，以錢五十萬送學士院，[4]學者榮之。

[1]《大明曆》：曆法名。太宗天會五年（1127）司天楊級製作成，熙宗十五年（1137）春正月朔，始頒行。世宗大定十七年

(1177）命司天監趙知微重修大明曆，二十一年曆成。見本書卷二一《曆志》。

[2]《乙未曆》：曆法名。耶律履所造曆法，大定二十一年造成，但未能實行。見本書卷二一《曆志》。

[3]震：契丹人。即移剌震，移剌德元之子。其他事迹無考。

[4]學士院：即翰林學士院。掌制撰詞命，應奉文字之事。

張萬公字良輔，東平東阿人也。[1]幼聰悟，喜讀書。父彌學，[2]夢至一室，牓曰"張萬相公讀書堂"，已而萬公生，因以名焉。登正隆二年進士第，[3]調新鄭簿。[4]以憂去，服闋，除費縣簿。[5]大定四年，爲東京辰渌鹽副使，[6]課增，遷長山令。[7]時土寇未平，一旦至城下者幾萬人，萬公登陴論以鄉里親舊意，衆感悟相率而去，邑人賴之，爲立生祠。久之，補尚書省令史，[8]擢河北西路轉運司都勾判官，[9]改大理評事，[10]就升司直，[11]四遷侍御史、[12]尚書右司員外郎。[13]丞相徒單克寧嘗謂曰：[14]"後代我者必汝也。"俄授郎中，[15]敷奏明敏，世宗嘉之，謂侍臣曰："張萬公純直人也。"尋遷刑部侍郎。[16]

[1]東平東阿：東平，府名。治所在今山東省東平縣。東阿，縣名。治所在今山東省東平縣南。

[2]彌學：其他事迹無考。

[3]正隆：金海陵王年號（1156—1161）

[4]新鄭薄：簿，即主薄，縣令的副佐。正九品。新鄭，縣名。治所在今河南省新鄭市南。

[5]費縣：治所在今山東省費縣。

[6]東京辰渌鹽副使：鹽使司長官。本書卷五七《百官志三》記載爲遼東鹽使司，副使二員，正六品。《遺山文集》卷一六《平章政事壽國公文貞公神道碑》記載，萬公所任官爲遼陽府路辰渌鹽司判官，判官爲副使之下級官吏，正員三人，正七品。從張萬公此時的地位看，當以《遺山文集》爲準，《金史》所記有誤。

[7]長山令：縣長官。掌課農桑，平理獄訟，捕除盜賊，宣導風化。金縣令分三第，上令從六品，中令正七品，下令從七品，該縣令爲從七品。長山，縣名。治所在今山東省淄博市西。

[8]尚書省令史：尚書省下屬吏員。

[9]河北西路轉運司都勾判官：轉運司屬官。掌司内紀綱衆務，分判勾案之事。從六品。河北西路治所在今河北省正定縣。

[10]大理評事：大理寺屬官。掌參議疑獄，披詳法狀。正員三人，正八品。

[11]司直：大理寺屬官。掌同評事。正員四人，正七品。

[12]侍御史：御史臺屬官。掌奏事，判臺事。正員二人，從五品。

[13]右司員外郎：尚書省右司屬官。佐掌本司奏事，總察兵、刑、工三部受事付事，兼帶修注官。正六品。

[14]徒單克寧：女真人。本名習顯，世宗朝官至左丞相、樞密使、太尉。章宗初年是輔弼大臣之一，官至太傅、尚書令。本書卷九二有傳。

[15]郎中：即右司郎中，右司長官。掌本司奏事，總察兵、刑、工三部受事付事，兼帶修注官。正五品。

[16]刑部侍郎：刑部屬官。佐掌律令、刑名、赦詔、懲没、官吏改正，以及宫、監户（官奴婢口）、良賤身份訴訟、功賞捕亡等諸種事務。正四品。

章宗即位，初置九路提刑司，[1]選爲南京路提刑使。[2]以治最，遷御史中丞。[3]會北邊屢有警，上命樞密使夾谷清臣發兵擊之。[4]萬公言："勞民非便。"詔百官議於尚書省，[5]遂罷兵。尋爲彰國軍節度使。[6]

[1]九路提刑司：地方監察機構。《大金國志》卷三八《提刑司九處》載章宗大定二十九年（1189）六月於全國設九處提刑司：中都西京路（大同置司）、南京路（南京置司）、北京臨潢路（臨潢置司）、東京咸平府路（東京置司）、上京海蘭路（上京置司）、河東南北路（汾州置司）、河北東西大名府路（河間置司）、陝西東西等路（平涼置司）、山東東西路（濟南置司）。掌審察刑獄、察舉官吏，舉廉能，劾不法，糾正官邪，勸農桑。

[2]南京路提刑使：提刑司長官。掌審察刑獄，糾察貪官污吏之事。本書《百官志》記載提刑司後改名按察司，以提刑使比按察使，爲正三品。南京路路治在今河南省開封市。

[3]御史中丞：御史臺屬官。佐掌糾察朝儀，彈劾官邪，審刑獄不當之事。從三品。

[4]樞密使：樞密院長官。掌國家軍務機密之事。從一品。據本書卷九《章宗紀一》與卷九四《夾谷清臣傳》記載，夾谷清臣時任樞密副使，且清臣未曾出任過樞密使，故此處當爲樞密副使之誤。副使爲樞密使副佐，從二品。　夾谷清臣：女真人。本名阿不沙，章宗朝官至左丞相。本書卷九四有傳。

[5]尚書省：官署名。海陵王正隆官制改革以後，是金朝最高權力機構。

[6]彰國軍節度使：州軍官。掌鎮撫諸軍防禦之事，總判本鎮軍政事務。從三品。彰國軍設於應州，治所在今山西省應縣。

明昌二年，知大興府事，[1]拜參知政事。踰年，以母老乞就養，詔不許，賜告省親。還，上問山東、河北粟貴賤，今春苗稼，萬公具以實對。上謂宰臣曰："隨處雖得雨，尚未霑足，奈何？"萬公進曰："自陛下即位以來，興利除害，凡益國便民之事，聖心孜孜，無不舉行。至於旱灾，皆由臣等，若依漢典故。皆當免官。"上曰："卿等何罪，殆朕所行有不逮者。"對曰："天道雖遠，實與人事相通，唯聖人言行可以動天地。昔成湯引六事自責，[2]周宣遇災而懼，[3]側身修行，莫不修飾人事。[4]方今宜崇節儉，不急之務、無名之費，可俱罷去。"上曰："災異不可專言天道，蓋必先盡人事耳，故孟子謂王無罪歲。"左丞完顏守貞曰：[5]"陛下引咎自責，社稷之福也。"上由是以萬公所言下詔罪己。

[1]知大興府事：知府事，本書《百官志》不載。世宗大定年間始設，官品高於同知，或低於府尹。章宗朝及以後，不授府尹，以知府事代之，掌宣風導俗，肅清所部，總判府事。官品或與府尹同，正三品。大興府，金中期京師所在府，治所在今北京市。

[2]成湯：商開國之君，子姓，名履，又稱天乙。伐夏桀有天下，國號商，都於亳。見《史記·殷本紀》。

[3]周宣：即西周宣王，姬姓，名静，公元前 827 年至前 782 年在位。在位時南征北伐，史稱中興。見《史記·周本紀》。

[4]修飾：殿本、局本作"修飭"。

[5]左丞：尚書省屬官。爲執政官，宰相的副佐，佐治尚書省事。正二品。　完顏守貞：女真人。完顏希尹孫，官至平章政事。本書卷七三有傳。

進士李邦乂者上封事，[1]因論世俗侈靡，譏涉先朝，有司議言者罪，上謂宰臣曰："昔唐張玄素以桀、紂比文皇。[2]今若方我爲桀、紂，亦不之罪。至於世宗功德，豈容譏毀。”顧問萬公曰：“卿爲何如？”萬公曰：“譏斥先朝，固當治罪，然舊無此法。今宜定立，使人知之。”乃命免邦乂罪，惟殿三舉。其奏對詳敏，多類此。

[1]李邦乂：其他事迹無考。

[2]張玄素：唐人。《新唐書》卷一〇三有傳。　桀：夏朝最後一個君主，以暴虐著稱。見《史記·夏本紀》。　紂：商代最末的君主，名受，號帝辛，歷史上暴君的典型。見《史記·殷本紀》。　文皇：指唐太宗李世民。唐朝第二代君王，627年至649年在位，有“貞觀之治”的美譽。見《舊唐書·太宗本紀》。

四年，復申前請，授知東平府事，諭之曰：“卿在政府，非不稱職，以卿母老，乞侍養，特畀鄉郡，以遂孝養。朕心所屬，不汝忘也。”萬公謝，且捧書言曰：“臣狂妄，有一言欲今日以聞，會受除未及耳。夫內外之職，憂責如一，畎畝之臣猶不忘君。芻蕘之言，明主所擇，伏望聖聰省察。”上嘉納之。六年，改知河中府，[1]時軍興，調發業劇，悉爲寬假，使民力易辦。人爲繪像於薰風樓，又建去思堂。

[1]河中府：治所在今山西省永濟市西。

移鎮濟南，[1]以母憂去職。卒哭，詔起復，拜平章政事，[2]躐遷資善大夫，[3]封壽國公。[4]時李淑妃有寵，[5]用事，帝意惑之，欲立爲后，大臣多不可。御史姬端脩上書論之，[6]帝怒，御史大夫張暐削一官，[7]侍御史路鐸削兩官，[8]端修杖七十，以贖論。淑妃竟進封元妃。[9]又大兵雖罷，而邊事方殷，連歲旱暵，災異數見。又多變更制度，民以爲弗便而又改之，紛紛無定。萬公素沉厚深謹，務安静少事以爲治，與同列議多不合，然頗嫌畏，不敢犯顔强諫，須帝有問，然後審畫利害而質言之，帝雖從而弗行也。萬公於是兩上表以衰病匄閒，詔諭曰："近卿言數事，朕未嘗行，乃朕之過。卿年未老，而遽告病，今特賜告兩月，復起視事。"

[1]濟南：治所在今山東省濟南市。

[2]平章政事：宰相成員之一。爲丞相的副佐。正員二人，從一品。

[3]資善大夫：文散官。正三品下階。

[4]壽國公：封爵名。明昌格，次國封號第二十九位。

[5]李淑妃：即章宗妃李師兒，漢族，出身宫籍監户（奴婢）。本書卷六四有傳。　淑妃：后妃封號。正一品，第三位。

[6]御史：即監察御史，御史臺屬官。掌糾察内外官員非違之事。正員十二人，正七品。　姬端脩：原名宗端脩，本書卷一〇〇《宗端脩傳》："章宗避睿宗諱上一字……改'宗'氏爲'姬'氏。"宗端脩因章宗朝避諱改爲"姬端脩"。

[7]御史大夫：御史臺長官。掌糾察彈劾百官，復審内外刑獄所屬理斷不當案件。從二品。　張暐：多年在禮部，由郎中至尚書多有事迹，入御史臺僅爲一年。本書卷一〇六有傳。

[8]路鐸：章宗朝官翰林待制兼知登聞鼓院，宣宗初年死於蒙古兵鋒之下。本書卷一〇〇有傳。

[9]元妃：后妃封號。正一品，第一位。

初，明昌間，有司建議，自西南、西北路，[1]沿臨潢達泰州，[2]開築壕塹以備大兵，役者三萬人，連年未就。御史臺言：[3]“所開旋爲風沙所平，無益於禦侮，而徒勞民。”上因旱災，問萬公所由致。萬公對以“勞民之久，恐傷和氣，宜從御史臺所言，罷之爲便”。後丞相襄師還，[4]卒爲開築，民甚苦之。主兵者又言：“比歲征伐，軍多敗衄，蓋屯田地寡，無以養贍，至有不免飢寒者，故無鬭志。願括民田之冒稅者分給之，則戰士氣自倍矣。”朝臣議已定，萬公獨上書，言其不可者五，大略以爲：“軍旅之後，瘡痍未復，百姓拊摩之不暇，何可重擾，一也。通檢未久，田有定籍，括之必不能盡，適足以增猾吏之敝，長告訐之風，二也。浮費侈用，不可勝計，推之以養軍，可斂不及民而足，[5]無待於奪民之田，三也。兵士失於選擇，强弱不别，而使同田共食，振厲者無以盡其力，疲劣者得以容其姦，四也。奪民而與軍，得軍心而失天下心，其禍有不可勝言者，五也。必不得已，乞以冒地之已括者，召民蒔之，以所入贍軍，則軍有坐獲之利，而民無被奪之怨矣。”皆不報。一日奏事，上謂萬公曰：“卿昨言天久陰晦，亦由人君用人邪正不分。君子當在内，小人當在外，甚有理也，然孰謂小人？”萬公奏“張煒、田櫟、張嘉貞等，[6]雖有才幹，無德可稱”。上即命三人補外。

[1]西南、西北路：均爲西京路下地區級路名。西南路治所在今山西省應縣，西北路治所在今内蒙古自治區錫林郭勒盟正藍旗境内。

［2］臨潢：府名。治所在今内蒙古自治區赤峰市巴林左旗舊城址。　泰州：治所在今吉林省洮南市以東。

［3］御史臺：中央監察機構。糾察彈劾内外百官善惡，凡内外刑獄所屬理斷不當，有陳述者付臺治之。

［4］襄：女真人。完顔氏，女真宗室，時爲右丞相，章宗承安年間任左丞相。本書卷九四有傳。

［5］可斂不及民而足：原脱"足"字。按《遺山文集》卷一六《平章政事壽國張文貞公神道碑記》載張萬公上書大略，詞句相同，此句作"可斂不及民而足"。《金史詳校》卷八下，"'而'下當加'足'"。中華點校本據補。是，從之。

［6］張煒：本名暐，避章宗諱改名煒，時爲户部員外郎。本書卷一〇〇有傳。　田櫟：時爲文繡署丞。　張嘉貞：時爲都水監丞。見本書卷一〇〇《張煒傳》。

泰和元年，[1]連章請老，不許，遷榮禄大夫，[2]賜其子進士及第。明年，章再上，有旨："得非卿有所言，朕有不從者乎？或同列情見不一，而多違卿意邪？不然，何求去如是之數也。"萬公謝無他，第以病言。三年正月，章再上，不允，加銀青光禄大夫。[3]三月，歷舉朝臣有名者以自代，求去甚力，上知其不能留，諭曰："朕初即位，擢卿執政，繼遷相位，以卿先朝舊人，練習典故，朕甚重之。且年雖高而精力未衰，故以機務相勞。爲卿屢求退去，故勉從之，甚非朕意也。"加金紫光禄大夫，[4]致仕。

［1］泰和：金章宗年號（1201—1208）。

［2］榮禄大夫：文散官。從二品下階。

[3]銀青光禄大夫：文散官。正二品下階。

[4]金紫光禄大夫：文散官。正二品上階。

六年，南鄙用兵，上以山東重地，須大臣鎮撫之，先任完顔守貞卒，於是特起萬公知濟南府、山東路安撫使。[1]山東連歲旱蝗，沂、密、萊、莒、濰五州尤甚。[2]萬公慮民飢盜起，當預備賑濟。時兵興，國用不給，萬公乃上言乞將僧道度牒、師德號、觀院名額並鹽引，付山東行部，[3]於五州給賣，納粟易换。又言督責有司禁戢盗賊之方。上皆從之。宋人請和，復乞致仕，許之，加崇進，[4]仍給平章政事俸之半。泰和七年，薨。命依宰臣故事，燒飯，[5]賻葬。贈儀同三司，[6]謚曰文貞。

[1]山東路安撫使：安撫司長官。掌鎮撫人民，察邊防軍旅，審録重刑事。從一品。山東路包括山東東、西兩路，安撫司置於濟南府。

[2]沂、密、萊、莒、濰：皆爲州名。沂州治所在今山東省臨沂市，密州治所在今山東省諸城市，萊州治所在今山東省掖縣，莒州治所在今山東省莒縣，濰州治所在今山東省濰坊市。

[3]山東行部：臨時官府。金章宗以來，因用兵、河防等事涉及諸路，臨時設行尚書省，或設行六部，到金末遍布全國，行部爲行六部的簡稱。此行部設於今山東省。

[4]崇進：文散官。從一品下階。

[5]燒飯：在祀祭之時盡焚飲食之物，是女真人重要的喪葬禮儀之一，契丹人亦盛行此俗。

[6]儀同三司：文散官。從一品中階。

萬公淳厚剛正，門無雜賓，典章文物，多所裁正。上嘗與司空襄言秋山之樂，[1]意將有事於春蒐也。[2]顧視萬公，萬公曰："動何如静。"上改容而止。輔政八年，其所薦引，多廉讓之士焉。大安元年，[3]配享章宗廟庭。

[1]秋山：金朝皇帝秋日狩獵的場所。《攻媿集》卷一一一記載："至此乃知燕京五百里内皆是御圍場，故不容民間采捕耳。"在今北京市周邊五百里以内之地。

[2]春蒐：即春天打獵。

[3]大安：金衛紹王年號（1209—1211）。

蒲察通本名蒲魯渾，中都路胡土愛割蠻猛安人也。[1]熙宗選護衛，[2]見通名，以筆識之。通以父老，懇乞就養。衆訝之曰："得充侍衛，終身榮貴，今乃辭，過人遠矣。"朝廷義而從之。後因會葬宋王宗望於房山，[3]以門閥，加昭信校尉，[4]授頓舍。[5]改御院通進。[6]

[1]中都路胡士愛割蠻猛安：女真地方行政建置名。猛安相當於防禦州，具有軍政合一的特點。胡土愛割蠻又作胡土靄哥蠻，即卷二四《地理志上》上京路會寧府條下的"忽土皚葛蠻"，位於今吉林省松原市拉林河西石碑崴子地方。其後遷至中都路，具體位置無考。

[2]護衛：有皇帝護衛、東宫護衛、妃護衛、東宫妃護衛之分，由殿前左、右衛將軍與衛尉司掌領。選取五品至七品官子孫及宗室並親軍、諸局分承應人，有才行及善射者充任。

[3]宋王：封爵名。天眷格，大國封號第四位。　宗望：女真人。金太祖之子，金太宗時任右副元帥，滅亡北宋的主要將帥之

一。本書卷七四有傳。　房山：地名。又稱大房山，位於今北京市房山區。海陵貞元三年（1155）將先帝及祖宗陵墓由上京遷至此地，建成金帝王陵。

[4]昭信校尉：武散官。正七品下階。

[5]頓舍：殿前都點檢司屬官。職掌不詳。正員二人，正八品。

[6]御院通進：宣徽院下屬閤門屬官。掌諸進獻禮物及薦享編次位序。

海陵伐宋，隆州諸軍尤精鋭，[1]付通總之。兵壓淮，[2]令通率騎二百先濟覘敵。及弇中，[3]敵兵躍出，通按兵直前，傍有舞槊來刺者，回身射之，應弦而斃。諸軍併擊，敗之。海陵召見，喜形於色，曰："兵事定，汝勿憂爵賞。"至揚州，[4]通營別屯。是夜，海陵遇弑，有來告者，通欲執而殺之，續聞其實，哀悶仆地，衆掖而起，徑入營門哭之。

[1]隆州：治所在今吉林省農安縣。

[2]淮：即淮河。

[3]弇中：狹道。

[4]揚州：南宋州名。治所在今江蘇省揚州市。

軍還，入見，世宗顧謂近臣曰："朕素知是人，幼嘗從游，性温厚，有識慮，又精騎射。"授尚厩局副使。[1]又諭近臣曰："常令見朕，欲問以事而考其言，朕將用之。"窩斡反，[2]命通佩金符，詣軍前督戰。賊破，以功授世襲謀克。[3]奚人亂，[4]承詔繼往涖軍。遷本局使，[5]以母喪免，起爲殿前右衛將軍，[6]兼領閑厩。[7]尋命其子蒲速烈尚衛國公主。[8]出爲肇州防禦使，[9]賜以金帶，[10]仍諭以補外之意，因戒勑之，語在《世宗紀》中。尋擢蒲與路節度使，[11]移鎮歸德軍，[12]遷西南路招討，[13]入知大興府事，除殿前都點檢。[14]初，大理卿闕，[15]世宗欲令通爲之，問宰臣，對曰："通，點檢器也。"上曰："點檢繁冗，無由顯其能。通明敏才幹，正掌法之官。"又曰："通之機識，崇尹不及也。"[16]

[1]尚厩局副使：殿前都點檢司下屬尚厩局屬官。佐提點掌御馬調習牧養之事。從六品。

[2]窩斡：契丹人。即移剌窩斡。本書卷一三三有傳。

[3]世襲謀克：金代女真族的世襲爵位，受封者領有土地、民户，金制三百户爲一謀克。

[4]奚人：爲東北的少數民族，與契丹人同源於鮮卑。

[5]本局使：即尚厩局使，尚厩局長官。從五品。

[6]殿前右衛將軍：殿前都點檢司屬官。掌宫禁及行從宿衛警嚴，總領護衛。官品無載。

[7]閑厩：官名。唐聖曆中置閑厩使，以殿中監爲長，分領殿中、太僕之事，專掌輿輦牛馬。金亦置此官，其職實兼領尚厩、尚輦兩局。

[8]蒲察蒲速烈：女真人。其他事迹無考。　衛國公主：無考。

[9]肇州防禦使：州長官。掌一州軍、政事務。從四品。肇州治所在今黑龍江省肇源縣。

[10]賜以金帶：原脱"帶"字。本書卷六《世宗紀上》大定七年（1167）十二月，"肇州防禦使蒲察通朝辭，賜通金帶"。《金史詳校》卷八下，"此下當加'帶'"。中華點校本據補。是，從之。

[11]蒲與路：上京路之下地區級路名，治所在今黑龍江省克東

縣北克東城。

[12]歸德軍：軍州名。據本書卷二四《地理志上》瑞州："歸德軍節度使。本來州，天德三年更爲宗州，泰和六年以避睿宗諱，謂本唐瑞州地，故更今名。"瑞州治所在今遼寧省綏中縣西南。另據本書卷二五《地理志中》歸德府："故宋州，宋南京應天府河南郡歸德軍，國初置宣武軍。"則此處似誤用宋舊軍名，應以稱宣武軍爲是。宋州治所在今河南省商丘市南。

[13]招討：即招討使。地方招討司長官。掌招懷降附，征討叛逃。正三品。

[14]殿前都點檢：殿前都點檢司長官，例兼侍衛親軍都指揮使。掌行從宿衛，關防門禁，督攝隊仗，總判司事。正三品。

[15]大理卿：大理寺長官。掌審斷天下奏案，詳斷疑獄。正四品。

[16]崇尹：即完顏宗尹。按本書卷一〇〇《宗端脩傳》，"章宗避睿宗諱上一字，凡太祖諸子皆加'山'爲'崇'"。時爲世宗朝，此處當改作"宗尹"。女真人。宗室出身。本書卷七三有傳。

大定十七年，拜尚書右丞，[1]轉左丞。詔議推排猛安謀克事，[2]大臣皆以爲止驗見在產業，定貧富，依舊科差爲便。通言："必須通括各謀克人户物力多寡，則貧富自分。貧富分，則版籍定，如有緩急，驗籍科差，富者不得隱，貧者不重困。與一例科差者，大不侔矣。"上是通言，謂宰臣曰："議事當如通之盡心也。"閱三歲，進平章政事，封任國公。[3]

[1]尚書右丞：尚書省屬官。爲執政官之一，輔佐宰相治理省内行政事務。正二品。

[2]推排：朝廷派出官員去各地清查土地、核實財産。　猛安謀克：女真、契丹等族的地方行政設置的名稱。猛安相當於防禦州，謀克相當於縣，具有軍政合一的特點。

[3]任國公：封爵名。大定格，小國封號第二十四位。

世宗將幸上京，[1]以通朝廷舊人，命爲上京留守，[2]先往鎮撫之。二十五年，除知真定府事，[3]世宗曰："朕復欲相卿，惜卿老矣，故以此授卿。"仍賜錢千貫。未幾，改知平陽府事，[4]移鳳翔，[5]致仕。明昌四年，上諭宰臣曰："通先朝重臣，年雖高而未衰。"因命知廣寧府事，[6]累表請老，復以開府儀同三司致仕。

[1]上京：金前期京城。海陵王貞元元年（1153）遷都於燕京，改稱中都（今北京市）。上京位於今黑龍江省阿城市白城。

[2]留守：路級長官，兼本路兵馬都總管。掌管一路軍政事務。正三品。

[3]真定府：治所在今河北省正定縣。

[4]平陽府：治所在今山西省臨汾市。

[5]鳳翔：府名，治所在今陝西省鳳翔縣。

[6]廣寧府：治所在今遼寧省北寧市。

承安三年薨。[1]諭旨於其弟曰："舊制，致仕宰相，無祭葬禮，通舊臣懿戚，故特命勅祭及葬。"初，通在政府，舉太子率府完顏守貞、[2]監察御史裔俱可大用，[3]其後皆爲名臣，世多其知人云。

[1]承安：金章宗年號（1196—1200）。

[2]太子率府：東宫屬官。掌周衛導從儀仗。從五品。本書卷五七《百官志三》東宫條記載爲左、右率府率。“府”下當有“率”字。

[3]監察御史：御史臺屬官。掌糾察内外官員非違之事。正員十二人，正七品。　裔：女真人。完顔氏，宗室出身，歷任彰化軍節度使、大名府事等職。

粘割斡特剌，蓋州别里賣猛安奚屈謀克人也。[1]貞元初，以習女直字試補户部令史，[2]轉尚書省令史。大定七年，選授吏部主事，[3]歷右補闕、[4]修起居注。[5]

[1]蓋州别里賣猛安奚屈謀克：女真行政建置名。蓋州治所在今遼寧省蓋州市境内。别里賣，水名，即本書卷六七《臘醅麻產傳》的“蒲盧買水”，卷二《太祖紀》作“婆魯買水”。此猛安當自上京路移來。

[2]户部令史：户部下屬吏員。

[3]吏部主事：吏部屬官。掌知管差除，校勘行止，分掌封勳資考之事，惟選事則通署，及掌受事付事、檢勾稽失省署文牘，兼知本部宿直、檢校架閣。正員四人，從七品。熙宗皇統四年（1144）主事始用漢族士人，世宗大定三年（1163）用進士，非特旨不得擬用吏人。章宗承安五年（1200），增女真主事一人。

[4]補闕：諫院屬官。掌諫正百司非違，糾正官邪。正七品。

[5]修起居注：記注院屬官。掌記録皇帝言行之事，以他官兼之。

九年，河南路統軍使宗叙以宋人欲啓兵釁，[1]上言求入見，世宗遣斡特剌就問之，仍究其實。至汴，[2]問宗叙，及召凡嘗言邊事者詰之，皆無狀。還報，世宗喜曰："朕固知妄也。"授左司員外郎。[3]

[1]河南路統軍使：統軍司屬官。掌督領軍馬，鎮攝封陲，分營衛，視察奸。正三品。金代在全國設有河南、陝西、山東三個統軍司，分統駐守中原邊地的軍隊。河南路統軍司治所在南京。　宗敘：女真人。完顏氏，宗室出身。本書卷七一有傳。

[2]汴：汴京，即南京，今河南省開封市。

[3]左司員外郎：尚書省左司屬官。佐掌本司奏事，總察吏、户、禮三部受事付事，兼帶修起居注官。正六品。

十年，以夏國發兵築祁安城及襲殺喬家族首領結什角，[1]又諜者言夏與宋人通謀犯邊，詔大理卿李昌圖與斡特剌往按其事。[2]夏人報言，結什角以兵犯夏境故殺之，祁安城本上國所賜舊積石地，發兵修築以備他盜耳。又察知宋、夏無交通狀，及喬家族民户願令結什角侄趙師古爲首領，[3]具以聞。世宗甚悦，轉右將軍，[4]賜衣馬車牛弓矢鎧仗。[5]十二年，爲夏國生日使，[6]還授右司郎中，[7]遷右副都點檢。[8]久之，出爲河南路統軍都監，[9]賜金帶及具裝馬。

[1]夏國：西夏，党項族建立的王朝（1038—1227）。　祁安城：原積石州所在地，今青海省循化撒拉族自治縣。　喬家族：西羌人，分布於今青海、甘肅一帶。　結什角：西羌人。宋賜其祖先姓趙。本書卷九一有傳。

[2]大理卿：大理寺長官。掌審斷天下奏案，詳斷疑獄。正四品。　李昌圖：曾任右司郎中，大定八年（1168）爲賀宋正旦使。

[3]趙師古：世宗因喬家等部族民户之願，詔以趙師古爲木波

族的喬家、丙離、隴逋、厖拜四族都鈐轄，加宣武將軍。

［4］右將軍：按金制無“右將軍”，當爲右衛將軍之誤寫。本書卷六一《交聘表中》記載，大定十二年（1172）“九月辛巳，以殿前右衛將軍粘割斡特剌爲夏生日使”。《金史詳校》卷八下：“‘右’下當加‘衛’。”右衛將軍即殿前右衛將軍，殿前都點檢司屬官。掌宫禁及行從宿衛警嚴，仍總領護衛。官品無載。

［5］賜衣馬車牛弓矢鎧仗：“鎧仗”，原作“器仗”，南監本、北監本、殿本、局本作“鎧仗”。今據改之。

［6］夏國生日使：臨時官職，爲賀夏王生日的使臣。本書卷六一《交聘表中》記此事於九月。

［7］右司郎中：尚書省右司長官。掌本司奏事，總察兵、刑、工三部受事付事，兼帶修注官。正五品。

［8］右副都點檢：殿前都點檢司屬官，兼侍衛親軍副都指揮使。掌宫掖及行從。從三品。

［9］河南路統軍都監：河南路統軍司屬官。爲統兵官。正四品。

十七年，授昌武軍節度使，[1]兼領前職。明年，入爲刑部尚書，[2]拜參知政事。世宗嘗諭平章政事唐括安禮曰：[3]“朕思爲治之道，考擇人材最爲難事，其餘常務各有程式，非此比也。如斡特剌所舉者，頗稱朕意。”時右三部檢法蒙括鑾都告斡特剌與招討哲典朋黨，[4]乞付刑部詰問，世宗曰：“若哲典免死，則可謂朋黨。今已伏誅，乃誣謗耳。”又謂宰臣曰：“朕素知此人極有識慮，貌雖柔而心甚剛直，所行不率易也。”二十二年，委提控代州阜通監，[5]召見諭之曰：“朕自任卿以來，悉卿材幹，故擢爲執政。卿亦體朕待遇之意，能勉盡所職，凡謀議奏對多副朕心，莫倚上有宰相而自嫌外。蓋舊人年老，新人未苦經練，是以委責於卿，但有所見悉心以言，勿持嫌以爲不知也。”二十三年，進尚書右丞，兼樞密副使，[6]表乞解一職，詔許解樞密。世宗以猛安謀克拋留土田，責宰臣曰：“此事皆卿輩所當陳舉，乃俟朕言而後行，蓋卿輩以爲細務非天子所親。朕嘗思之，獄訟簿書有斡特剌在，餘事卿輩略不介意，朕亦安能置而不問邪？”俄坐事削一階，令視事如故。

[1]昌武軍：州軍名。設於許州，治所在今河南省許昌市。

[2]刑部尚書：刑部長官。正三品。

[3]唐括安禮：女真人。本書卷八八有傳。

[4]右三部檢法：右三部檢法司屬官。掌檢斷各司取法文字。正員二十二人，從八品。　蒙括鑾都：女真人。曾任大興府主簿。哲典：大定十九年十月（1179）以贓罪伏誅。

[5]提控代州阜通監：代州阜通監屬官。掌管鑄錢，設於大定十八年（1178）。正五品。

[6]樞密副使：樞密院屬官。佐掌武備機密之事。章宗泰和四年（1204）曾一度置二人，從二品。

二十六年，轉尚書左丞，世宗謂曰：“朕昨與宰臣議可授執政者，卿不在焉。今阿魯罕年老，[1]斡魯也多病，[2]吾欲用宗浩何如？”[3]斡特剌奏曰：“彼二人者恐不得力，獨宗浩幹能可任。”遂用宗浩。又謂曰：“朕於天下事無不用心，一如草創時。”斡特剌曰：“自古人君始勤終怠者多矣，有始有終，惟聖人能之。”上曰：“唐太宗至明之主也，[4]然魏徵諫以十事，謂其不能有終，是則有終始者實爲難矣。”二十八年，爲上京留守，賜通犀帶及射生馬一。

[1]阿魯罕：女真人。即孛术魯阿魯罕，本書卷九一有傳。

[2]斡魯也：人名。似女真人，其他事迹無考。

[3]宗浩：女真人。完顔氏，宗室出身。本書卷九五有傳。

[4]唐太宗：廟號。李世民，唐朝第二任皇帝。627 年至 649 年在位。新、舊《唐書》有紀。

明昌二年致仕。承安初，有事北方，朝廷欲得舊臣任之，乃起爲東京留守，[1]遣監察御史完顔綱諭旨曰：[2]“知汝精神尚健，故復用也。”明年，改上京留守，又諭之曰：“上京祖先基業之地，卿馳驛之任，到彼便宜行事。邊事稍息，即召卿還。”二年九月，還朝，拜平章政事，封芮國公。[3]在位數月，薨，年六十九。訃聞，上傷悼久之，遣官致祭，賻贈銀千二百五十兩、重幣四十五端、絹四百五十疋、錢二千貫，謚曰成肅。

[1]東京：治所在今遼寧省遼陽市。

[2]完顔綱：女真人。本書卷九八有傳。

[3]芮國公：封爵名。明昌格，小國封號第三十位。

斡特剌性温厚醞藉，嘗爲丞相紇石烈良弼所薦，[1]後世宗謂宰臣曰：“良弼善知人，如斡特剌輩其才真可用也。”在相位十餘年，甚見寵遇，唯奏定五品官子與外路司吏同試部令史、[2]及令隨朝吏員得試國史院書寫，世宗以爲非云。

[1]丞相紇石烈良弼：女真人。丞相指世宗大定年間任左丞相，本書卷八八有傳。

[2]部令史：指六部令史，爲六部吏員。

程輝字日新，蔚州靈仙人也。[1]皇統二年，[2]擢進士第，由尚書省令史升左司都事。[3]久之，爲南京路轉運使，[4]以宫殿火，降授磁州刺史。[5]有吴僧者殺州人張善友而取其妻，[6]輝督捕之，命張母以長錐刺僧與其妻無完膚以死。改陝西東路轉運使，[7]再遷户部尚書。[8]

[1]蔚州靈仙：蔚州治所在今河北省蔚縣。靈仙，縣名。治所與蔚州同。

[2]皇統：金熙宗年號（1141—1149）。

[3]左司都事：尚書省左司屬官。掌本司受事付事，檢勾稽失，省屬文牘，兼知省内宿直、檢校架閣等事。正員二人，正七品。

[4]南京路轉運使：轉運司長官。掌税賦錢穀、倉庫出納、權度量衡之制。正三品。南京路轉運司置於南京。

[5]磁州：治所在今河北省磁縣。

[6]吴僧：其他事迹無考。　張善友：其他事迹無考。

[7]陝西東路轉運司：官署名。治所在京兆府，今陝西省西安市。

[8]户部尚書：户部長官。掌户籍、物力、鹽鐵、酒麯、礦冶、榷場、市易、度支、國用、俸禄、錢帛、貢賦、租税、積貯、度量衡等。正三品。

大定二十三年，拜參知政事。世宗諭之曰："卿年雖老，猶可宣力。事有當言，毋或隱默。卿其勉之。"

一日，輝侍朝，世宗曰："人嘗謂卿言語荒唐，今遇事輒言，過於王蔚。"[1]顧謂宰臣曰："卿等以爲何如？"皆曰："輝議政可否，略無隱情。"輝對曰："臣年老耳聵，第患聽聞不審，或失奏對。苟有所聞，敢不盡心。"舊廟祭用牛，世宗晚年欲以他牲易之，輝奏曰："凡祭用牛者，以牲之最重，故號太牢。《語》曰：[2]'犁牛之子騂且角，雖欲勿用，山川其舍諸？'古禮不可廢也。"

[1]王蔚：本書卷九五有傳。

[2]《語》：《論語》，書名。以下語出《論語·雍也》。

二十四年，世宗幸上京，尚書省奏來歲正旦外國朝賀事，世宗曰："上京地遠天寒，朕甚憫人使勞苦，欲即南京受宋書，何如？"輝對曰："外國使來必面見天子，今半途受書，異時宋人托事効之，何以辭爲？"世宗曰："朕以誠實，彼若相詐，朕自有處置耳。"輝以爲不可，於是議權免一年。會有司市麵不時酬直，世宗怒監察不舉劾，杖責之。以問輝，輝對曰："監察，君之耳目。所犯罪輕，不贖而杖，亦一時之怒也。"世宗曰："職事不舉，是故犯也，杖之何不可。"輝對曰："往者不可諫，來者猶可追。"

二十六年，以老致仕。次年，復起知河南府事，[1]輝辭以衰老不任，召入香閣，[2]諭之曰："卿年老而精力尚强，雖久歷外，未嘗得嘉郡，河南地勝事簡，故以處卿，卿可優遊頤養。"輝曰："臣猶老馬也，芻豆待養，豈可責以筋力。向者南京宫殿火，非聖恩寬貸，臣死久矣。今河之徑河南境上下千餘里，河防之責視彼尤重，此臣所以憂不任也。”於是特詔不預河事。章宗立，時輝年七十六，復乞致仕，詔許之，仍給參知政事半俸。承安元年卒，謚曰忠簡。

[1]河南府，治所在今河南省洛陽市。

[2]香閤：中都皇城内殿。金帝經常在這裏召見近臣議事。

輝性倜儻敢言，喜雜學，尤好論醫，從河間劉守真説，[1]率用涼藥。神童嘗添壽者方數歲，[2]輝召之，因書“醫非細事”四字，添壽塗“細”字，改書作“相”，輝頗慚，人亦以此爲中其病云。

[1]河間：府名。治所在今河北省河間市。　劉守真：河間人。名完素，字守真。本書卷一三一有傳。

[2]嘗添壽：太原人。章宗明昌年間五神童之一，四歲能作詩。本書卷一二六《麻九疇傳》作“常添壽”。

劉瑋字德玉，咸平人也。[1]唐盧龍節度使仁敬之裔。[2]祖弘，[3]遼季鎮懿州，[4]王師至，弘以州降，太祖俾知咸州，[5]後以同平章政事致仕。[6]父君詔，[7]同知宣徽院事。[8]瑋幼警悟，業進士舉，熙宗録其舊，[9]特賜及第。調安次丞。[10]由遵化縣令補尚書省令史，[11]歷户部主事、監察御史，累轉尚書省都事。宰臣奏擬瑋經畫軍民田土，世宗見其名曰：“劉瑋尚淹此乎。”遷户部員外郎。[12]時將東巡，命瑋同工部郎中宋中往營行宫，[13]就升郎中。[14]改同知宣徽院事，爲使宋國信副使。[15]瑋父兄皆以是官使江左，[16]當時榮之。還授户部侍郎。[17]

[1]咸平：府名。金初爲咸州路，熙宗爲咸州，海陵天德二年(1150)升爲咸平府，治所在今遼寧省開原市老城。

[2]盧龍節度使：唐代官名。總轄地方軍民兩政，兼管東北少數民族。　仁敬：即劉仁敬，其他事迹不詳。《大金故信武將軍同知涿州軍州事騎都尉彭城縣開國公食邑三伯户劉公墓志銘》（劉元德）稱，劉瑋堂侄元德爲“唐燕王之後，曾祖宏，”唐末燕王又任盧龍節度使者爲“劉仁恭”，疑避顯宗允恭諱，改“仁恭”爲“仁敬”。

[3]弘：寧昌人。即劉弘，又作劉宏，遼末任懿州節度使。

[4]懿州：遼州名。治所在今遼寧省彰武縣西。

[5]知咸州：州長官。太祖時期，州官兼管一州軍政事務。

[6]同平章政事：本書僅一見，當爲虚職之名。

[7]君詔：即劉君詔，其他事迹無考。

[8]同知宣徽院事：宣徽院屬官。佐掌朝會、宴享，殿庭禮儀及監知御膳。正四品。

[9]熙宗：廟號。本名完顔合剌，漢名亶。金朝第三任皇帝，1135年至1149年在位。

[10]安次丞：縣屬官。掌貳縣事。正九品。安次，縣名，治所在今河北省廊坊市之西。

[11]遵化縣：治所在今河北省遵化縣。

[12]户部員外郎：户部屬官。從五品。

[13]工部郎中：工部屬官。佐掌修造營建法式、諸作工匠、屯田、山林川澤之禁、江河堤岸、道路橋梁之事。從五品。　宋中：曾任中大夫都水監，於世宗大定二十二年（1182）爲賀宋正旦使。

[14]郎中：即户部郎中，户部屬官。正員三人。一員掌户籍、

物力、鹽鐵、酒麯、礦冶、榷場、市易等事，一員掌度支、國用、俸禄、錢帛、貢賦、租税、積貯、度量衡等事。從六品。

[15]使宋國信副使：臨時官職。金朝派往宋朝遞送國書的副使。但本書卷六一《交聘表中》記載大定二十三年（1183）九月“以同簽大宗正事宗室方、同知宣徽院事劉瑋爲賀宋生日使”。

[16]江左：指宋朝。

[17]户部侍郎：户部屬官。爲尚書的副佐。正四品。

初，世宗器瑋材幹，以爲無施不可，及將幸上京，以行在所須皆隸太府，[1]欲瑋領其事，嫌其稍下，故移户部侍郎張大節於工部，[2]而以户部授瑋。上還，謂宰臣曰：“劉瑋極有心力，臨事閒暇，第用心不正耳。若心正當，其人才不可得也。”

[1]太府：即太府監，官署名。掌出納邦國財用錢穀之事。

[2]張大節：本書卷九七有傳。　工部：官署名。尚書省六部之一。掌修造營建法式、諸作工匠、屯田、山林川澤之禁、江河堤岸、道路橋梁之事。

明年，擢户部尚書。時河决于衛，[1]自衛抵清、滄皆被其害，[2]詔兼工部尚書往塞之。[3]或以謂天灾流行，非人力所能禦，惟當徙民以避其衝，瑋曰：“不然。天生五材，遞相休王，今河决者土不勝水也。俟秋冬之交，水勢稍殺，以漸興築，庶幾可塞。”明年春，瑋齋戒禱于河，功役齊舉，河乃復故。召還增秩，以爲宋弔祭副使。[4]世宗不豫，拜參知政事，仍領户部，既而爲山陵使。[5]尋上表請外，出知濟南府事，移鎮河中。明昌二年，徙知大名府，仍領河防事。

[1]衛：州名。治所在今河南省汲縣。

[2]清、滄：皆爲州名。清州治所在今河北省青縣，滄州治所在今河北省滄州市。

[3]工部尚書：工部長官。正三品。

[4]宋弔祭副使：臨時官職。大定二十八年（1188）正月，以宋孝宗趙昚卒，被委以此官使宋。

[5]山陵使：官名。大定二十九年（1189）正月金世宗卒，此官當爲臨時任命的與喪葬有關的官員。本書僅一見，具體執掌和官品不詳。

三年，入拜尚書右丞。上嘗問考課法今可行否，右丞相夾谷清臣曰：[1]“行之亦可，但格法繁則有司難於承用耳。”瑋曰：“考課之法本於總核名實，今提刑司體察廉能贓濫以行賞罰，亦其意也。若别議設法，恐涉太繁。”上問唐代何如，瑋對以“四善、二十七最”。明年六月，卒。是日，上將擊毬於臨武殿，[2]聞瑋卒而止，謚曰安敏。

後上謂宰臣曰：“人爲小官或稱才幹，及其大用則不然。如劉瑋固甚幹，然自世宗朝逮輔朕，於事多有知而不言者。若實愚人則不足論，知及之而不肯盡心，可乎？”平章政事完顔守貞曰：“《春秋》之法，責備賢者。”上曰：“夫爲宰相而欲收恩避怨，使人人皆稱己是，賢者固若是乎？”

[1]右丞相：金代宰相成員之一。海陵正隆官制確立一省制後，

是國家重要輔弼大臣之一，地位僅次於左丞相。從一品。　夾谷清臣：女真人。本書卷九四有傳。

[2]臨武殿：按本書卷二五《地理志中》南京路條下，“東華門内正北尚厩局，其西北曰臨武殿”，然此時不見章宗出巡南京的記載，當在中都。此應爲中都宫城内大殿。

董師中字紹祖，洺州人也。[1]少敏贍，好學强記。擢皇統九年進士第，調澤州軍事判官。[2]改平遥丞。[3]縣有劇賊王乙，[4]素凶悍不可制，師中捕得杖殺之，一境遂安。時大軍後，野多枯胔，縣有遺櫬寓于驛舍者，悉爲葬之。遷綿上令，[5]補尚書省令史，右相唐括訛魯古尤器重之，[6]撫其座曰：“子議論英發，襟度開朗，他日必居此座。”再考，擢監察御史，遷尚書省都事。[7]初，師中爲監察時，漏察大名總管忽刺不公事，[8]及忽刺以罪誅，世宗怒曰：“監察出使郡縣，職在彈糾，忽刺親貴尤當用意，乃徇不以聞。”削官一階，降授沁南軍節度副使。[9]累遷坊州刺史。[10]

[1]洺州：治所在今河北省曲周縣。

[2]澤州軍事判官：軍事判官，《百官志》州官條下僅有“判官”一職，職掌又與軍事無關，但本書中軍事判官極爲常見，很少見州判官。是《百官志》脱“軍事”二字還是傳記記載有誤，很難定奪，姑且存疑。判官，掌簽判州事，專管通檢推排簿籍。從八品。澤州，治所在今山西省晋城市。

[3]平遥：縣名。治所在今山西省平遥縣。

[4]王乙：其他事迹無考。

[5]綿上：縣名。治所在今山西沁源縣境内。

[6]右相唐括訛魯古：女真人。即右丞相唐括安禮。本書卷八八有傳。

[7]尚書省都事：尚書省屬官。提控架閣庫。其官品無載，然而本書卷五八《百官志四》記載："燕賜各部官僚以下，日給米粮分例，……監察御史、尚書省都事、大理司直、六部主事各八升。"由此推論，尚書省都事的官品當與監察御史、大理司直相當，同爲正七品。

[8]大名總管：即大名府路兵馬都總管，一路最高軍政長官。掌統諸城隍兵馬甲仗，總判府事。正三品。　忽剌：女真人。其他事迹不詳。

[9]沁南軍節度副使：州軍官。從五品。沁南軍，州軍名。置於懷州，治所在今河南省沁陽市。

[10]坊州：治所在今陝西省黄陵縣。

明昌元年，初置九路提刑司，[1]師中選爲陝西路副使，[2]坐修公廨濫支官錢罪，以贖論。及御史臺言其寬和有體，召爲大理卿。御史中丞吴鼎樞舉以自代，[3]尚書省亦奏其才行，遂擢中丞。時西北路招討使宗肅以平章夾谷清臣薦，[4]知大興府事。師中上言："宗肅近以贓罪鞫于有司，獄未竟，不宜改除。"上納其言，曰："朕知之矣。有功不賞，有罪不罰，雖唐、虞不能化天下。"[5]命復送有司。

[1]明昌元年初置九路提刑司：按本書卷九《章宗紀一》，大定二十九年（1189）六月"乙未，初置提刑司，分按九路"。本卷《張萬公傳》、卷九七《張亨傳》等皆作"章宗即位，初置九路提刑司"。"明昌元年"當作"章宗即位"。

［2］陝西路副使：即陝西路提刑副使，提刑司屬官。佐掌一路考察官吏、舉廉能、劾不法、審治冤獄、勸農桑、督察猛安謀克等事。官品《百官志》無載，提刑司後改爲按察司，故此官當與按察副使相同，正四品。

［3］御史中丞：御史臺屬官。爲御史大夫的副佐。從三品。　吴鼎樞：章宗朝官至吏部尚書，明昌六年（1195）八月爲宋生辰使出使宋朝。

［4］西北路招討使：招討司屬官。正三品。　西北路：爲西京路下屬路，治所在今内蒙古自治區錫林郭勒盟正藍旗境内。　宗肅：女真人。宗室出身，世宗大定年間曾出使夏國與宋朝，章宗時官至西京留守、御史大夫。

［5］唐、虞：唐，即唐堯，又曰陶唐氏。虞，即虞舜，又曰有虞氏。

四年，上將幸景明宫，[1]師中及侍御史賈鉉、[2]治書侍御史粘割遵古諫，[3]以謂“勞人費財，蓋其小者，變生不虞，所繫非輕。聖人法天地以順動，故萬舉萬全。今邊鄙不馴，反側無定，必里哥孛瓦貪暴强悍，[4]深可爲慮。陛下若問諸左右，必有容悦而言者，謂堂堂大國，何彼之恤。夫蠭蠆有毒，[5]患起所忽。今都邑壯麗，内外苑囿足以優佚皇情，近畿山川飛走充牣，足以閲習武事，何必千車萬騎，草居露宿，逼介邊陲，遠煩偵候，以冒不恻之悔哉。”上不納。師中等又上疏曰：“近年水旱爲沴，明詔罪己求言，罷不急之役，省無名之費，天下欣幸。今方春東作，而亟遣有司修建行宫，揆之於事，似爲不急。况西、北二京，[6]臨潢諸路，[7]比歲不登。加以民有養馬、簽軍、挑壕之役，財力大困，流移未復，米價甚貴，若扈從至彼，又必增價。日糴升合者口以萬數，舊藉北京等路商販給之，儻以物貴或不時至，則飢餓之徒將復有如曩歲，殺太尉馬、[8]毀太府瓜果、[9]出忿怨言、起而爲亂者矣。《書》曰：[10]‘民情大可見，小人難保。’况南北兩屬部數十年捍邊者，今爲必里哥孛瓦誘脅，傾族隨去，邊境蕩摇如此可虞，若忽之而往，豈聖人萬舉萬全之道哉。迺者太白晝見，京師地震，[11]又北方有赤色，遲明始散。天之示象，冀有以警悟聖意，修德銷變。矧夫逸游，古人所戒，遠自周、秦，[12]近逮隋、唐與遼，[13]皆以是生釁，可不慎哉，可不畏哉。”左補闕許安仁、[14]右拾遺路鐸亦皆上書論諫。[15]是日，上御後閣，召師中等賜對，即從其奏，仍遣諭輔臣曰：“朕欲巡幸山後，[16]無他，不禁暑熱故也。今臺諫官咸言民間缺食處甚多，[17]朕初不盡知，既已知之，暑雖可畏，其忍私奉而重民之困哉。”迺罷北幸。尋爲宋生日國信使，[18]還以所得金帛分遺親舊。五年，上復如景明宫，師中及臺諫官各上疏極諫，上怒，遣近侍局直長李仁愿詣尚書省，[19]召師中等諭之曰：“卿等所言，非無可取，然亦有失君臣之體者。今命平章諭旨，其往聽焉。”

[1]景明宫：金朝皇帝避暑的行宫。位於西京路桓州的凉陘，在今内蒙古自治區錫林郭勒盟正藍旗境内。

[2]侍御史：御史臺屬官。掌奏事，判臺事。正員二人，從五品。　賈鉉：本書卷九九有傳。

[3]治書侍御史：御史臺屬官。與侍御史同掌奏事，判臺事。

正員二人，從六品。　粘割遵古：女真人。其他事迹不詳。

［4］必里哥孛瓦：當爲北方游牧民族首領的名字，其他事迹不詳。

［5］蠭蠆有毒：語出《左傳》僖公二十二年："君其無謂邾小，蠭蠆有毒，而況國乎？"蠭蠆，毒蟲的泛稱。

［6］西、北二京：金中期以後，共有五京一都。西京，治所在今山西省大同市。北京，即遼中京大定府舊址。海陵貞元元年（1153）改中京爲北京，治所在今内蒙古自治區寧城縣西大明城。另外，熙宗天眷元年（1138）曾改遼上京爲北京（今内蒙古自治區巴林左旗林東鎮），海陵天德二年（1150）又改稱臨潢府。

［7］臨潢諸路：指臨潢府及鄰近的各府州。

［8］太尉：金代三公之首。這裏所謂"太尉馬"，似指殿前都點檢司下屬尚厩局所牧養的御馬。

［9］太府：官署名。掌出納邦國財用錢穀和皇宫内金銀幣帛、酒食日用等事的機構。

［10］《書》：即《尚書》。語出《尚書·康誥》。

［11］太白：星名。即金星，一名啓明星，傳説太白星主殺伐。京師：指中都，在今北京市。

［12］周、秦：朝代名。分别爲西周（約公元前 11 世紀—前 771）和秦朝（公元前 221—前 207）。

［13］隋、唐與遼：朝代名。分别爲隋朝（581—618）、唐朝（618—907）和遼朝（916—1125）。

［14］左補闕：諫院屬官。掌諫正百司非違，糾正官邪。正七品。　許安仁：本書卷九六有傳。

［15］右拾遺：諫院屬官。掌諫正百司非違，糾正官邪。正七品。　路鐸：本書卷一〇〇有傳。

［16］山後：指雲、寰、應、朔、蔚、嬀、儒、新、武州地（見陳樂素《宋徽宗謀復燕雲之失敗》，《輔仁學報》四之一，1986 年）。在西京路的南部，今山西省北部地方。

［17］臺諫：指御史臺和諫院。

［18］宋生日使：臨時官職。爲祝賀宋朝皇帝生日派出的使臣，臨時委派某官員擔任。

［19］近侍局直長：近侍局屬官。掌侍從，承勅令，轉進奏帖。大定十八年（1178）增二員，正八品。　李仁願：又名李喜兒，出身宫籍監奴，因是章宗元妃李師兒之兄，累官宣徽使、安國軍節度使，勢傾朝廷。衛紹王即位後，復繫監籍。

户部尚書馬琪表舉自代，[1]擢吏部尚書。[2]初，完顔守貞改爲西京留守，朝京師，上欲復用，監察御史蒲剌都等糾彈數事，[3]師中辨其誣，而舉守貞正人可用，守貞由是復拜平章政事。及守貞以罪斥，上曰："向薦守貞者應降黜。如董師中言臺省無此人不治，[4]路鐸、李敬義亦嘗推舉，[5]可左遷於外。然三人者後俱可用，今姑出之，以正失舉罪。"除陝西西路轉運使。[6]歲餘，徵爲御史大夫，[7]命與禮部尚書張暐看讀陳言文字。[8]踰三月，拜參知政事，進尚書左丞。他日奏事，上語輔臣曰："御史姬端脩言小人在側，果誰歟?"師中曰："應謂李喜兒輩。"[9]上默然。

［1］馬琪：本卷有傳。

［2］吏部尚書：吏部長官。正三品。

［3］蒲剌都：女真人。即孛术魯德裕。本書卷一〇一有傳。

［4］臺省：指尚書省、御史臺。

［5］李敬義：官任户部郎中，章宗明昌五年（1194）曾出使高麗。

［6］陝西西路轉運司：治於平凉府，治所在今甘肅省平凉市。

[7]御史大夫：御史臺長官。掌糾察、彈劾百官，復審内外刑獄所屬理斷不當案件。從二品。

[8]禮部尚書：禮部長官。正三品。

[9]李喜兒：即李仁願。

師中通古今，善敷奏，練達典憲，處事精敏，嘗言曰："宰相不當事細務，要在知人才，振綱紀，但一心正、兩目明，足矣。"承安四年，表乞致仕，詔賜宅一區，留居京師。以寒食，[1]乞過家上冢，許之，且命賦《寒食還家上冢詩》。每節辰朝會，召入侍宴，其眷禮如此。泰和二年，薨，年七十四。上聞之，甚悼惜，顧謂大臣曰："凡正人多執方而不通，獨師中正而通。"詔依見任宰執例葬祭，仍賻贈之，謚曰文定。

[1]寒食：節令名。在農曆清明節前二日。其時禁生火三日，衹吃冷食。

師中工文，性通達，疏財尚義，平居則樂易真率，其臨事則剛决，挺然不可奪。弟師儉，[1]初業進士，欲籍其資廕。師中保任之，密令人代給堂帖，使之肄業。師儉感其義方，力學後遂登第。方在政府，近侍傳詔，將録用其子，師中奏曰："臣有姪孤幼，若蒙恩録，勝于臣子。"上義之，以其姪爲筆硯承奉。[2]與胥持國同輔政，[3]頗相親附，世以此少之。

[1]師儉：其他事迹不詳。

[2]筆硯承奉：秘書監筆硯局屬官。掌御用筆墨硯等事。正八品。舊名筆硯令史，大定三年（1163）改爲筆硯供奉，以避諱改爲承奉。

[3]胥持國：本書卷一二九有傳。

王蔚字叔文，香河人也。[1]登皇統二年進士第，調良鄉丞。[2]治績優等，補尚書省令史，知管差除。蔚性通敏，曉析吏事，尋授都事，以喪去，起復，行左司員外郎，遷郎中。[3]大定二年，超授河東北路轉運使，[4]論旨曰："汝在海陵時，行事多不法。然朕素知爾才幹，欲授以内除，而憲臺有言，[5]以是補外。如能澡心易行，必當升擢，否則勿望再用。"既而察廉爲第一，授中都路都轉運使。[6]改吏部尚書，以斷護衛出職事不當，奪官一階。頃之，出知河中府事，遷南京留守。

[1]香河：縣名。治所在今河北省香河縣。

[2]良鄉丞：佐縣令掌按察所部，勸課農桑，平理獄訟，捕除盜賊，宣導風化，兼管常平倉及通檢推排簿籍等事。正八品。良鄉，縣名。治所在今北京市房山區良鄉鎮。

[3]郎中：即左司郎中，尚書省左司屬官。熙宗初年爲左司侍郎，天眷三年（1140）更爲郎中，掌吏、户、禮三部受事付事，兼帶修起居注官。正三品。

[4]河東北路轉運司：治所在太原府，今山西省太原市。

[5]憲臺：即御史臺。中央監察機構。

[6]中都路都轉運司：治所在大興府，今北京市。

十五年，拜參知政事，蔚懇辭不任負荷，勑諭之曰："卿但履正奉公，無或阿順，何以辭爲?"十六年，出知真定府事，[1]累轉知河中府。明昌元年，召拜尚書右丞，致仕，卒。

[1]真定府：治所在今河北省正定縣。

馬惠迪字吉甫，漷陰人也。[1]擢天德三年進士第，[2]再調昌邑令，[3]察廉第一，補尚書省令史。大定中，出爲西京留守判官，[4]以治最，擢同知崇義軍節度事。[5]累遷左司郎中。先是，鄧儼居是職，[6]世宗愛其明敏，惠迪一日奏事退，上謂宰臣曰："人之聰明多失於浮衒，若惠迪聰明而朴實，甚可喜也。朕嘗與論事，五品以下朝官少有如者。"未幾，超授御史中丞，拜參知政事。

[1]漷陰：縣名。治所在今北京市通州區馬頭鎮。

[2]天德：金海陵王年號（1149—1153）。

[3]昌邑：縣名。治所在今山東省昌邑市。

[4]西京留守判官：掌紀綱總府衆務，分判兵案之事。從五品。

[5]同知崇義軍節度使：州軍官。通判節度使事，判本鎮兵馬之事。正五品。崇義軍，州軍名。置於義州，治所在今遼寧省義縣。

[6]鄧儼：本書卷九七有傳。

時烏底改叛亡，[1]世宗已遣人討之，又欲益以甲士，毀其船栰。惠迪奏曰："得其人不可用，有其地不可居，恐不足勞聖慮。"上曰："朕固知之。所以毀其船栰，正欲不使再窺邊境耳。"尋以憂去，起爲昭義軍節度使。[2]

明昌元年，爲南京留守，致仕，卒。

[1]烏底改：東北邊疆古族的名稱。分布在今黑龍江下游，即後來的烏德海。

[2]昭義軍：州軍名。置於潞州，治所在今山西省長治市。

馬琪字德玉，大興寶坻人。[1]正隆五年擢進士第，調清源主簿，[2]三遷永清令。[3]永清畿縣，號難治，前令要介有能聲，[4]琪繼以治聞。補尚書省令史，以永清治最，授同知定武軍節度使事、[5]興中府治中，[6]召爲户部員外郎，改侍御史。

[1]大興寶坻：即大興府屬下寶坻縣，治所在今天津市寶坻區。

[2]清源：縣名。治所在今山西清徐縣。

[3]永清：縣名。治所在今河北省永清縣。

[4]要介：人名。其他事迹不詳。

[5]定武軍：州軍名。治所在今河北省定州市。

[6]興中府治中：亦稱府少尹，掌通判府事。正五品。

世宗謂宰臣曰："比者馬琪主奏高德温獄，[1]其於富户寄錢事皆略不奏。朕以琪明法律而正直，所爲乃爾，稱職之才何其難也？古人雖云'罪疑惟輕'，非爲全尚寬縱也。"尋轉左司員外郎，扈從東巡，遷右司郎中，移左司。時擇使宋國者，世宗欲命琪，宰臣言其資淺，詔特遣之，還授吏部侍郎，[2]改户部。

[1]高德温：時爲將陵縣主簿（將陵縣治所在今山東省德州

市），因大收税户米，被逮入御史獄。

［2］吏部侍郎：吏部屬官。正四品。

章宗即位，除中都路都轉運使。時户部闕官，上命宰臣選可任者，或舉同知大興府事烏古孫仲和，[1]上曰："仲和雖有智力，恐不能主錢穀。理財安得如劉晏者，[2]官用足而民不困，唐以來一人而已。"或舉琪，上然之，曰："琪不肯欺官，亦不肯害民，是可用也。"遂擢爲户部尚書。久之，削官一階。初，琪病告，近侍傳旨，不具服曳履而出，有司議當徒二年，減外猶追官解任。大理少卿閻公貞以爲琪本荒遽失措，[3]與非病告有違不同，宜減徒二年三等論之。上從公貞議，任職如故。

［1］同知大興府事：掌通判府事。從四品。　烏古孫仲和：女真人。章宗初年，以大興府治中擔任放免二税户的工作。

［2］劉晏：唐曹州南華人。對唐肅宗、代宗朝的財政進行改革，德宗初被楊炎誣陷誅死。新、舊《唐書》卷一四九、一二三有傳。

［3］大理少卿：大理寺屬官。佐掌審斷天下奏案，詳斷疑獄。從五品。　閻公貞：本書卷九七有傳。

明昌四年，拜參知政事，詔諭之曰："户部遽難得人，顧無以代卿者，故用卿晚耳。"一日，上謂琪曰："卿在省久矣，比來事少於往時何也。"琪曰："昔宰職多有異同，今情見不同者甚少。"上曰："往多情見爲是耶，今無者爲是耶？"琪曰："事狀明者不假情見，便用情見，亦要歸之是而已。"五年，河決陽武，[1]灌封丘而東，[2]琪行尚書省事往治之，[3]訖役而還。遷中大夫。[4]承安元年，北邊用兵，而連歲旱暵，表乞致仕，不許。明年，出鎮安武軍，[5]致仕，卒。子師周，[6]閤門祇候，[7]當給假，以聞。上悼之，以不奏聞責諭有司，後二品官卒皆具以聞，自琪始。

[1]陽武：縣名。治所在今河南省原陽縣。

[2]封丘：縣名。治所在今河南省封丘縣。

[3]行尚書省：官署名。金章宗以來，因用兵、河防等事涉及諸路，臨時設行尚書省，又稱爲行省。金末戰事連年不斷，行省遍及全國。

[4]中大夫：文散官。從四品中階。

[5]安武軍：州軍名。治所在今河北省冀州市。

[6]馬師周：章宗末年官至雄州都軍。

[7]閤門祇候：宣徽院屬下閤門屬官。正員二十五人。

琪性明敏，習吏事，其治錢穀尤長，然性吝好利，頗爲上所少云。

楊伯通字吉甫，弘州人。[1]擢大定三年進士第，由尚書省令史爲吏部主事、順義軍節度副使，[2]以憂去。吏部侍郎馬琪表薦伯通廉幹，尚書省覆察如所舉，召爲尚書省都事，授同知定武軍節度使事。明昌元年，擢左司員外郎，轉郎中，累遷吏部尚書，尋移户部。

[1]弘州：治所在今河北省陽原縣。

[2]順義軍：州軍名。治所在今山西省朔州市。

承安二年，拜參知政事。監察御史路鐸劾奏伯通引用鄉人李浩，[1]以公器結私恩。左司郎中賈益承望風旨，[2]不復檢詳。言之臺端，欲加糾劾，大夫張暐輒尼不行。[3]上命同知大興府事賈鉉詰之，伯通居家待罪。鉉奏："暐言彈絀大臣，須有實跡，所劾不當，徒壞臺綱。益言除授皆宰執公議，不言伯通私枉。"詔責鐸言事輕率，而慰諭伯通治事。伯通再上表辭，不許。四年，進尚書左丞，致仕，卒。

[1]李浩：其他事迹不詳。

[2]賈益：本書卷九〇有傳。

[3]大夫：即御史大夫，御史臺長官。從二品。

尼厖古鑑本名外留，隆州人也。[1]識女直小字及漢字，[2]登大定十三年進士第，調隆安教授。[3]改即墨主簿，[4]召授國子助教，[5]擢近侍局直長。世宗器其材，謂宰臣曰："新進士中如徒單鎰、夾谷衡、尼厖古鑑，[6]皆可用也。"改太子侍丞。[7]踰年，遷應奉翰林文字，[8]兼右三部司正。[9]世宗復謂宰臣曰："鑑嘗近侍，朕知其正直幹治。及爲東宫侍丞，[10]保護太孫，[11]禮節言動猶有國俗純厚舊風，朕甚嘉之。"

[1]隆州：治所在今吉林省農安縣城。

[2]女直小字：即女真小字。金代女真字分爲大、小兩種字，小字由熙宗主持制定，天眷元年（1138）頒行。

[3]隆安教授：府學官。世宗大定十三年（1173），金首開女

真科舉，本書卷五一《選舉志一》："詔京師設女直國子學，諸路設女直府學，擬以新進士充教授，以教士民子弟之願學者。"所取十三名女真進士皆除教授。《百官志》對其職掌、官品没有記載，卷八《世宗紀下》大定二十八年五月："制諸教授必以宿儒高才者充，給俸與丞簿等。"又卷五八《百官志四》記載其俸給爲從九品。隆安，府名。治所在今吉林省農安縣城。但是據本書卷二四《地理志上》記載，此時是濟州，大定二十九年更爲隆州，宣宗貞祐初，升爲隆安府。

[4]即墨：縣名。治所在今山東省即墨市。

[5]國子助教：國子監屬官。分掌教誨諸生。正員二人，正八品。

[6]徒單鎰：女真人。本書卷九九有傳。　夾谷衡：女真人。本書卷九四有傳。

[7]太子侍丞：本書卷八《世宗紀下》大定二十六年（1186）十一月，"以近侍局直長尼厖古鑑純直通敏，擢皇太孫侍丞"。此處太子侍丞當爲太孫侍丞，然《百官志》東宫屬官無太孫侍丞一職，其官職掌當與太子侍丞同，爲東宫屬官，掌冠帶衣服、左右給使之事。正八品。

[8]應奉翰林文字：翰林學士院屬官。掌詞命文字。從七品。

[9]右三部司正：尚書省右司屬官。本書《百官志》無載，卷八《世宗紀下》："以左警巡副使鶻沙通敏善斷，擢殿中侍御史兼右三部司正。"估計前後官職的職掌應相近，故推測右三部司正可能是右三部檢法司正的略寫，掌披詳法狀。正員二人，正八品。

[10]東宫侍丞：東宫屬官。本書僅一見，《百官志》無載，當爲太子侍丞之異稱。正八品。

[11]太孫：即完顏璟，大定二十六年（1186）四月立爲皇太孫。大定二十九年即位爲帝，即章宗。

章宗立，累遷尚書户部侍郎，兼翰林直學士。[1]俄轉同知大興府，用大臣薦，改知大興府事。明昌五年拜參知政事，薨，謚曰文肅。

[1]翰林直學士：翰林學士院屬官。掌制撰詞命，凡應奉文字，銜内帶“知制誥”。不限員，從四品。

贊曰：移剌履從容進説，信孚於君，至論經純傳駁，以孝行爲治本，其得古人遺學歟。昔臧孫達忠諫於魯，[1]君子知其有後，信矣。張萬公引正守己，質言無華。開壕括地之議，明灼利害，如指諸掌，閉於群説而不式，致仕而歸，理勢然也。蒲察通之哭海陵，君臣大義死生一之，其志烈矣。程輝、斡特剌之鯁直，劉瑋、董師中之通敏，才皆足以發聞，然師中有附胥之譏，劉瑋見避事之責，其視前人多有愧矣。王蔚、馬惠迪之徒，何足算也。

[1]臧孫達：臧孫復姓，名達，春秋魯國大夫。宋華父督殺殤公，以郜大鼎賄魯，桓公納於太廟，臧孫達諫，不從。周内史聞後曰：“臧孫達其有後於魯乎。”